MUNDO
FRATURADO

Diogo Ramos Coelho

MUNDO
FRATURADO

REFLEXÕES SOBRE A CRISE DA ORDEM LIBERAL

As opiniões e as visões expressas neste livro não representam as opiniões e as visões do Ministério das Relações Exteriores do Brasil, do Ministério do Planejamento e Orçamento ou do governo federal brasileiro. Elas são inteiramente de responsabilidade do autor.

© 2024 - Diogo Ramos Coelho
Direitos em língua portuguesa para o Brasil:
Matrix Editora
www.matrixeditora.com.br
/MatrixEditora | @matrixeditora | /matrixeditora

Diretor editorial
Paulo Tadeu

Capa, projeto gráfico e diagramação
Danieli Campos

Revisão
Adriana Wrege
Silvia Parollo

CIP-BRASIL - CATALOGAÇÃO NA PUBLICAÇÃO
SINDICATO NACIONAL DOS EDITORES DE LIVROS, RJ

Coelho, Diogo Ramos
Mundo fraturado / Diogo Ramos Coelho. - 1. ed. - São Paulo: Matrix, 2024.
312 p.; 23 cm.

ISBN 978-65-5616-466-3

1. Política internacional. 2. Relações internacionais. 3. Mudanças ambientais globais - Aspectos econômicos. 4. Mudanças ambientais globais - Aspectos sociais. 5. Liberalismo. 6. Relações econômicas internacionais. I. Título.

24-92033 CDD: 327
CDU: 327

Meri Gleice Rodrigues de Souza - Bibliotecária - CRB-7/6439

Sumário

Prefácio 11

Introdução 13

Parte 1 - Caos e ordem no sistema internacional

A natureza da ordem nas relações internacionais 25

Da ordem imperial ao sistema de estados soberanos 30

Utopias revolucionárias e a reconfiguração da
ordem internacional 33

A Paz de Viena e o Concerto Europeu 38

A guerra total e o fracasso das ilusões de paz universal 41

O frágil equilíbrio de poder da Guerra Fria 44

Democracias de mercado e a construção da ordem liberal 53

Parte 2 - As forças de coesão

Os acertos e os erros de Francis Fukuyama 59

Força de coesão nº 1: evolução das ideias clássicas do Iluminismo . . . 67

Força de coesão nº 2: instituições internacionais 87

Força de coesão nº 3: globalização 114

Força de coesão nº 4: tecnologias de comunicação e de redes 125

Seinfeld e o "nada" 130

Parte 3 - As forças de dissonância

As fraturas expostas 133

Fraturas nas ideias 135

- O pós-modernismo e as batalhas identitárias 142

- A "nova direita" e seus inimigos contemporâneos 150

- O fantasma do "marxismo cultural" 158

- A agonia da imaginação liberal 163

- O homem forte no Ocidente 169

Fraturas nos regimes e nas instituições internacionais 178

- Um choque de civilizações? Ou um choque de
  identidades coletivas? 184

- Nacionalismo, globalismo e as fraturas
  nas instituições 196

- De Bruges a Kiev – ou do Brexit ao "11 de Setembro"
  da Europa 204

Fraturas na globalização 211

- A desigualdade de renda: por que importa 214

- Chutando Ricardo: os ganhos e as perdas relativas
  da abertura comercial 222

- Uma ordem geoeconômica 230

- Recolhendo os cacos: as fraturas no regime
  multilateral de comércio 240

Fraturas nas redes: o controle da tecnologia 245

- Bolhas, segregação, desinformação e o legado
  das redes sociais 247

- A ordem global digital 260

- Do mundo fraturado, o que surge? 266

Parte 4 - As consequências de um mundo fraturado 267

Conclusão - Ordem e anarquia na
sociedade internacional 283

Notas 287

Referências bibliográficas 303

A Deise e a Carol – mulheres sem as quais não haveria
como superar as fraturas deste mundo.

Agradecimentos

Meus sinceros agradecimentos à minha mãe e à minha irmã, esteios que me sustentam nesta vida; ao embaixador Benoni Belli, que se dispôs a ler a versão incipiente deste livro, cujas sugestões o tornaram mais abrangente, lúcido e equilibrado; aos amigos Rubens Campana, Luiz Feldman e Henrique Choer Moraes, pela revisão valiosa; à indispensável Cecília Ramos, amiga de todas as horas, sem quem estas páginas não seriam realidade; e à ministra Simone Tebet, pelo apoio, confiança e incentivo, que foram fundamentais para a concretização deste trabalho.

Prefácio

O leitor tem nas mãos um livro destinado a tornar-se referência para entender o mundo contemporâneo, suas raízes e seus possíveis desdobramentos futuros. É inegável que vivemos uma era de mudanças profundas e rápidas, com o abalo de antigas certezas, em uma ordem internacional que, erigida sob os escombros da Segunda Guerra Mundial, legou instituições, regimes internacionais e organismos multilaterais que buscaram garantir uma nova racionalidade na cena internacional. Uma ordem que prometia, se não garantir o paraíso, ao menos livrar-nos do inferno, para parafrasear o ex-secretário-geral da ONU Dag Hammarskjöld.

A chamada ordem internacional liberal nunca foi totalmente ordenada ou equilibrada, nem inteiramente liberal, mas ajudou a consolidar alguns padrões de comportamento dos Estados e balizou as relações econômicas e políticas. A sensação atual, porém, é que essa ordem se encontra sob intensa pressão, incapaz de responder aos desafios que se avolumam: emergência de novos e o aprofundamento de velhos conflitos, crise climática, fragilidade dos mecanismos para lidar com ameaças derivadas de mudanças tecnológicas e da Inteligência Artificial, paralisia do sistema multilateral de comércio, avanço da insegurança alimentar, crises sanitárias e pandemias, volta de discursos de ódio com novas roupagens e programas populistas, extremistas e excludentes etc.

Entre as virtudes deste livro de Diogo Coelho, sobressai a sua capacidade de analisar a ordem internacional liberal sem cair na tentação das opções fáceis, seja para confirmar o seu desmoronamento e advogar por sua completa substituição, seja para tecer loas a seus elementos constitutivos e defender uma volta a um passado idealizado. De maneira sóbria, Coelho trabalha com nuances, prefere falar de fissuras na ordem internacional liberal, consciente de que tais fissuras, muitas das quais novas e outras nem tanto, podem efetivamente causar grandes abalos se não forem tratadas.

Ao realizar esse esforço, Coelho nos brinda com um texto cristalino, objetivo e de fácil leitura. Com rara capacidade de síntese, lança mão de um arsenal de instrumentos analíticos que passam por distintas disciplinas, como a história do pensamento, a filosofia, a ciência política, a sociologia e as relações internacionais. Coelho dialoga com essas disciplinas e seus pensadores, sem que sua evidente erudição o desvie da preocupação com a clareza do texto, logrando a proeza de ser didático, sem deixar de ser profundo. Desse modo, dá uma contribuição inovadora e fundamental para a compreensão do mundo fraturado em que vivemos.

Este livro desvenda as dinâmicas subjacentes dessas fraturas, explorando as causas e as consequências da fragmentação da ordem internacional. Compreender o mundo em que vivemos é indispensável para uma ação eficaz. Afinal, não podemos enfrentar aquilo que não conhecemos. Estou seguro de que esta obra incentivará os leitores a pensar além das narrativas simplistas e a abraçar a complexidade de nossa era – e, quem sabe, a evitar que a fratura impere.

Benoni Belli
Embaixador

Introdução

Nos últimos anos, o mundo parece estar marcado por um *período de angústias* – uma época de crises recorrentes, que trouxe à tona ansiedade, inquietação e medo sobre o futuro. Não são poucos os motivos para tais flagelos do nosso tempo histórico: o aumento de conflitos mundo afora; a ascensão de líderes autocratas; a desinformação e a polarização política; a perda de confiança nas instituições; a impotência perante uma natureza que não se controla, com suas pandemias e desastres; a desconfiança com o outro, com quem pensa diferente, com o que é estrangeiro.

Nas relações internacionais, essas angústias são traduzidas em período de instabilidade: na rivalidade crescente dos Estados Unidos com a China; na invasão da Ucrânia pela Rússia; no agravamento das tensões no Oriente Médio; na crise climática; na percepção de que os países estão em um momento de competição estratégica, com pouco espaço para a cooperação. Tudo isso parece sedimentar a perspectiva de que estamos diante de um precipício – e de que bastaria um empurrão para que nos arrematássemos de vez.

Este livro é uma reflexão sobre esse período de aflições em que vivemos. A ideia de escrever estas páginas surgiu de um ponto de observação privilegiado: a cidade de Washington, D.C., nos Estados Unidos. Ter trabalhado na embaixada do Brasil, na capital americana, de 2018 a 2022, possibilitou-me acompanhar e examinar fenômenos políticos marcantes.

Vi o governo de Donald Trump deixar de engatinhar e ganhar tração. Testemunhei o crescimento da competição geopolítica com a China. Observei como o governo dos Estados Unidos abandonou a defesa da abertura comercial em prol de um protecionismo agressivo, mudando radicalmente os rumos da globalização. Acompanhei de perto como a política americana foi transformada pela polarização em temas identitários e culturais. Vi o início dos protestos do movimento *Black Lives Matter*. Fui, ainda, testemunha de um dos mais graves ataques à democracia daquele país: a histórica invasão do Capitólio, o Congresso dos Estados Unidos, em janeiro de 2021. E Washington foi a cidade onde vivi a fase mais crítica da pandemia do novo coronavírus.

Este livro nasceu com a pandemia, mas ela não é o objeto da análise. Escrevi e atualizei estas páginas ao longo de três anos, tendo em mente uma meta mais ambiciosa: como explicar fenômenos que transformaram o sistema internacional nos últimos anos – e que aumentaram as angústias do nosso tempo histórico? Fenômenos como a ascensão de líderes nacionalistas e populistas no Ocidente; conflitos no leste da Europa e no Oriente Médio; o papel das Nações Unidas em um mundo cada vez mais dividido; o legado do *Brexit*; a possibilidade de que o antagonismo entre os Estados Unidos e a China desague em "nova Guerra Fria"; os novos freios impostos ao processo de globalização econômica; o uso do espaço digital em batalhas políticas. Haveria um fio narrativo que os ligasse?

Ao estruturar as ideias para este livro, deparei-me com uma dificuldade já evidente entre os historiadores: nem sempre é fácil entender o passado recente. É difícil analisar os acontecimentos históricos antes de a poeira baixar, enquanto as coisas acontecem. Uma análise sobre a história requer tempo – e distanciamento – para que possa ser maturada, apreciada, dissecada. Esse desafio analítico foi acompanhado por outro: como explicar a conjuntura política internacional sem cair na armadilha do jargão, mas usando linguagem direta e didática?

Ciente dessas dificuldades, lancei-me ao desafio, entendendo que havia elementos suficientes para formular uma análise sobre as relações internacionais contemporâneas. Com esta obra, busquei nutrir uma característica que julgo essencial aos diplomatas: um interesse analítico sobre o mundo em que vivemos. Sem um instinto persuasivo para aprender sobre a política e a economia internacionais, talvez eu devesse buscar uma profissão diferente. Barista – quem sabe? –, já que as leituras para escrever estas páginas resultaram em uma obsessão por novos métodos de extração de café.

Ressalto que este livro não trata da política externa do Brasil. Ele não reflete nem representa a visão da diplomacia brasileira. A obra é um exercício analítico que se pretende autônomo – e sobre o qual assumo completa responsabilidade –, a respeito de um tema amplo: os rumos da ordem internacional no início do século XXI.

***

Ordem é um conceito importante nas relações internacionais. Não se trata de teoria da conspiração, como nas menções em redes sociais sobre uma "nova ordem mundial". O conceito de "ordem" refere-se à soma dos arranjos formais e informais que organizam o sistema internacional. É o estado da arte do mundo em que vivemos.

O sistema internacional é naturalmente bagunçado – repleto de disputas políticas, militares, econômicas. Não existe uma entidade soberana acima dos estados capaz de organizar tudo. Cabe aos estados, portanto, negociar padrões de conduta, regras, acordos e mecanismos para conciliar interesses conflitantes, restringir (ou conduzir de forma apropriada) eventuais desavenças – e, principalmente, criar instituições para ampliar as oportunidades de cooperação[1].

A ordem na política internacional inclui relações de poder, princípios, regras e instituições – ou seja, arranjos políticos e jurídicos para melhor organizar a vida internacional. Uma ordem pode existir de formas distintas, conforme o momento e o lugar. Na Antiguidade, ordens internacionais eram fundadas com base no domínio de impérios. Com o tempo, elas passaram a acomodar diversos estados e novos arranjos institucionais que facilitam a convivência e a cooperação entre os povos.

Embora busquem garantir estabilidade, ordens internacionais são frágeis. Pequenas perturbações podem gerar grandes choques, culminando em conflitos que podem transformá-las significativamente. A história é cheia de exemplos de ordens internacionais que surgem e que desmoronam, resultando em caos e destruição. O sistema internacional é, afinal, permeado por conflitos, embates, colisões, choques, desavenças – e, se uma ordem se mostra frágil, considerada ilegítima por muitos, ela pode desabar como um castelo de cartas.

Na narrativa que aqui apresento sobre os rumos da ordem internacional em que vivemos, os Estados Unidos são protagonistas: não apenas porque este livro foi concebido em Washington, mas porque nenhum outro país influenciou as relações internacionais e o debate sobre o futuro da ordem atual de modo mais decisivo e ambivalente. Na terra da "liberdade" e da "prosperidade", diversos acontecimentos recentes – crise financeira, populismo, nacionalismo, retórica anti-imigração, protecionismo, isolacionismo, desigualdade crescente, inflação, crise energética, invasão do Capitólio – parecem demonstrar que há algo na natureza das sociedades liberais do Ocidente que causa instabilidade e apreensão.

Outros eventos internacionais, novos e antigos – como o genocídio em Ruanda, a guerra civil na Iugoslávia, os ataques terroristas do 11 de Setembro, as guerras no Afeganistão e no Iraque, o *Brexit*, a guerra entre Rússia e Ucrânia, a nova disputa entre Washington e Pequim, a pandemia de covid-19, o conflito entre Israel e Hamas –, demonstraram que há algo de errado no suposto mundo de harmonia prometido pelo fim da Guerra Fria e pela "vitória" norte-americana.

***

Após a queda do Muro de Berlim e do fim da União Soviética, diversos analistas debateram sobre como melhor descrever a ordem internacional que então surgia. Alguns descreveram essa ordem como *unipolar*, marcada pela hegemonia dos Estados Unidos. O foco dessa descrição era na "superpotência": com o fim da União Soviética, os norte-americanos reinariam sozinhos e imponentes no sistema internacional, consolidando o que uns chamam de *Pax Americana*[2]. Essa ideia parecia fazer sentido no início da década de 1990. Não demorou, todavia, para que outros analistas passassem a questionar o conceito de hegemonia, falando em um sistema *multipolar*, com diversos países exercendo algum tipo de poder ou de influência nas relações internacionais.

De fato, a ideia de multipolaridade é mais útil para descrever as dinâmicas políticas do pós-Guerra Fria. Uma ordem multilateral, em essência, desautoriza a busca por hegemonias. O conceito de hegemonia, porém, não deve ser descartado. Ele não é de todo inútil. Esse conceito pode ser utilizado para descrever um conjunto de países que constituem hoje uma "força hegemônica" nas relações internacionais: as *democracias de mercado* – países com regimes políticos democráticos e com economias de mercado aberto[3].

Caracterizar um conjunto de países como democracias de mercado não significa dizer que todos eles são exemplos de governos *neoliberais*. A maioria dos países dessa categoria constitui, na verdade, o que conhecemos como *social-democracia*. Em muitos aspectos, as democracias de mercado não são iguais. Elas divergem na estrutura de governo; na forma de escolha de representantes; nos diferentes níveis de gastos públicos, de regimes fiscais, de abertura comercial e de desenvolvimento econômico. Elas também podem divergir sobre como melhor conduzir diversos assuntos internacionais: a resolução de conflitos, os gastos militares, estratégias de defesa, a promoção dos direitos humanos, o acolhimento a imigrantes, a proteção ao meio ambiente, a integração comercial e financeira, o controle de armas (inclusive as de destruição em massa, como as bombas nucleares).

Apesar dessas diferenças, as democracias de mercado compartilham premissas institucionais comuns: eleições periódicas, governos limitados pelo estado de direito, separação de poderes, propriedade privada, economias abertas, políticas distintas de bem-estar social. Elas também têm interesses estratégicos compartilhados. Se avaliadas em conjunto, constituem um poderoso bloco de países que sustentam e definem a ordem internacional contemporânea.

As democracias de mercado ajudaram a construir, no sistema

internacional, uma *ordem liberal*. O termo "liberal" serve para diferenciar essa ordem das ordens imperiais do passado. Em sua raiz há um componente importante do pensamento político moderno: uma desconfiança em relação ao exercício do poder e sua inerente propensão à violência[4]. Na ordem liberal, predomina o reconhecimento de que o poder deve ser limitado e exercido por meio de arranjos institucionais, legitimado por meio de princípios, normas e regras compartilhadas, e não baseado apenas no uso da força. Essa ordem começou a ser construída depois da Segunda Guerra Mundial – e adquiriu os contornos atuais com o fim da Guerra Fria. Mas sua construção não foi oriunda apenas de eventos recentes. A ordem liberal foi, sobretudo, resultado de um processo lento, paulatino, que envolveu diversas disputas ao longo de séculos.

De modo abrangente, a ordem liberal contemporânea foi construída pelo que eu identifico como quatro *forças de coesão*: (i) a evolução das ideias clássicas do Iluminismo – a formação de uma visão de mundo cosmopolita e humanista que atribui valor supremo à razão, à ciência, à autonomia individual, à tolerância, à liberdade de pensamento e de expressão, ao estado constitucional de direito, à participação política democrática, a mercados abertos e competitivos; (ii) as instituições internacionais criadas após a Segunda Guerra Mundial, como as Nações Unidas; (iii) a globalização econômica; e (iv) o desenvolvimento de tecnologias de comunicação e de redes. Cada uma dessas quatro forças foi indispensável para a construção e para o êxito da ordem em que vivemos.

A ideia de "força" me serviu bem: não só para explicar o ímpeto, a energia e a importância dessas quatro variáveis, mas também para aplicar a terceira lei de Newton (princípio da ação e da reação): para toda força de ação existe uma força de reação que possui o mesmo módulo e direção, porém em sentido contrário. O sucesso de cada uma das forças de coesão resultou em *forças de dissonância* que hoje as desafiam – deixando um legado de rupturas, de inquietações e receios sobre o futuro da ordem liberal.

***

O objetivo deste livro é explicar o período de angústia em que vivemos por meio de uma luta de "forças": forças de coesão *versus* forças de dissonância. É possível que, atualmente, sejamos testemunhas do início de um novo período histórico: um período pós-liberal, que desafia a hegemonia das democracias de mercado. As forças de dissonância têm ganhado ímpeto, representando riscos políticos e econômicos que corroeram os fundamentos da ordem, comprometendo sua legitimidade. O processo de corrosão pode ser lento, mas não é ineficaz: no lugar do tanque, a demolição gradual. Em vez de implosão, a desconstrução. No lugar de ruínas, fraturas.

O fim da Guerra Fria parecia sedimentar a perspectiva de que o triunfo das ideias liberais clássicas não encontraria oponentes intelectuais e políticos poderosos no Ocidente – ou até fora dele. Neste início de século, todavia, tem crescido a percepção – sobretudo dentro das democracias de mercado ocidentais – de que o liberalismo já não é mais capaz de responder aos anseios do povo: por igualdade, pelo desenvolvimento, pelo fim da discriminação, pela afirmação de identidades, pela manutenção de laços comunitários, pela harmonia social.

Da ruína do liberalismo emergiria nova era – na qual, para uns, seria possível livrar-se das estruturas opressivas do passado; e na qual, para outros, seria possível restaurar as tradições de um passado idílico menosprezado pela modernidade. Como consequência, muitas democracias de mercado têm sido tomadas, em tempos de crise, por uma atmosfera que contesta o *status quo*, que considera o sistema político corrupto, ineficaz, injusto e opressor. O descontentamento com o *establishment* no Ocidente tem levado à ascensão de movimentos populistas – povo *versus* elites – e nacionalistas, carregados por retórica e por ações autoritárias. Fora do Ocidente, cresceu a percepção de que a democracia liberal é fruto de uma ideologia egoísta, decadente e instável.

Essas fraturas políticas também transbordaram para a organização do sistema internacional. Em 2016, a saída do Reino Unido da União Europeia foi símbolo de um processo de fragmentação que soou um alerta para o futuro da Europa – e das instituições internacionais de maneira geral. Essas instituições, criadas para servir de espaço na construção de soluções negociadas entre países, passaram a ser alvo de críticas e ataques políticos. Muitos desses ataques partiram de países que ajudaram a construí-las. As Nações Unidas, por exemplo, tornaram-se objeto de ofensivas por diversos grupos nacionalistas no Ocidente. Mais recentemente, a Organização Mundial do Comércio deixou de ser uma instância à qual diversos países recorrem para resolver suas disputas comerciais e tornou-se alvo de fortes críticas do governo americano, que ajudou a criá-la, em 1995. Hoje, o ambiente institucional está mais fraturado, mais fragmentado, representando o que alguns analistas consideram uma "crise do multilateralismo"[5].

Em um mundo politicamente fraturado, outras forças de coesão têm se retraído. A globalização, por exemplo – antes saudada como motor do crescimento e da integração econômica –, perdeu fôlego, abrindo espaço para o protecionismo e para o fechamento do comércio em blocos. No seu auge, a globalização já havia deixado rastros de desigualdade de renda e de danos ambientais, que levaram a questionamentos sobre as consequências da abertura comercial, das crises financeiras e da queima de combustíveis fósseis. Hoje, o retraimento da integração econômica é, ainda, causado por outro fator: as disputas geopolíticas.

Na época de ouro da globalização, muitos analistas e políticos acreditavam que a integração econômica resultaria na diminuição dos conflitos e disputas. Países que compartilhavam interesses financeiros e comerciais não teriam incentivo para enxergar uns aos outros como inimigos. Um exemplo dessa ideia era a relação dos Estados Unidos com a China: duas potências que teriam interesses antagônicos, mas que se aproximavam pela abertura comercial e financeira.

Nos anos 2000, a integração econômica entre os Estados Unidos e a China era tão intensa que alguns acadêmicos batizaram essa relação de *Chimérica*[6]. Esse casamento econômico, contudo, resultou em um divórcio contencioso. A China deixou de ser vista pelos Estados Unidos como um sócio com o qual uma parceria estratégica poderia ser desenvolvida. Agora, é vista como um adversário, cujos laços econômicos de outrora devem ser revistos – e severamente cortados. A integração econômica, antes celebrada, passou a ser vista como uma fonte de risco e insegurança.

A relação da Rússia pós-soviética com a Europa Ocidental também foi exemplo: acreditava-se que a integração econômica – especialmente nos mercados de energia – poderia servir como um freio contra o agravamento de disputas e dos conflitos territoriais. Onde havia comércio não haveria guerra. A preocupação com segurança seria enterrada pelos ganhos compartilhados das trocas comerciais e da interdependência financeira. Os últimos anos, porém, têm sido de intensificação de embates, tensões e conflitos.

O suposto mundo de integração da época de ouro das democracias de mercado cedeu espaço para um mundo dividido por graves disputas geopolíticas, exemplificadas na guerra entre Rússia e Ucrânia; no conflito entre Israel e Irã – e grupos apoiados pelo regime em Teerã, como Hamas, Jihad Islâmica e Hezbollah; e nas tensões em torno da relação entre China e Taiwan, que podem ameaçar a primazia dos Estados Unidos e de seus aliados no Indo-Pacífico. Esses confrontos têm levado analistas e políticos a afirmar que estamos diante de uma "nova Guerra Fria" – uma "competição gerenciada" que oporia não apenas os Estados Unidos e a China, mas também democracias e autocracias[7].

Embora didáticas, essas linhas divisórias não são suficientes para analisar as sutilezas do mundo fraturado. Cabe lembrar que a disputa entre democratas e autocratas ocorre também dentro dos países, não apenas entre eles. Além disso, esse recorte político não é suficiente para falar de alianças no sistema internacional. Diversos países em desenvolvimento, por exemplo, têm evitado entrar nessas disputas, tentando manter uma distância pragmática dos polos em conflito e preservar espaços de autonomia. Esses países estão – compreensivelmente – mais preocupados com a vulnerabilidade climática, com o combate à fome e à pobreza, com o acesso a fontes de energia e a investimentos, com a preservação de suas redes de comércio, com o progresso tecnológico, com melhorias nos sistemas de infraestrutura, de saúde e de educação; enfim, com o seu desenvolvimento. Não é à toa que a fragmentação global é vista como um obstáculo para enfrentar crises urgentes.

As disputas do mundo fraturado não se restringem aos campos de batalha militares no leste da Ucrânia ou na Faixa de Gaza. O espaço digital também se transformou em teatro privilegiado de embates políticos – domésticos e internacionais. A Internet e suas redes sociais – que foram celebradas como ferramentas úteis para ampliar o diálogo e promover a troca aberta de ideias – ultimamente se tornaram espaços para a formação de bolhas, para o fechamento em grupos autorreferenciados, para a propagação de informações falsas e para a disseminação de teorias da conspiração. A importância do espaço digital para a vida em sociedade também tem levado governos e grandes empresas de tecnologia – Amazon, Apple, Meta, Google, Twitter (rebatizado por Elon Musk como "X"), Alibaba, ByteDance, Tencent, Huawei – a competir por poder e influência.

A interação entre as forças de coesão e as forças de dissonância compõe, portanto, o fio narrativo deste livro. A estrutura é dividida em quatro partes. Na primeira, apresento o que é uma ordem internacional e faço um apanhado histórico sobre a evolução da ordem liberal em que vivemos. Na segunda parte, discuto como as forças de coesão – ideias clássicas do Iluminismo; instituições internacionais; globalização; e tecnologias de comunicação e de redes – contribuíram para moldar o mundo contemporâneo. Na terceira parte, explico como cada uma dessas forças de coesão possui contradições e falhas, que levaram à formação de poderosas forças de dissonância. E, na quarta parte, discuto as consequências desse jogo de forças nas relações internacionais.

***

Desde o fim da Guerra Fria, a ordem liberal já estava abalada por diversas disputas e crises. Nos últimos anos, porém, as fraturas parecem ser muitas – acumulando-se cada vez mais, tornando-se mais aparentes e formando rachaduras que parecem ameaçar a sustentação de todo o edifício. Mas o acúmulo de fraturas não significa que essa ordem está, necessariamente, à beira do colapso.

Aqui, adianto parte da conclusão: como em muitos temas da vida social, *ordem* nas relações internacionais não é um conceito estático. Tampouco é fruto do desígnio ou de uma mente brilhante. A ordem liberal e multilateral contemporânea é fruto de um acumulado de experiências e, sobretudo, de falhas. Em seus quase oitenta anos de existência, ela revelou qualidades e deficiências. Essa ordem, em diversas ocasiões, não foi liberal e teve seus momentos de desordem. Mas ela tem sobrevivido ao "teste do tempo". E tem sobrevivido porque sucessivas gerações, distintas sociedades e variados governos encontraram nessa ordem – e em suas instituições, em seus valores, em seus princípios, em suas normas, em seus processos de tomada de decisões – vantagens que aconselharam sua *manutenção presente*.

Resguardar os valores que sustentam a ordem liberal não significa transferir a ela o papel de arquiteta de um paraíso utópico, ou acreditar que essa ordem não necessita de reformas. Reforma-se, porém, algo que existe, preservando os elementos que nos são benéficos. A ordem liberal e multilateral ainda oferece referências valiosas para uma conversa em sociedade: princípios, normas e mecanismos que facilitam o diálogo, a busca por soluções negociadas, a promoção do desenvolvimento e o respeito às diferenças.

No âmbito doméstico, a democracia representativa, as eleições periódicas, a livre expressão de ideias, o respeito às liberdades e aos direitos individuais, a tolerância, o estado de direito, os mercados abertos e competitivos, as redes de proteção social constituem um conjunto de valores e de instrumentos para orientar a conversa política, a convivência social e a busca pelo desenvolvimento econômico.

No âmbito internacional, os princípios consagrados na Carta das Nações Unidas – como os de igualdade soberana, de autodeterminação dos povos e da resolução pacífica de controvérsias – fornecem uma gramática básica para a convivência entre os estados. As instituições internacionais também fornecem um palco, uma estrutura, um canal para a consecução do diálogo diplomático, reduzindo os custos para uma cooperação efetiva e possibilitando ganhos compartilhados.

Uma sociedade não é uma tela em branco – inclusive a sociedade de estados. A defesa de interesses nacionais soberanos pode ser o carro-chefe a orientar a ação de governos e de seus representantes. Mas essa defesa pode ser feita de acordo com princípios, regras e valores compartilhados. Governos comprometidos com uma ordem multipolar, plural e diversa recorrem a essas referências comuns para o avanço de determinados objetivos. A conversa política na sociedade internacional ocorre, afinal, sob uma casa, sob uma ordem, e não sob uma tábula rasa ou sob uma ruína. A ordem em que vivemos tem seus alicerces. E eles não foram construídos da noite para o dia.

Caos e ordem no sistema internacional

A natureza da ordem nas relações internacionais

Henry Kissinger é um dos mais celebrados analistas e formuladores de política externa do século XX[8]. Ele nasceu na Alemanha, em 1923, em uma família judia que, fugindo do nazismo, se radicou nos Estados Unidos em 1938. Ao se tornar PhD em Harvard, em 1954, foi professor dessa universidade e trabalhou também como consultor sobre política externa, ganhando proeminência entre políticos americanos. Kissinger faleceu em dezembro de 2023, aos 100 anos, deixando vasto legado – na análise das relações internacionais e na construção da ordem internacional na segunda metade do século passado.

Com a eleição de Richard Nixon, em 1968, Kissinger foi indicado para chefiar o Conselho de Segurança Nacional – órgão vinculado à Casa Branca e de assessoria direta do presidente. Coordenando o trabalho de outras agências do governo (Relações Exteriores, Inteligência, Defesa), o professor de Harvard transformou-se no centro operacional da política externa americana. Em 1973, além de chefe do Conselho de Segurança Nacional, tornou-se também secretário de Estado (ministro das Relações Exteriores), o único na história dos Estados Unidos a ocupar os dois cargos simultaneamente. Depois da renúncia de Nixon, em 1974, Kissinger permaneceu como chefe da diplomacia americana durante o governo de Gerald Ford, até 1977.

O legado de Kissinger foi mais duradouro do que os oito anos em que ele geriu a política externa dos Estados Unidos. Quando chegou à Casa Branca, em 1969, Kissinger encontrou desafios bastante graves: a União Soviética estava em ascensão, a Guerra do Vietnã dilacerava a política e a economia americanas, os protestos estudantis de 1968 questionavam a legitimidade da diplomacia do país[9].

Kissinger mudou esse panorama. Ele foi responsável por negociar o primeiro Tratado de Limitação de Armas Estratégicas e o Tratado de Mísseis Antibalísticos com a União Soviética, reduzindo significativamente a corrida armamentista entre Washington e Moscou. Kissinger e Le Duc Tho – ex-chefe do Partido Comunista do Vietnã – concluíram as negociações dos Acordos de Paz de Paris, que puseram fim à guerra entre seus países. Pela perseverança nessas negociações, eles receberam o prêmio Nobel da Paz de 1973.

Enquanto Kissinger chefiou a diplomacia americana, os Estados Unidos ratificaram o Tratado de Não Proliferação de Armas Nucleares (TNP), em 1970, e a convenção internacional que proíbe o uso de armas biológicas, em 1975. Foi Kissinger quem, com Zhou Enlai, abriu as comunicações diplomáticas entre os Estados Unidos e a China de Mao Tsé-Tung. A visita de Nixon a Pequim, em 1972 – arquitetada por Kissinger e Enlai –, foi uma das maiores jogadas políticas dos Estados Unidos na Guerra Fria, ajudando na aproximação do gigante asiático com o Ocidente e enfraquecendo a posição geopolítica de Moscou. Ainda, foi Kissinger quem negociou o fim da Guerra do Yom Kippur, entre os estados árabes e Israel – e cuja diplomacia abriu caminho para os Acordos de Camp David.

Mas Kissinger também foi um estrategista atroz e um calculista frio: antes de selar o término da Guerra do Vietnã, tentou enfraquecer a posição dos vietnamitas do norte por meio do aumento de bombardeios na região, ampliando o conflito para o Camboja e para o Laos, causando flagelos imensuráveis. Ele deu suporte à invasão do Timor Leste pela Indonésia – que resultou na morte de 150 mil pessoas – e amparou politicamente as investidas militares do Paquistão contra Bangladesh.

Kissinger ainda apoiou supremacistas brancos no sul da África, bem como ditaduras militares na América Latina – com destaque para o golpe militar no Chile, em 1973. Embora alguns historiadores tenham buscado amenizar a acusação de que Kissinger foi um criminoso de guerra[10], é fato que ele não hesitou em apoiar ditaduras brutais quando elas contribuíram para os interesses estratégicos dos Estados Unidos. Na década de 2000, surgiram três ONGs dedicadas a levá-lo à justiça por crimes contra a humanidade[11].

Além de controverso estrategista político, Kissinger adquiriu reputação como um proeminente analista da história das relações internacionais. Uma de suas vertentes analíticas – exposta desde os tempos de estudante em Harvard – é que a história não tem um significado predeterminado, o que permite espaços de manobras. A história forneceria um palco, uma estrutura, uma base sobre a qual operar, mas ela também fornece meios para esculpir arranjos sociais desejados[12]. A política seria o meio para influir no curso da história; a política externa, o instrumento de transformação da ordem internacional.

Em seu livro *Ordem Mundial*, de 2014, Kissinger analisa os fundamentos que estruturaram uma ordem internacional em diferentes séculos. Essa análise histórica é indispensável para entender a construção da ordem presente – ainda que, na acepção dele, o futuro da ordem atual não seja predeterminado pelos arranjos do passado. Na introdução do livro, Kissinger faz uma observação óbvia, porém perspicaz: diz que uma obra que trata da ordem internacional deve, antes de uma análise histórica, começar por uma introdução conceitual[13]. É por onde eu também pretendo começar.

***

Há diversas investigações sobre a natureza da ordem nas relações internacionais. Todas elas começam a partir de um conceito: o de *anarquia*. Anarquia é o ponto de partida para entender a política internacional. Anarquia, porém, não significa caos ou desordem. É, sobretudo, uma condição inescapável do sistema internacional[14].

O sistema internacional é essencialmente anárquico, pois é formado pela interação de estados soberanos: comunidades políticas independentes, cada uma delas administrada por um governo, que detêm soberania sobre determinada parcela de território e sobre um segmento da população humana[15]. A soberania dos estados é tanto interna (supremacia sobre todas as demais autoridades dentro daquele território) como externa (independência em relação às demais autoridades soberanas). Um Estado que não consegue afirmar a sua soberania, interna ou externamente, não pode ser considerado uma entidade soberana.

No sistema internacional, a anarquia é uma consequência da existência de diversas entidades soberanas que estão em permanente contato entre si, mas que não reconhecem – e não podem reconhecer, caso contrário não seriam consideradas soberanas – autoridades acima da sua. As eventuais disputas que surgem nas relações internacionais não são definidas, portanto, pelo juízo de uma entidade *supraestatal*, que estaria acima dos estados, mas mediante a interação entre os estados – seja por meio de demonstrações do uso da força militar (guerra), seja por meio de estruturas de cooperação que foram construídas e acordadas entre eles (instituições).

No sistema internacional anárquico, os estados historicamente recorreram à prova da força, vendo-se obrigados a armarem-se uns contra os outros para defender sua soberania e seus interesses. Mas diversos estudiosos das relações internacionais entendem que a anarquia permite uma variedade de padrões de interação que não se limitam a demonstrações da força militar. Os estados não vivem em ambiente de absoluta e constante hostilidade, de guerra de todos contra todos, todo o tempo. Vivem, sim, em anarquia, dada a ausência de um poder central no sistema internacional, o que não quer dizer ausência de lei ou de ordem.

Os estados, na condição de soberanos e agindo na defesa de seus interesses, frequentemente engajam-se em políticas de cooperação. Eles se consideram vinculados a determinados princípios e normas, tais como respeitar a soberania e a independência de cada um, honrar tratados e acordos, bem como restringir o uso da força. Ao mesmo tempo, colaboram para o funcionamento de instituições que facilitam a cooperação.

A cooperação entre os estados é mais difícil de ser atingida em um sistema puramente anárquico: sem instituições, sem princípios, sem normas, sem regras – ou seja, sem ordem. Em pura anarquia, torna-se mais difícil aos atores ter certeza de que os demais irão se comportar de maneira previsível. Ainda, é mais difícil obter informações e verificar o cumprimento do que foi negociado. Há incertezas sobre o comprometimento com as regras, o que restringe a confiança. O resultado pode ser o aumento de conflitos.

Para diminuir os custos da anarquia, os estados estabeleceram diversos princípios, normas e regras capazes de orientar suas ações – e criaram organizações internacionais, como as Nações Unidas ou a União Europeia, ou arranjos cooperativos informais, como o G20. Muitas vezes, cedem parte de sua soberania a algumas dessas instituições. As organizações internacionais, porém, não "mandam" nos governos. Elas estabelecem padrões de comportamento e mecanismos de solução de controvérsias, além de criar um ambiente por meio do qual é possível negociar acordos, convenções, tratados. Por meio de instituições, é possível monitorar o cumprimento do que foi acordado. O resultado não é a ausência de conflitos, mas algum grau de previsibilidade no comportamento dos estados.

Estados vivem, portanto, em sociedade[16]. E uma sociedade requer uma ordem. O grau de ordem exibido no sistema internacional é, em parte, função do equilíbrio de poder entre estados – e da legitimidade dos arranjos institucionais, da percepção de que essas instituições são capazes de acomodar os interesses de diversos países, grandes ou pequenos, que possuem objetivos e visões distintas. A estabilidade de uma ordem internacional, todavia, nem sempre se sustenta. E pode ser muito mais frágil do que aparenta.

Na história, foram diversas as tentativas de criar uma ordem internacional que diminuísse os custos da anarquia e promovesse a paz e a cooperação entre os povos. A história é, afinal, permeada de atritos e conflitos; por ordem e desordem; por sociedade e por anarquia. Durante boa parte da história humana, as tentativas de criação de uma ordem internacional foram fruto da expansão de impérios, que buscaram espalhar seu domínio sobre vastas regiões do planeta.

Da ordem imperial ao sistema de estados soberanos

A humanidade foi marcada por diversos impérios: o romano, o chinês, o persa, o otomano, o britânico, para citar apenas alguns. Nenhum deles, porém, foi verdadeiramente universal[17]. Durante milênios, as ordens imperiais eram estabelecidas e mantidas em determinadas regiões geográficas. A China, por exemplo, era o centro de seu próprio império e de sua própria concepção de ordem global. O sistema chinês não era baseado na igualdade soberana dos estados, mas, sim, na presumida vastidão da soberania única e exclusiva do imperador. Na acepção chinesa de ordem, a soberania, tal como formulada pelos europeus, não existia, pois o imperador era a única entidade soberana, que dominava "Tudo Sob o Sol"[18].

O Islã também possuía sua própria concepção de ordem internacional, fundada na visão de uma unidade política divina[19]. Depois de unificar o mundo árabe, ao assegurar seu domínio sobre partes do antigo Império Romano e ao abranger o antigo Império Persa, o Islã passou a governar o Oriente Médio, o norte da África, partes do sudeste da Ásia e pedaços da Europa. No século XVII, o Islã havia marcado sua presença em três continentes, expandindo sua visão de unidade política e religiosa. O Império Otomano, com base na Turquia, buscou ser a expressão mais bem acabada dessa ordem islâmica universal, consolidando sua supremacia no mundo árabe, no Mediterrâneo e nos Bálcãs.

Na Antiguidade, Roma também buscou criar sua própria ordem baseada na expansão do domínio imperial. Mas foi com a queda do Império Romano que a Europa passou a adotar uma forma de organização política que sustenta o sistema internacional até hoje. A ideia de estado-nação e o princípio de igualdade soberana surgiram, primeiro, no continente europeu; depois, expandiram-se para quase todo o mundo, servindo como base para a construção da sociedade internacional em que vivemos.

Por cinco séculos, durante a vigência do seu império, Roma assegurou um arcabouço comum de leis, um sistema de defesa compartilhado, buscando construir certa coesão social e política. Com a queda do Império Romano, o pluralismo político tornou-se a característica marcante da sociedade europeia medieval. No período pós-romano, a Europa Ocidental não tinha um sistema de governança compartilhado ou uma identidade cultural harmônica, apesar de ser considerada uma civilização comum.

Na Idade Média, a ideia de unidade política, cultural e religiosa foi preservada sob o cristianismo e a Igreja Católica, porém com duas anomalias: dezenas de governantes europeus passaram a exercer soberania em partes do continente, sem hierarquia clara entre eles. Todos invocavam lealdade a Cristo, mas o vínculo deles com a Igreja e com sua autoridade era ambíguo. Havia constantes debates sobre os limites da autoridade do Papa, ao mesmo tempo que diferentes reinados, cada um com seu aparato militar e governado por estruturas políticas independentes, manobravam por poder e por influência.

Houve, claro, ensaios para o restabelecimento de uma ordem imperial sob a unidade do cristianismo, de seus princípios ecumênicos, do compromisso dos monarcas europeus de difundir a fé cristã e da autoridade universal da Igreja. A mais notória dessas tentativas ocorreu em 800 d.C., quando o papa Leão III nomeou Carlos Magno – rei francês que expandiu seu domínio para incluir boa parte dos territórios germânicos, bem como reinos pagãos na Grã-Bretanha e na Península Ibérica – imperador do Sacro Império Romano[20].

Leão III outorgou a Carlos Magno um título teórico. Carlos Magno, porém, nunca chegou a exercer controle efetivo sobre todas as terras do seu suposto império, especialmente na parte oriental. Lutou, ainda, para manter o domínio sobre partes dos territórios ocidentais, como na Península Ibérica, em constantes disputas com mouros oriundos do norte da África. Após sua morte, seus sucessores jamais conseguiram realizar a pretensão papal de um "império mundial" cristão.

Com o tempo, a fragmentação política da Europa também passou a abranger uma fragmentação religiosa. Com a reforma protestante, as esperanças de construção de uma unidade política católica no continente foram enterradas de vez[21]. Os conflitos religiosos entre católicos e protestantes, que dominaram boa parte dos séculos XVI e XVII, culminaram com a Guerra dos Trinta Anos (1618-1648). Essa guerra expressou uma disputa das duas maiores potências do continente, Suécia e França, contra a força da dinastia dos Habsburgos, que governava o Sacro Império Romano. As rivalidades entre vertentes religiosas dentro do cristianismo, bem como disputas territoriais nas regiões germânicas, gradualmente se transformaram em um conflito continental.

Naqueles trinta anos, quase um quarto da população da Europa

Ocidental morreu nos combates, de doenças ou de fome. As hostilidades tiveram fim apenas quando os exaustos participantes, em 1648, reuniram-se na região germânica de Vestfália para negociar acordos que redefiniram a sociedade da época – e lançaram a base da ordem internacional de hoje.

A *Paz de Vestfália* baseou-se na ideia de soberania. Naquela ocasião, reconheceu-se formalmente a existência de múltiplas unidades políticas na Europa, nenhuma capaz de impor-se às demais, com práticas e vínculos religiosos diferentes, em busca de regras imparciais para conduzir suas relações e neutralizar potenciais conflitos. Os estados – e não o império, a Igreja, as dinastias ou os atributos religiosos de cada unidade política – firmaram-se como os novos pilares da ordem internacional na Europa.

De Vestfália emergiu a ideia moderna de soberania, traduzida em um sistema de estados independentes, no qual cada um se comprometeu a não interferir nos assuntos domésticos dos outros. Eventuais pretensões de domínio imperial não seriam mais toleradas ou reconhecidas pela autoridade papal; seriam, na prática, contidas por meio de um intrincado equilíbrio de poder. Não houve clamores por premissas universalistas. Ao contrário, reconheceu-se que a soberania era um atributo de todos os estados, e a troca do reconhecimento da soberania, uma regra para a coexistência pacífica.

As múltiplas autoridades políticas que governavam a Europa passaram a ser reconhecidas formalmente. Os conflitos deveriam ser evitados por meio do respeito às soberanias independentes; se não, pelo equilíbrio de poder, configurado por meio de alianças contra as pretensões de domínio imperial por um dos atores. A ordem era extraída, portanto, do caos anteriormente instaurado pela divisão; a unidade, pelo respeito a princípios que reconheciam a existência de entidades soberanas, cada uma igualmente legítima.

Os negociadores da Paz de Vestfália não imaginavam que estariam construindo as bases para um sistema universal de estados. Como lembra Kissinger, eles nem sequer procuraram incluir nas negociações a vizinha Rússia, que então se reorganizava internamente sob os auspícios de uma ordem imperial – governada por um imperador absolutista, unificada religiosamente na Igreja Ortodoxa e legitimada por uma política de expansão territorial[22].

Os princípios de Vestfália eram aplicados especificamente à realidade europeia ocidental e limitados a ela. Esses princípios eram, sobretudo, reflexos do relacionamento recíproco entre as potências da Europa Ocidental. Sociedades remotas, em outras regiões – na África, nas Américas ou na Ásia –, não estavam necessariamente sujeitas a esses princípios. Fora do continente, diversos estados europeus buscaram construir as bases de seus próprios impérios por meio da colonização de territórios e de outros povos.

Mas os princípios de Vestfália sobreviveram. Apesar de negar soberania aos povos colonizados, as potências europeias – ao espalhar seu domínio no globo – levaram com elas o desenho de sua ordem internacional. Quando as colônias começaram a exigir independência, geralmente o faziam em nome dos princípios consagrados em Vestfália. A soberania, a autodeterminação dos povos e a não interferência em assuntos domésticos provaram-se argumentos efetivos contra os próprios colonizadores. Provaram-se, igualmente, meios para assegurar a proteção das antigas colônias contra novas tentativas de subjugá-las, uma vez conquistada a independência.

A Paz de Vestfália tampouco matou as pretensões de domínio imperial dentro da Europa. Essas pretensões renovaram-se ao longo dos séculos, lastreadas por novas premissas universalistas gestadas em movimentos revolucionários. O mais notório desses movimentos surgiu no final do século XVIII, com a Revolução Francesa. A Revolução Francesa é um marco histórico, não só por indicar a transição da era moderna para a era contemporânea, mas também por buscar desenvolver um poderoso projeto político universal e imperial, difundido sob o manto da filosofia e da razão.

Utopias revolucionárias e a reconfiguração da ordem internacional

Para esclarecer o caráter singular da Revolução Francesa, é necessário diferenciá-la de outros movimentos revolucionários da época, em especial as revoluções inglesa e americana. Todos esses movimentos revolucionários tinham em comum a transformação substantiva dos regimes políticos por meio da luta armada, mas com objetivos diferentes.

As revoluções inglesas são conhecidas pelo período, ainda no século XVII, de consolidação dos poderes do Parlamento e da limitação dos poderes da coroa britânica. De 1640 a 1650, a Grã-Bretanha foi marcada por sucessivos conflitos, em que nobres e representantes do Parlamento desafiaram a autoridade do rei Carlos I, culminando com a execução do monarca em 1649.

Os dez anos seguintes foram marcados por um governo republicano, conhecido como *Commonwealth*, antes que a monarquia fosse restaurada, com Carlos II, em 1660. Com a morte do monarca em 1685, seu irmão, Jaime II, católico, ascendeu ao trono britânico e buscou restaurar o poder centralizado da coroa. As políticas de Jaime II desencadearam outra série de conflitos, conhecidos como Revolução Gloriosa, que culminaram com a deposição do rei em 1689 – e com a imposição de limites formais aos representantes da coroa. A Revolução Gloriosa limitou, portanto, os poderes da monarquia, sujeitando-a ao controle e ao poder dos representantes no Parlamento.

A Revolução Americana, de 1765 a 1776, por sua vez, representou uma série de conflitos entre as treze colônias na América do Norte e o governo central em Londres, que culminaram com a formação dos Estados Unidos da América. A guerra seguiu-se às tentativas do Parlamento britânico firmar maior controle sobre os assuntos coloniais após a Guerra dos Sete Anos (1756-1763), especialmente o pagamento de impostos. Os colonos, por sua vez, exigiam não ser taxados por um Parlamento no qual não eram representados (o célebre *no taxation without representation*). Ao vindicar sua independência, as treze colônias britânicas exigiam liberdades e privilégios constitucionalmente estabelecidos na metrópole, que os governantes em Londres se negavam a conceder.

Cada uma a seu modo, as revoluções inglesa e americana visavam limitar o poder monárquico e restaurar direitos, adequando a ação dos governantes a costumes preestabelecidos. Não exigiam a transformação integral da sociedade. No caso da França, ocorreu o contrário: movidos por fortes crenças ideológicas, os revolucionários decidiram transformar não somente o sistema de governo, mas refundar a sociedade. Invocando o poder soberano da razão (e conceitos universais como "liberdade, igualdade, fraternidade"), os revolucionários franceses buscaram construir as bases de uma nova sociedade – primeiro na França, depois em toda a Europa.

O pensamento revolucionário francês foi fortemente influenciado por Jean-Jacques Rousseau. O livro *O Contrato Social* (1762) é uma das obras mais influentes escritas na história. Rousseau acreditava poder compreender o espírito humano ao investigá-lo no seu estado natural, livre dos vícios e da escravidão que a vida social lhe impunha. Ele condenou todas as instituições existentes na sociedade da época – propriedade, religião, classes sociais, autoridade governamental, leis que a sustentavam – como ilusórias e fraudulentas.

A partir da suposta compreensão sobre aquilo que é essencial à natureza dos seres humanos, Rousseau propôs um modelo de organização civil que assegurasse a liberdade e a igualdade para todos. Para alcançar a plenitude moral, o cidadão deveria saber conformar a sua vontade particular (aquela que busca somente o bem de si) à vontade geral, que sempre almeja o bem comum.

A doutrina política de Rousseau pretendia radicalizar a defesa da igualdade e da liberdade. Para Rousseau, a voz da soberania popular é a única detentora de um poder civil legítimo. Ele descreveu a vontade geral como o único meio capaz de estruturar um projeto político de sociedade, traduzido no bem comum. Por meio desse projeto, o homem racional deveria vencer as formas de superstição, bem como suprimir privilégios arbitrários e a autoridade repressiva, alcançando a sua autonomia moral. Para atingir esse objetivo, era necessário livrar-se das estruturas sociais opressivas, das amarras que a sociedade estamental da época impunha. Era necessário pôr abaixo o edifício institucional antigo e criar uma organização social nova.

Ao descrever a religião como um dos obstáculos à construção de uma nova sociedade, Rousseau propôs algo no lugar: a ideia de uma religião civil, que deveria ser elevada à aceitação universal e que representaria o meio de transformação da sociedade. Rousseau formulou teoricamente – e a Revolução Francesa inaugurou na prática – a ideia de uma religião política, que professa dogmas (ideológicos) e transfere a um projeto de sociedade o ideal de salvação e redenção.

A filosofia política de Rousseau transformou a fé religiosa de salvação em uma crença revolucionária, cuja realização ocorreria por meio da aplicação hábil da razão à natureza e à sociedade. O paraíso, que nas religiões é uma expectativa após a morte, poderia ser realizado por meio de um projeto político, científico, racional. Na acepção cristã, a redenção humana manifesta-se por meio do indivíduo e em sua relação com Deus. Na filosofia de Rousseau, a redenção do homem poderia ser atingida por meio da revolução; pela subjugação da vontade particular à vontade geral; por meio da realização de um projeto político que libertaria o homem de suas amarras sociais. O poder político, capaz de traduzir a vontade geral, seria o meio para construir esse movimento redentor. O Estado seria o instrumento de execução dessa nova realidade.

Na França, os revolucionários buscaram garantir seus direitos diante dos abusos da monarquia e de suas classes aristocráticas, tendo como base os princípios consagrados na *Declaração dos Direitos do Homem e do Cidadão* (1789). Mas o experimento revolucionário francês foi além. Inspirados em Rousseau, os revolucionários franceses buscaram construir as bases de uma nova ordem política e social.

Quem primeiro entendeu as diferenças entre as revoluções no mundo anglo-saxão e a revolução em curso na França foi Edmund Burke, parlamentar irlandês do então partido liberal britânico, denominado *Whig*, que se opunha ao partido conservador da época, o *Tory*. Burke consagrou-se, depois de sua morte, em 1794, como um dos maiores pensadores da filosofia política britânica. Ele foi simpático às aspirações dos colonos na América do Norte, em especial aos argumentos de que eles não deveriam ser taxados sem usufruir de representação política adequada no Parlamento. A reação de Burke às aspirações dos revolucionários franceses, contudo, foi oposta. Em *Reflexões sobre a Revolução na França* (1790), o político irlandês viu naquele movimento um potencial de violência, anarquia e tirania[23].

Burke condenou "a fúria, a raiva e o insulto" com os quais os revolucionários franceses buscaram punir as classes aristocráticas. Criticou, ainda, as medidas implementadas para "reverter a lei e a ordem, subverter os tribunais, limitar o comércio, pilhar a Igreja – e, com isso, impor a anarquia como meio de transformação da sociedade"[24]. As críticas de Burke também foram direcionadas contra as "inovações filosóficas" que os revolucionários franceses buscavam exercer.

Burke discordou especialmente de Rousseau no que diz respeito à gênese da ordem social. Segundo o político irlandês, a boa ordem não deveria ser formada a partir da "unidade de um projeto político", pois tais "invenções humanas" seriam incompatíveis com o grau mais elevado possível de "liberdade pessoal"[25]. Burke defendeu que a política utópica de Rousseau transportava um potencial de violência e um grau elevado de instabilidade, apresentando-se contrário ao "radicalismo de quem procurava destruir os edifícios institucionais existentes para arquitetar, sob seus escombros, novas formas de organização política e social"[26].

A postura antirrevolucionária de Burke não significou uma defesa pura e simples do *ancien régime*. Ele defendia que "um estado sem a possibilidade de mudança é incapaz de se conservar"[27]. Mudanças, porém, deveriam ocorrer sob um "véu de prudência". De acordo com Burke, a reforma precisa de uma tradição; precisa de instituições sob as quais operar. Ele escreveu que, na política, seria necessário respeitar "um princípio seguro de conservação e um princípio seguro de transmissão, sem excluir um princípio de melhoria"[28]. Argumentou que a Revolução Francesa, ao buscar construir um projeto político que suplantaria a ordem vigente, "acabaria se tornando uma oligarquia perniciosa" – e que, ultimamente, resultaria "em uma ditadura militar"[29]. As *Reflexões* de Burke foram escritas em 1790, três anos antes do Reino do Terror dos Jacobinos (1793) e catorze anos antes da coroação de Napoleão Bonaparte como imperador dos franceses (1804).

Estima-se que, durante as agitações revolucionárias francesas, 17 mil homens e mulheres foram executados após serem julgados; que entre 12 mil e 40 mil foram mortos sem julgamento; e que de 80 mil a 300 mil morreram na supressão das insurreições contrarrevolucionárias[30]. As declarações de guerra da Áustria e da Prússia, da Espanha, da Holanda, do Reino Unido e de Portugal contra a França revolucionária deram início a novos conflitos na Europa, que custaram outras centenas de milhares de vidas. Com a ascensão de Bonaparte e com suas campanhas militares para recriar um império no continente, outro período de guerras foi lançado no início do século XIX.

A Revolução Francesa e o ímpeto imperial de Napoleão redefiniram a ordem internacional que a Europa buscou construir desde a Paz de Vestfália. As demais monarquias europeias, ao declararem guerra contra a França revolucionária, tornaram-se ameaças existenciais ao novo regime francês. Para impor seus princípios e prevalecer diante dos inimigos, a Revolução Francesa deveria transformar-se em uma cruzada internacional.

Com a ordem doméstica estabilizada sob o mando ditatorial de Napoleão, as atenções voltaram-se não só para a defesa dos princípios revolucionários das ameaças externas, mas também para sua universalização, que seria atingida por meio da demolição do antigo regime nos demais países da Europa. Os princípios consagrados em Vestfália de respeito às soberanias não deveriam servir de obstáculo; os ideais utópicos de justiça e de emancipação deveriam prevalecer. Quase toda a população masculina da França foi conscrita para os esforços militares de Bonaparte. De 1800 a 1812, cerca de 1,3 milhão de franceses fizeram parte de campanhas militares de Napoleão – que custaram, no total, aproximadamente dois milhões de vidas[31].

A Paz de Viena e o Concerto Europeu

A Europa dedicou o início do século XIX a conter Napoleão Bonaparte. Uma vez derrotado, as potências europeias buscaram construir nova ordem, sob os auspícios do Congresso de Viena – encontro realizado de novembro de 1814 a junho de 1815, no qual os representantes da Áustria, França, Reino Unido, Prússia, Rússia, entre outros, negociaram um novo desenho da ordem internacional no continente. Essa nova ordem buscou restaurar a autoridade monárquica e os princípios de Vestfália, como o de igualdade soberana, mas sob novo equilíbrio de poder.

O Congresso de Viena produziu um consenso de que a evolução pacífica dentro da ordem do antigo regime era preferível ao domínio de uma potência hegemônica; de que a preservação do sistema de soberanias era mais importante do que qualquer disputa dentro dele; de que as diferenças deveriam ser resolvidas pela mediação entre as autoridades legítimas, não pela guerra.

Três pilares políticos deram sustentação à nova ordem: a Quádrupla Aliança (formada por Áustria, Reino Unido, Prússia e Rússia), encarregada de defender a ordem territorial; a Santa Aliança (formada por Áustria, Prússia e Rússia), para defender a ordem do *ancien régime*; e a criação de um concerto político, mantido por conferências diplomáticas periódicas, para articular propósitos comuns e resolver pacificamente potenciais disputas.

O equilíbrio de poder construído no Congresso de Viena resultou em um dos períodos mais longevos de paz e estabilidade no continente europeu, que durou quase um século. Esse equilíbrio foi rompido apenas com a eclosão da Primeira Guerra Mundial, em 1914.

Antes da Primeira Guerra, porém, os sinais de fragmentação da ordem construída em Viena já eram aparentes: novas ondas de revoluções ocorreram de 1820 a 1848, desafiando a manutenção do antigo regime monárquico; potências europeias entraram em confronto em 1854, na Guerra da Crimeia; e a ascensão de movimentos nacionalistas lograram impulsionar a unificação de países como Itália e Alemanha – formando, neste último caso, uma potência que desafiaria o equilíbrio de poder arquitetado pelo Concerto Europeu. As novas ondas revolucionárias em 1848 e a unificação dos estados germânicos representaram eventos com consequências duradouras para a sociedade de estados da época.

As revoluções de 1848 representaram conflitos múltiplos, difusos, espontâneos. Eram movimentos, em certa medida, tributários do experimento revolucionário francês. Apesar de não compartilharem exatamente os mesmos objetivos, esses movimentos expressavam demandas por maior participação nas decisões dos governos, por autonomia nacional, por liberdade de opinião e de pensamento, bem como expressavam uma insatisfação generalizada com as lideranças políticas da época. Os movimentos eram pautados, sobretudo, por um debate de ideias, com destaque para o liberalismo, o nacionalismo e o socialismo.

A *Paz de Viena*, afinal, era antiliberal e antinacionalista. Empenhado em eliminar qualquer traço da Revolução Francesa e das pretensões imperiais de Napoleão Bonaparte, o Concerto Europeu tornou-se insensível ao avanço de ideias liberais e de autonomia nacional. Muitas potências fecharam-se em estruturas hierárquicas rígidas, com pouco espaço para reformas. A Revolução Industrial também mudou a estrutura de organização social e de pensamento, que não mais se adequavam à rigidez do antigo regime.

As revoluções de 1848 não lograram subverter a ordem da época, mas conquistaram resultados importantes, como a abolição da servidão na Áustria e na Hungria, o fim da monarquia absolutista na Dinamarca e a introdução da democracia representativa na Holanda. Um dos seus principais efeitos foi impulsionar a unificação dos estados germânicos agrupados na Confederação Alemã.

A Confederação Alemã foi criada pelo Congresso de Viena em 1815, para coordenar distintos reinados, ducados e principados de língua alemã, muitos dos quais anteriormente faziam parte do antigo Sacro Império Romano-Germânico, dissolvido por Napoleão em 1806. Não foram incluídos na Confederação todos os territórios germânicos – ficaram de fora, por exemplo, aqueles na porção oriental do Reino da Prússia, nos cantões alemães da Suíça e na região da Alsácia, que pertencia à França.

A Confederação Alemã era mantida por um equilíbrio político frágil, enfraquecido pela rivalidade entre o Reino da Prússia e o Império Austríaco. A Confederação foi dissolvida depois de cinquenta anos, após a vitória da Prússia sobre a Áustria, em 1866, na Guerra das Sete Semanas. Sob liderança da Prússia, foi criada a Confederação da Alemanha do Norte, em 1867. Após vários estados do sul ingressarem na nova Confederação, ela foi renomeada como Império Alemão em 1871, com o rei da Prússia, Guilherme I, declarado imperador – ou *Kaiser* (chefe de Estado) – e Otto von Bismarck, chanceler (chefe de governo).

A unificação alemã ocorreu concomitantemente ao declínio de antigas potências que dominaram o cenário político europeu durante séculos, como no caso do Império Austro-Húngaro, do Império Otomano e da Rússia. Sob a liderança de Bismarck, o Império Alemão consolidou-se como uma potência desafiadora do equilíbrio de poder arquitetado no Congresso de Viena.

A criação do Império Alemão mudou fortemente a distribuição de poder na Europa. A nova potência surgiu no contexto de fortes questionamentos à legitimidade da antiga ordem – fosse pelas ondas revolucionárias de 1848, fosse pelos movimentos nacionalistas que as seguiram. Unificado e com imensa capacidade de projeção bélica, o Império Alemão não necessitava se pautar pelos velhos limites de uma ordem que não refletia sua real importância. O redesenho do equilíbrio de poder na segunda metade do século XIX levou, em 1914, a uma guerra generalizada, de escala industrial e sem precedentes históricos.

A guerra total e o fracasso das ilusões de paz universal

O período que tem início na Revolução Francesa de 1789 e termina com a eclosão da Primeira Guerra Mundial em 1914, é descrito por historiadores como o "longo século XIX". O Congresso de Viena conseguiu criar uma ordem que foi mantida durante a maior parte desse longo século, apesar de momentos em que sua legitimidade foi questionada e o equilíbrio de poder quase foi rompido. O que fez essa ordem desmoronar ainda é motivo de debates. Mesmo com o benefício de uma retrospectiva considerável (afinal, mais de um século já se passou desde o desfecho da Primeira Guerra Mundial, em 1918), é difícil entender por que essa guerra ocorreu – e pelo que, exatamente, as potências lutavam.

Existe uma miríade de livros sobre as origens da Primeira Guerra, alguns atribuindo maior parte da culpa ao Império Alemão, outros à mobilização militar de diversos países europeus, outros a agendas políticas que refletiam apaixonados sentimentos nacionalistas, impulsionados por presunçosas projeções de força bélica. Apesar de apontar causas distintas, a maioria dos autores reconhece que a Grande Guerra poderia ter sido evitada. Mas ela aconteceu. E o seu desfecho não foi suficiente para evitar um novo conflito armado.

O Império Alemão desafiou a ordem arquitetada pelo Congresso de Viena de 1815. Mesmo após ser derrotado na Primeira Guerra, manteve-se desafiante à ordem construída com o armistício de 1918. O Tratado de Versalhes (1919) lançou as sementes de um ressentimento nacionalista destrutivo. Cláusulas punitivas do tratado forçaram o governo alemão a pagar severas reparações, a ceder territórios e a observar limites rígidos ao seu desenvolvimento militar. Essas cláusulas alimentaram, décadas depois, os questionamentos sobre a legitimidade daquela ordem, o brio nacionalista e o ímpeto revolucionário germânico – que desaguariam no nacional-socialismo (nazismo).

No começo do século XX, os questionamentos sobre a legitimidade da ordem, o ânimo nacionalista e o ímpeto revolucionário não ficaram restritos à Alemanha. A Rússia foi palco de uma revolução em 1917. Os bolcheviques consolidaram seu poder em 1918 e buscaram construir, em 1922, por meio da União das Repúblicas Socialistas Soviéticas (URSS), uma potência capaz de garantir a execução (e a exportação) de um projeto revolucionário socialista.

Na Itália, Mussolini liderou, no início da década de 1920, um movimento político que proclamava um "nacionalismo revolucionário". O fascismo italiano buscou implementar um projeto político de refundação da sociedade por meio do controle do Estado. A Espanha foi palco de um conflito civil na década de 1930, que resultou dos choques entre republicanos, comunistas e nacionalistas – expressões distintas de ímpetos revolucionários modernos, bem como de forças conservadoras e reacionárias.

Os movimentos revolucionários do início do século XX, em certa medida, também estavam inspirados na filosofia política de Rousseau. Eles podiam variar quanto ao objetivo que buscavam atingir, mas se configuravam como nova edição do apelo de refundação da sociedade. O nazismo, o fascismo e o comunismo foram exemplos notórios de religiões civis totalitárias, traduzidos em diferentes projetos de reconstrução da ordem política e social, que se diziam representar a vontade geral e capazes de realizar o bem comum.

Apesar das diferenças – e até da oposição entre si –, esses movimentos revolucionários compartilhavam a mesma concepção violenta e primária do exercício político, ao buscar construir paraísos utópicos por meio da impiedosa destruição da ordem vigente. O conteúdo ideológico nazista, por exemplo, era arraigado à ideia de realização plena do desenvolvimento racial, social, político e econômico da nação germânica. O nazismo dizia-se representar um processo evolutivo natural, que culminaria com a supremacia da raça ariana e com a reconstrução da nação germânica – abalada pela Primeira Guerra, pela inépcia governamental da República de Weimar, pela crise econômica hiperinflacionária da década de 1920 e pelo caos social. A construção dessa nova nação culminaria em uma espécie de domínio imperial por meio do *Terceiro Reich*. Para a realização desse projeto, os nazistas buscaram eliminar grupos que supostamente constrangiam a unidade social e a pureza racial, como os judeus. Buscaram, ainda, refundar a ordem internacional da época (ilegítima na sua concepção), pois ela relegava à Alemanha um lugar obscuro e secundário.

A ordem internacional do entreguerras (1919-1939) não contava com os instrumentos de coerção necessários para conter o avanço das potências revolucionárias na Europa: Alemanha, Itália e União Soviética. Tampouco conseguiu conter as investidas militares do Japão imperial na Ásia. A Liga das Nações havia sido fundada em 1919, com base em visões utópicas de harmonia de interesses, de um universalismo democrático, de promoção da paz perpétua. Esses anseios idealistas também estavam refletidos no Pacto Kellogg-Briand (nomeado a partir de seus autores, o secretário de Estado dos Estados Unidos, Frank B. Kellogg, e o ministro das Relações Exteriores da França, Aristide Briand), firmado em 1928, que proibia a guerra como instrumento de política externa.

As ambições da Liga das Nações e do Pacto Kellogg-Briand – tal como tornar a guerra "ilegal" – não foram realizadas. A Liga das Nações demonstrou-se um espaço de negociação ineficaz e debilitado – especialmente pela relutância dos Estados Unidos em fazer parte dessa organização. As tensas relações entre a Casa Branca de Woodrow Wilson, presidente democrata, e o Senado norte-americano, controlado pela oposição dos republicanos, impediram Wilson de ratificar o acordo que criou a Liga.

O Pacto Kellogg-Briand, por sua vez, tornou-se o símbolo de uma aspiração ilusória, que sucumbiu à realidade da disputa de poder da época. A ordem do entreguerras buscou, inutilmente, contrapor um instável equilíbrio de poder com pressupostos idealistas frágeis, traduzidos em um acordo para promover a paz perpétua, que ninguém estava disposto a cumprir, e em uma "sociedade de nações", que poucos respeitavam.

No começo da década de 1930, com uma ordem internacional assentada mais em anseios idealistas do que em um equilíbrio de poder efetivo (e abalada por uma crise de legitimidade), com os Estados Unidos focados na Grande Depressão e retraídos do sistema internacional por políticas isolacionistas e com as democracias europeias esgotadas em razão dos efeitos da Primeira Guerra, o sistema mostrou-se terreno fértil para o advento das aspirações políticas violentas da Alemanha, da Itália e do Japão.

Como consequência desse desarranjo, pela segunda vez em uma geração, houve uma guerra total – a segunda do século XX, com custos abrangentes em todos os aspectos: militares, econômicos, políticos, sociais, humanos. Em grande medida, a Segunda Guerra Mundial foi uma continuação da primeira. Mas, diferentemente da primeira, o fim da Segunda Guerra deu origem a uma ordem mais duradoura.

A ordem internacional construída depois da Segunda Guerra é historicamente única. Ela conseguiu, por meio de seus arranjos institucionais, promover segurança, abertura comercial, crescimento econômico e cooperação entre os estados. Ela tem sido mais *liberal* do que *imperial* – e mais acessível, legítima e durável. Os formuladores dessa ordem, na década de 1940, tinham a intenção explícita de torná-la mais inclusiva e capaz de abrigar regimes políticos variados. Eles procuraram criar um sistema baseado na cooperação de grandes potências, integrar os estados derrotados e estabelecer mecanismos de coordenação em matéria de segurança, assentados em um equilíbrio de poder, e mediar o uso da força, além de promover crescimento econômico por meio da integração entre mercados.

O frágil equilíbrio de poder da Guerra Fria

A ordem estabelecida após o fim da Segunda Guerra Mundial não buscou amplas inovações. Princípios consagrados desde Vestfália – especialmente o de respeito às soberanias – estão refletidos na Carta das Nações Unidas (1945), o tratado constitutivo que deu origem àquela organização. Na Carta também consta o compromisso de resolução pacífica de controvérsias e de abstenção de uso da força. Ainda, o arcabouço institucional das Nações Unidas, especialmente de seu Conselho de Segurança, está assentado em um equilíbrio de poder indispensável para a manutenção da ordem.

A ordem do pós-Segunda Guerra inovou, sim, na inclusão das potências que foram derrotadas nesse conflito. A Alemanha, a Itália e o Japão foram integrados às instituições internacionais construídas após a guerra. Mais do que isso: foram refeitos politicamente. As potências derrotadas foram ocupadas pelas potências vencedoras – Estados Unidos, França, Reino Unido e União Soviética. Essas ocupações resultaram na reforma dos sistemas políticos desses países à imagem dos vencedores – o que se traduziu em democracia liberal para a Alemanha Ocidental, para a Itália e para o Japão; e em um regime comunista para a Alemanha Oriental e para o Leste Europeu.

Certamente, a principal razão pela qual tanto a Alemanha Ocidental quanto o Japão foram reconstruídos deveu-se às exigências para enfrentar a potência revisionista remanescente, a União Soviética. O bloco ocidental precisava de uma Alemanha e de um Japão não comunistas para resistir à expansão, ao alcance e à influência dos soviéticos no Leste da Europa e na Ásia.

O fim da Segunda Guerra, afinal, não acabou com as possibilidades de um novo conflito. O mundo ainda se via diante de uma potência revolucionária, com ímpetos imperiais, disposta a usar seu poder e sua influência para mudar os meios de organização política, econômica e social de diversos países. A União Soviética, que havia sido aliada na luta contra o nazifascismo, era, ela própria, expressão de um projeto político de reformulação da ordem – e de nova edição do apelo revolucionário de construção de uma sociedade igualitária por meio da força.

Mas a União Soviética tampouco foi excluída do processo de construção da ordem do pós-guerra. Nas Nações Unidas, Moscou dividia um assento permanente no Conselho de Segurança com outras potências ocidentais. Era mais difícil aos líderes soviéticos, portanto, questionar a legitimidade de uma ordem que eles próprios ajudaram a construir. O que ocorreu foi uma competição gerenciada entre um bloco de países liderado pelos Estados Unidos e um bloco liderado pela União Soviética – um mundo bipolar marcado por um embate conhecido como *Guerra Fria*.

***

A ordem internacional na segunda metade do século XX foi construída em parceria com uma potência revisionista, não democrática, que buscava refundar o sistema capitalista. Toda ordem internacional, afinal, baseia-se em um misto de equilíbrio de poder e de legitimidade. A ordem do pós-Segunda Guerra não era diferente. Hoje, sabe-se que os esforços para equilibrar poder e legitimidade dentro da ordem foram bem-sucedidos. Eles impediram que a Guerra Fria desaguasse em um conflito com consequências catastróficas.

O regime soviético manteve, durante as décadas de Guerra Fria, participação ativa nas Nações Unidas, especialmente no seu Conselho de Segurança, com poder de veto sobre a autorização do uso da força. Essa participação pode ter limitado fortemente a atuação do

Conselho durante os anos da disputa geopolítica, mas limitou também os questionamentos sobre a legitimidade da ordem pelas potências que dela participavam. Esse espírito de cooperação dentro da ordem, todavia, nem sempre prevaleceu.

O equilíbrio de poder da Guerra Fria era frágil e, algumas vezes, quase foi rompido. Havia uma disposição real das grandes potências de usar a força militar. Ainda em 1946, em um comício em Moscou, Josef Stálin afirmou que as diferenças entre os ideais comunistas e a "corrupção capitalista" levariam a outra grande guerra nos anos 1950[32]. Em 1948, a União Soviética bloqueou a parte ocidental de Berlim, então cercada por todos os lados pela Alemanha Oriental (ocupada e controlada pelos soviéticos), o que quase levou a um conflito aberto com os Estados Unidos, com a França e com o Reino Unido, que controlavam a parte ocidental da capital alemã.

Em vez de nova guerra generalizada, a resposta das potências ocidentais foi formar um corredor aéreo, que forneceu comida, combustível e outros itens básicos para a população de Berlim Ocidental até 1949, quando o bloqueio foi suspenso pelos soviéticos. Naquele ano, foi criada a Organização do Tratado do Atlântico Norte (Otan), que integrava os Estados Unidos e a Europa Ocidental a uma aliança de defesa comum contra a União Soviética.

O princípio da defesa coletiva da Otan está registrado no artigo 5º do tratado que criou a aliança. Esse artigo afirma que um ataque contra um de seus membros será considerado um ataque contra todos – garantindo, assim, que os recursos militares do conjunto das partes possam ser usados para proteger qualquer uma das nações que integram o bloco. Ao fazer parte da Otan, países menores, com pouca infraestrutura militar, podem contar com o apoio de outras potências ocidentais – especialmente dos Estados Unidos – para se defender em caso de conflitos armados.

Os soviéticos também criaram sua própria aliança militar. O Pacto de Varsóvia – também conhecido como Tratado de Amizade, Colaboração e Assistência Mútua – foi assinado em 14 de maio de 1955 entre a União Soviética e outras sete repúblicas socialistas da Europa Central e Oriental[33]. Essa aliança visava combater a ameaça representada pela Otan e possibilitar o rearmamento da República Democrática Alemã (Alemanha Oriental). O acordo estabelecia também que, em caso de conflito armado com a aliança ocidental, os países signatários se apoiariam mutuamente.

O equilíbrio de poder na Guerra Fria nunca foi estático, evoluindo ao longo das décadas. No início, a política externa dos Estados Unidos foi fortemente influenciada pela perspectiva de contenção do avanço soviético. A doutrina da contenção foi primeiro elaborada por George F. Kennan, diplomata americano lotado na embaixada dos Estados Unidos em Moscou nos anos finais da Segunda Guerra Mundial. Em 1946, ele escreveu seu famoso "longo telegrama" – uma análise de cerca de oito mil palavras na qual esboçou uma nova estratégia para as relações diplomáticas com a União Soviética. No verão de 1947, Kennan também publicou na revista *Foreign Affairs*, sob pseudônimo, um ensaio intitulado *As Origens da Conduta Soviética*, em que detalhou sua visão sobre como os Estados Unidos deveriam agir para conter o avanço internacional de Moscou[34].

Kennan avaliou que o poder soviético carregava em si as sementes de sua própria decadência. De acordo com ele, os russos soviéticos eram impulsionados por suas "inseguranças" e, sobretudo, temiam a instabilidade doméstica. Segundo o diplomata americano, eles se viam em guerra perpétua com o capitalismo; inibiam imagens objetivas ou precisas da realidade; eram sensíveis à força militar; eram menos poderosos do que o mundo ocidental unido; e parte da legitimidade do regime advinha da expansão territorial e do controle de vastos "espaços de influência". Os Estados Unidos deveriam, portanto, forjar uma aliança para *conter* o avanço soviético, enquanto as contradições internas do regime se encarregariam de destruí-lo. Kennan tinha 43 anos quando escreveu seu longo telegrama. Ele tinha 87 anos quando a União Soviética foi finalmente dissolvida, em dezembro de 1991.

Após a Segunda Guerra Mundial, a estratégia de *contenção* impulsionou os Estados Unidos a agirem militarmente para manter o equilíbrio de poder, limitando o avanço da influência soviética em outras regiões do planeta. Em junho de 1950, por exemplo, tropas da República Popular Democrática da Coreia, mais conhecida como Coreia do Norte, apoiadas pelos soviéticos, invadiram a Coreia do Sul, em um esforço para unificar a península coreana pela força. Os motivos do avanço da Coreia do Norte eram nacionalistas e derivados de conflitos locais, mas interessava aos soviéticos criar uma península unificada sob um regime comunista, para compensar o surgimento de um Japão capitalista inserido na órbita americana. Para proteger a independência da Coreia do Sul e restaurar o Paralelo 38 como fronteira efetiva, foi necessária uma grande intervenção militar, liderada pelos Estados Unidos.

A lógica de contenção também influenciou a decisão de Washington de aumentar sua presença militar no Sudeste Asiático – especialmente no Vietnã. Após a derrota da França na Guerra da Indochina, em 1954, o Vietnã foi dividido em duas partes: o Vietnã do Norte, de orientação comunista, governado por Ho Chi Minh, com Hanói como capital, e o Vietnã do Sul, governado por Bao Dai (substituído por Ngo Dinh Diem em 1955), com Saigon como capital. Os Estados Unidos, temendo que a unificação do país sob um regime comunista pudesse causar um efeito dominó na Ásia, intensificaram seu envolvimento militar no Vietnã do Sul a partir da década de 1960. A guerra foi marcada por uma série de fracassos militares, estratégicos e morais para os Estados Unidos, que se retiraram do país em 1973. O conflito terminou apenas em 1975, com a conquista de Saigon pelas forças comunistas do Norte.

Ao longo de quatro décadas, as regras informais de contenção transformaram-se substancialmente, deixando mais claro quais eram os limites de ação por cada um dos lados. Moscou e Washington perceberam que havia restrições para seu envolvimento em conflitos regionais, bem como no que poderiam fazer para interferir diretamente nas "esferas de influência" de cada um. O termo "esferas de influência" é controverso – e por bom motivo, pois sugere que os interesses das potências precedem os interesses soberanos de países menos poderosos. Apesar dessa limitação conceitual, em grande medida, os Estados Unidos e a União Soviética possuíam pouca capacidade de ingerência nos assuntos de países próximos (no sentido geográfico e político).

Os Estados Unidos, por exemplo, não intervieram com força militar quando húngaros se levantaram contra o regime soviético, em 1956, ou quando os tchecos fizeram o mesmo, em 1968. Por sua vez, a União Soviética buscou apoiar regimes comunistas no continente americano, vendo seus esforços recompensados em Cuba (1959) e na Nicarágua (1979). Mas a ajuda soviética era suplementar – geralmente na forma de inteligência militar, de armas e de subsídios financeiros – para insurgentes revolucionários locais. Não houve intervenção militar direta em prol desses movimentos revolucionários na América Latina.

Nos conflitos da Guerra Fria que envolveram, de fato, intervenção militar, os custos foram elevados e os ganhos estratégicos, limitados. Os soviéticos aprenderam essa lição em Berlim, quando bloquearam os setores ocidentais, em 1948; em Cuba, na crise dos mísseis de 1962; e no Afeganistão, na década de 1980. Os americanos aprenderam essa lição na Guerra da Coreia, no início dos anos 1950 e, sobretudo, no Vietnã, no começo da década de 1970. Pouco a pouco, as estratégias de contenção foram substituídas por maior disposição para as negociações e para o engajamento diplomático direto – como uma forma de "desescalar" potenciais conflitos.

Durante a Guerra Fria, os Estados Unidos oscilaram entre uma estratégia de contenção e de detenção (*détente*). A *détente* foi um relaxamento duradouro do antagonismo com a União Soviética a partir da década de 1970. Inicialmente arquitetada por Henry Kissinger, essa estratégia buscou promover maior diálogo de Washington com Moscou, incluindo reuniões regulares de cúpula e negociações sobre controle de armas, bem como outros acordos bilaterais.

***

Havia uma percepção compartilhada pelos Estados Unidos e pela União Soviética de que qualquer conflito direto entre eles poderia resultar em uma guerra nuclear, na qual os custos superariam qualquer ganho concebível. Ao garantir a destruição mútua, as armas nucleares reforçavam o equilíbrio de poder militar tradicional.

Distintos analistas de relações internacionais costumam defender que o equilíbrio de poder nuclear foi o principal responsável por manter a paz durante a Guerra Fria. O cientista político Kenneth Waltz, por exemplo, escreveu que "armas nucleares fazem o custo de uma guerra parecer assustadoramente alto. [...] E, assim, desencorajam os estados a começar qualquer conflito que possa envolver esses armamentos"[35].

Soa contraditório, mas plausível: ao introduzir no jogo de poder a certeza de destruição mútua, as armas nucleares teriam garantido a paz. Os custos de um conflito nuclear seriam exorbitantemente altos para serem negligenciados. Mas eu penso o oposto: foram os instrumentos internacionais de controle e não proliferação de armas (um subconjunto especializado da diplomacia) que deram contribuição maior para a estabilidade e para evitar a guerra.

Armas nucleares, como qualquer outra arma de destruição em massa, contribuem, tanto quanto possível, para a desestabilização e para o caos. As armas nucleares, por si sós, não são garantia de ordem. É necessário avaliar a quantidade dessas armas; onde estão localizadas; como são mantidas e gerenciadas; a natureza dos governos envolvidos no desenvolvimento e na manutenção delas; os mecanismos existentes de transparência; e, especialmente, a existência de controles institucionais para impedir o uso não autorizado. Foi a partir desse entendimento que os Estados Unidos e a União Soviética negociaram acordos para instituir controles sobre armas nucleares ao longo das décadas da Guerra Fria, buscando deter uma escalada trágica de potenciais conflitos.

O Tratado sobre Antimísseis Balísticos (1972), o SALT (sigla em inglês para "Negociações sobre Limitações de Armas Estratégicas") e o START (sigla em inglês para "Tratado de Redução de Armas Estratégicas") foram resultado de substanciais esforços diplomáticos e conseguiram reforçar a *dissuasão nuclear*. O controle da proliferação dessas armas foi também consolidado no Tratado de Não Proliferação Nuclear (TNP), de 1970.

O TNP reconhecia apenas os cinco membros permanentes do Conselho de Segurança das Nações Unidas como estados nuclearmente armados – e proibia o desenvolvimento dessas armas em outros países. Críticos entenderam o TNP como um instrumento de "congelamento" de poder[36]. Não obstante essas críticas, o TNP representava uma barganha: em troca da não aquisição de armas nucleares, os estados nuclearmente armados se comprometiam a prover assistência aos demais signatários para o desenvolvimento de energia nuclear – e, mais importante, também se comprometiam a restringir o número de armas nucleares em sua posse.

Visto inicialmente com suspeita, o TNP conseguiu, ao longo de décadas, angariar maior apoio e adesões. Somente em 1992 a França e a China, duas das cinco potências nucleares reconhecidas, aderiram ao tratado. O Brasil aderiu somente em 1998. Hoje, são 191 estados-partes.

Os únicos estados com interesse no tema que ainda não são signatários do TNP são Israel, Índia e Paquistão. Em 2003, a Coreia do Norte abandonou unilateralmente o tratado.

Em 2017, estados não nuclearmente armados deram outro passo para o controle das armas nucleares: firmaram um tratado para proibir, por completo, tais armas. Se já existiam tratados para proibir o uso de armas químicas e armas biológicas, por que não proibir também as nucleares? Não seriam todas elas extremamente perigosas, com elevado potencial destrutivo? O Tratado sobre a Proibição de Armas Nucleares entrou em vigor em 2021 e hoje conta com 60 membros[37]. Os estados nuclearmente armados, claro, não aderiram.

Os instrumentos normativos criados para conter a proliferação de armas nucleares foram amplamente aceitos, mesmo que nem sempre respeitados. Apesar de as principais provisões do TNP não terem sido cumpridas até os dias atuais – especialmente no que concerne ao desarmamento das cinco potências nucleares –, o tratado teve papel fundamental para impedir que o desenvolvimento de armas nucleares tomasse proporções incontroláveis. Tais armas, na maioria dos contextos, são tudo, menos estabilizadoras: seu potencial destrutivo pode aumentar significativamente o receio, a desconfiança, a desordem – e levar a conflitos graves. Durante a Guerra Fria, quase o fizeram.

***

Talvez o episódio mais perigoso da Guerra Fria tenha ocorrido em outubro de 1962, quando o governo dos Estados Unidos descobriu que a União Soviética estava instalando mísseis carregados com ogivas nucleares em Cuba – que, vale lembrar, está a apenas 500 quilômetros da Flórida. Aqueles mísseis poderiam atingir cidades da costa leste dos Estados Unidos em minutos, sem tempo para qualquer reação.

A instalação de ogivas nucleares a uma distância tão curta do território americano colocou enorme pressão política ao presidente John F. Kennedy. O governo dos Estados Unidos foi firme em exigir que tais ogivas fossem removidas. A pressão política era enorme, a ponto de assessores de Kennedy advogarem uma invasão completa a Cuba para garantir a destruição das ogivas e a remoção de Fidel Castro do poder[38].

Arriscavam, assim, uma guerra total, pois a União Soviética poderia retaliar invadindo a Turquia, onde os Estados Unidos mantinham armas nucleares. A Turquia, por sua vez, era membro da Otan, que se veria obrigada a defendê-la em caso de um ataque soviético.

O processo de tomada de decisão da crise dos mísseis de Cuba foi intrincado e complexo, amplamente discutido em artigos e livros[39]. O lado americano escolheu, no final, impor uma "quarentena" naval (ou bloqueio), para que nenhum outro navio soviético pudesse atracar na ilha. Uma tentativa de furo ao bloqueio poderia culminar em um confronto militar de proporções imagináveis. Ao fim, os Estados Unidos chegaram a um acordo diplomático com a União Soviética, comprometendo-se secretamente a remover suas próprias ogivas nucleares da Turquia, uma vez que os soviéticos removessem as suas de Cuba.

Durante a Guerra Fria, contatos diplomáticos periódicos no período de *détente* também deram enorme contribuição para a manutenção da ordem e para a estabilidade, ao permitir o desenvolvimento de mecanismos de monitoramento de acordos, aumentando a confiança. A transparência foi crítica nesse processo, especialmente para a verificação do controle de armas nucleares. Além disso, foram criados canais de comunicação diretos, que os líderes americanos e soviéticos poderiam utilizar com rapidez em tempos de crise. Havia, igualmente, interação diplomática normal via embaixadas e consulados. Os embaixadores de ambos os países tinham acesso ao alto escalão dos governos uns dos outros. As visitas de autoridades eram comuns. O comércio e o intercâmbio cultural tampouco foram desprezíveis.

As quatro décadas de disputa geopolítica da Guerra Fria devem ser analisadas pelo pêndulo entre ordem e desordem. Ao longo desse período, não foram poucas as ocasiões em que o pêndulo oscilou para a desordem, especialmente durante o envolvimento das superpotências em conflitos regionais e em crises que quase resultaram em enfrentamento militar direto.

Nos quarenta anos de Guerra Fria, porém, é inegável que o pêndulo oscilou mais para a ordem. Havia uma balança de poder. Havia uma visão compartilhada sobre legitimidade de instituições internacionais – e de suas regras e de seus procedimentos de tomada de decisão. Havia respeito mútuo a certos princípios. Como resultado, a disputa não culminou em uma guerra total. Mas a *competição gerenciada* entre os Estados Unidos e a União Soviética não foi a única fonte de ordem construída durante a Guerra Fria.

Democracias de mercado e a construção da ordem liberal

É lugar-comum avaliar a ordem do pós-Segunda Guerra apenas pela ótica da disputa de poder entre os Estados Unidos e a União Soviética. É uma imagem de fácil acepção, mas incompleta. Além das disputas geopolíticas, havia uma dinâmica paralela de integração dos países que formavam o "bloco capitalista".

A ordem do pós-Segunda Guerra foi construída, sobretudo, por meio de uma coalizão de democracias de mercado: países com regimes políticos democráticos e economias de mercado aberto. Prefiro o termo "de mercado" ao termo "capitalista" para designar esses países, pois o termo "capitalismo", apesar de popular, baseia-se na presunção errada de que o sistema econômico de mercado se fundamenta na acumulação de capital.

Embora a acumulação de capital seja um elemento fundamental desse modelo, não é ela que define, sozinha, uma economia de mercado. Economias planificadas, afinal, podem acumular capital de inúmeras maneiras. O termo "de mercado", por sua vez, ajuda a entender que a atividade econômica é movida pela interação de milhões de pessoas, pela atribuição subjetiva de valor às mercadorias e aos serviços, pela oferta e pela demanda, pela formação livre de preços, pelo respeito à propriedade – e não se origina de planejadores centrais que buscam orientar as economias em função de objetivos políticos.

A coalizão de democracias de mercado era heterogênea, uma vez que seus membros contavam com graus distintos de desenvolvimento institucional (de abertura política, de participação democrática), bem como de desenvolvimento econômico (de intervenção do Estado na economia, de abertura comercial e financeira). Além disso, vale lembrar que, durante a Guerra Fria, o "bloco" liderado pelos Estados Unidos não foi formado única e exclusivamente por democracias. Em momentos distintos, os líderes desse bloco abrigaram (ou toleraram) regimes autoritários, em razão das supostas exigências da disputa geopolítica.

Henry Kissinger, por exemplo, apoiou politicamente e, pelo menos no caso do Chile, conspirou a favor de golpes de Estado e de ditaduras militares na América Latina no início da década de 1970. A tolerância com ditadores de direita foi bem exemplificada na frase, imputada aos líderes norte-americanos, sobre o antigo ditador da Nicarágua, Anastasio Somoza García, cuja dinastia reinou de 1936 a 1979: "Somoza é um *filho da puta*, mas é o *nosso* filho da puta"[40]. A frase teria sido pronunciada em 1939 pelo presidente Franklin Delano Roosevelt a respeito de Somoza pai – e repetida por Henry Kissinger em 1979, para se referir a Somoza filho.

Havia diferenças políticas significativas também no bloco comunista. O socialismo soviético não era equivalente ao comunismo chinês. As aspirações do desenho revolucionário vietnamita também não condiziam com os anseios da Coreia do Norte ou com os de Cuba. A própria *União* das Repúblicas Socialistas Soviéticas era formada por um bloco heterogêneo – cuja conservação demandava esforço político e uso da força, como demonstraram as manifestações na Hungria em 1956 e na República Tcheca em 1968. O traço comum que unia governos comunistas era o desejo de refundação da sociedade – mas os motivos para refundá-la variavam, passando por lutas anticoloniais, afirmação de identidades nacionais, conflitos domésticos, disputas de poder regional, correção de desigualdades.

Essas contradições ficaram evidentes, sobretudo quando democracias de mercado e países socialistas tiveram que lidar com um desafio importante após a Segunda Guerra Mundial: pôr fim à era colonial. No final da Segunda Guerra, grande parte do mundo – incluindo a maior parte do Oriente Médio, da África e da Ásia – ainda era politicamente administrada por países da Europa. A descolonização foi característica marcante da ordem liberal: esteve fundada em lutas locais por independência e pela lógica da disputa geopolítica da Guerra Fria.

A construção da ordem contemporânea foi também marcada por opressão e por resquícios da expansão imperial de países europeus – desde, pelo menos, o século XVI. Há quem identifique o colonialismo como um dos fatores indispensáveis ao desenvolvimento da ordem liberal – demonstrando que o capitalismo e o imperialismo andam juntos, alimentando um ao outro. É útil lembrar, porém, que diversas democracias de mercado se consolidaram – e enriqueceram – sem recorrer à colonização de outros povos. Além disso, o colonialismo passou longe de representar um atributo específico da ordem liberal.

O domínio imperial não era, afinal, uma novidade histórica. Foi uma prática desenvolvida ao longo de diversos séculos, em distintas regiões do planeta, sob diferentes circunstâncias históricas. A novidade trazida com a ordem do pós-Segunda Guerra era que a manutenção de entraves coloniais não mais se justificava sob pontos de vista moral, ético, político ou econômico.

O fim do período colonial foi resultado de lutas domésticas e de forças históricas: povos "colonizados" brigaram por liberdade e por autonomia; as "metrópoles" europeias passaram por drásticas mudanças políticas depois da Segunda Guerra; e havia demandas de equilíbrio de poder regional durante a Guerra Fria, que levaram os Estados Unidos e a União Soviética a apoiar os processos de descolonização. Em muitos casos, os ideais socialistas desempenharam papel importante na configuração da luta anticolonial. Mas, em diversos outros casos, a luta anticolonial não foi travada *a despeito* dos princípios e valores liberais, mas também *em nome deles*: democracia, autodeterminação dos povos, igualdade soberana, busca por processos de tomada de decisão deliberativos, defesa de direitos e liberdades individuais.

A descolonização também era vista como um pré-requisito para a estabilidade da ordem internacional no pós-Segunda Guerra. Temia-se que conflitos se desenvolvessem em muitos dos enclaves coloniais ainda existentes[41]. De fato, esses temores tornaram-se realidade em alguns casos.

Quando o Reino Unido deixou o sul da Ásia, em 1947, foram criados dois países, Índia e Paquistão, que logo entraram em guerra. Aquela região também foi assolada por distintos conflitos, levando à divisão do subcontinente nas décadas seguintes – e ao surgimento de países como Bangladesh, Mianmar e Sri Lanka. No Oriente Médio, a partição da Palestina em 1948, após o fim do mandato britânico que controlava a região, e a criação do estado de Israel naquele ano levaram a outra guerra entre o novo estado judeu e seus vizinhos árabes. Em 1954, a França, derrotada em conflitos locais no Sudeste Asiático, renunciou ao controle da Indochina, deixando Camboja, Laos e Vietnã em atrito por mais duas décadas. A França também se afastou da Tunísia e do Marrocos em 1956, e foi efetivamente expulsa da Argélia em 1962, após violenta guerra civil.

A aquisição forçada do Canal de Suez pelo líder nacionalista do Egito Gamal Abdel Nasser, em 1956, representou um capítulo importante para os esforços de descolonização. Como resposta ao ato, França, Reino Unido e Israel coordenaram uma invasão ao Egito. O conflito, porém, levou ao fechamento do canal, enfureceu o presidente americano Dwight D. Eisenhower e fortaleceu a posição de Nasser. O primeiro-ministro britânico Anthony Eden renunciou ao cargo em 1957. O apetite do Reino Unido para manter enclaves coloniais diminuiu. O sucessor de Eden no Reino Unido, Harold Macmillan, acelerou o processo de descolonização. A maioria das colônias britânicas na África conquistou independência nos anos seguintes. Outras potências europeias coloniais, como Bélgica e Portugal, tiveram destino semelhante ao do Reino Unido nas décadas de 1960 e 1970. A era colonial terminou, substituída por uma mistura incômoda de nacionalismo e competição da Guerra Fria.

O processo de descolonização, afinal, não se manteve protegido da disputa geopolítica entre os Estados Unidos e a União Soviética. Ambas as superpotências apoiaram esse processo: Moscou viu uma oportunidade de conquistar novos parceiros, e Washington temia que, na ausência de independência, antigas colônias se voltassem para os soviéticos, para apoiar suas lutas contra as potências europeias. Apesar desse apoio, muitos países tentaram estabelecer certa autonomia em relação aos desígnios dos soviéticos e dos americanos.

No final da década de 1970, formou-se um movimento de países "não alinhados", que se diziam insatisfeitos com a bipolaridade política da Guerra Fria, abrangendo 120 membros. Esse movimento foi iniciativa do primeiro-ministro indiano Jawaharlal Nehru, do presidente egípcio Gamal Abdel Nasser e do presidente iugoslavo Josip Broz Tito. Os objetivos do grupo foram enumerados por Fidel Castro na Declaração de Havana de 1979, entre os quais garantir "a independência nacional, soberania, integridade territorial e segurança de países não alinhados" em sua "luta contra o imperialismo, colonialismo, neocolonialismo, racismo e todas as formas de agressão estrangeira, ocupação, dominação, interferência ou hegemonia, bem como contra grande poder e política de bloco"[42]. Apesar da retórica de países que lideravam o movimento, eles não ficaram completamente imunes às disputas geopolíticas da Guerra Fria – inclinando-se, com o tempo, para um dos blocos em detrimento do outro.

A história da Guerra Fria foi, entre muitas facetas, uma disputa entre alternativas conflitantes de organização social – que envolvia uma disputa geopolítica e militar, mas não se restringia a ela. A Guerra Fria foi também um capítulo essencial na história do desenvolvimento e da consolidação das democracias de mercado no mundo. Se a disputa em torno do equilíbrio de poder entre os Estados Unidos e a União Soviética terminou após o colapso do regime soviético em 1991, sobreviveram os aparatos de sustentação da ordem desenvolvida depois da Segunda Guerra Mundial.

As forças de coesão

Os acertos e os erros de Francis Fukuyama

O fim da Guerra Fria foi marcado por um paradoxo: triunfo e apreensão. A queda do Muro de Berlim, em 1989, e a dissolução da União Soviética, em 1991, marcaram a vitória da coalizão de democracias de mercado – e dos Estados Unidos, em particular – sobre a alternativa revolucionária que o regime soviético representava. O fim dessa "guerra", porém, não foi marcado por celebrações vultosas. Não houve desfiles militares com chuvas de papel picado. Não houve marinheiros beijando enfermeiras na Times Square, em Nova York. A queda do Muro de Berlim foi celebrada, mas algumas manchetes sombrias ainda marcavam os jornais.

Alguns meses após o colapso da União Soviética, o ex-conselheiro de Segurança Nacional dos Estados Unidos durante o governo de Jimmy Carter (1977-1981), Zbigniew Brzezinski, fez um alerta para um Ocidente triunfante. Brzezinski escreveu na revista *Foreign Affairs*, em 1992, que, embora "a Guerra Fria tenha terminado com a vitória de um lado e a derrota do outro", o triunfo das democracias de mercado não havia garantido um "resultado tranquilo"[43]. A derrota provou ser "politicamente inquietante" em Moscou e transformou a região da antiga União Soviética em "um vácuo geopolítico".

Garantir a paz, enfatizou Brzezinski, exigiria "visão geopolítica de longo alcance" para realizar uma meta mais ambiciosa: o surgimento de uma Rússia verdadeiramente pós-imperial, que pudesse assumir seu lugar adequado no concerto das nações democráticas. Diversas investidas militares da Rússia desde o fim da Guerra Fria, culminando com a invasão da Ucrânia em 2022, demonstraram que os alertas de Brzezinski não eram em vão.

O fim da União Soviética abriu espaço para conflitos entre nacionalidades que, até então, haviam sido mantidas unidas por meio da força. Foi o que aconteceu com a fragmentação da antiga Iugoslávia, entre 1991 e 1995, marcada por conflitos armados no que hoje se conhece como Bósnia-Herzegovina, Croácia, Eslovênia, Kosovo, Montenegro, Macedônia e Sérvia. Até recentemente, a Guerra da Bósnia havia sido o maior conflito em solo europeu depois da Segunda Guerra Mundial, responsável pela morte de quase 100 mil pessoas[44].

Ainda no início da década de 1990, a invasão do Kuwait pelo Iraque de Saddam Hussein levou à Primeira Guerra do Golfo. O então presidente dos Estados Unidos, George H. Bush, forjou uma coalizão internacional composta pelos aliados da Otan e por países do Oriente Médio – como Arábia Saudita, Síria e Egito – para opor-se à agressão iraquiana. Em 1994, tensões étnicas e políticas profundas em Ruanda, alimentadas por anos de discriminação e divisões históricas, levaram a um genocídio que chocou o mundo, quando extremistas hutus perpetraram um massacre em massa contra a minoria tutsi, bem como contra hutus moderados. Em cerca de 100 dias, aproximadamente 800 mil pessoas foram brutalmente assassinadas. O mundo assistiu em choque, enquanto a comunidade internacional falhou em intervir para evitar essa tragédia. O mundo pós-Guerra Fria, afinal, não aparentava estar mais seguro.

Mas é inegável que estava. Quase oito décadas depois da Segunda Guerra Mundial, o mundo testemunhou relativa paz entre os estados

– principalmente entre as grandes potências – e amplo crescimento econômico. Diversos países aderiram às instituições que compõem a ordem liberal contemporânea. O crescimento econômico mundial nesse período retirou milhões da extrema pobreza e enriqueceu nações antes miseráveis. Fluxos migratórios possibilitaram que indivíduos encontrassem novas oportunidades de vida em outros países. A globalização ampliou a integração de mercados e a construção de cadeias de produção verdadeiramente globais. O avanço de tecnologias de comunicação e de rede ampliou ainda mais a conectividade e o intercâmbio entre os povos.

Esse novo mundo demandava novas bases teóricas. A Guerra Fria teve o princípio de "contenção" de George Kennan. A década de 1990, por sua vez, viu uma competição para cunhar uma ideia sucessora de igual relevância[45].

Dois ex-membros do *establishment* da política externa dos Estados Unidos definiram, inicialmente, os novos parâmetros do debate. Um deles foi Samuel Huntington, ex-coordenador de planejamento diplomático no Conselho de Segurança Nacional da Casa Branca durante a presidência de George H. Bush. Huntington escreveu em 1993 sobre um *choque de civilizações*: a tese de que as identidades culturais e religiosas seriam as principais fontes de conflito no mundo pós-Guerra Fria[46]. A Primeira Guerra do Golfo, as disputas entre etnias e nacionalidades diferentes na antiga Iugoslávia, os ataques terroristas em 11 de setembro de 2001, as invasões do Afeganistão e do Iraque, os conflitos entre israelenses e árabes pareciam validá-lo[47]. Huntington será objeto de discussão em seções posteriores deste livro.

O intelectual que obteve maior sucesso, porém, foi Francis Fukuyama – descendente de japoneses, especialista em política externa soviética, que trabalhou como membro da equipe de planejamento diplomático durante os primeiros anos da presidência de Ronald Reagan, e depois com George H. Bush. Fukuyama é PhD pela Universidade de Harvard, onde estudou com Huntington, e hoje é professor na Universidade de Stanford. A análise que o alçou ao estrelato foi expressa pela primeira vez em 1989, em uma palestra na Universidade de Chicago, com um título cativante: *o Fim da História*.

Tanto na palestra de 1989 quanto no livro de 1992 (*O Fim da História e o Último Homem*), Fukuyama argumentou que, com o colapso iminente da União Soviética, a última alternativa ideológica ao liberalismo havia sido eliminada[48]. O nazismo e o fascismo foram derrotados na Segunda Guerra Mundial; naquele momento, o comunismo soviético estava implodindo. Com o fim da Guerra Fria, o debate político-filosófico sobre como melhor promover o desenvolvimento econômico e social teria sido resolvido em favor dos princípios da filosofia liberal.

Fukuyama procurou demonstrar que a história do último século evidenciou a superioridade moral, econômica e social das democracias de mercado sobre seus sistemas competidores: fascismo, nazismo e comunismo. Até países como a China, que se denominam comunistas, implementaram reformas que caminhavam na direção de uma ordem liberal – se não de uma democracia, pelo menos de uma economia mais similar à de mercado.

A tese de Fukuyama era polêmica – e os argumentos dele foram rapidamente simplificados: "o jogo acabou"; "a história não teria mais para onde avançar". Por "jogo", entenda-se a disputa geopolítica e o equilíbrio de poder. Fukuyama teria oferecido aos "realistas" nas relações internacionais uma espécie de redenção, ao mesmo tempo que se despedia deles. Nas formulações teóricas de relações internacionais, o *realismo* enxerga os estados em competição uns com os outros, em busca de um equilíbrio de poder no sistema internacional anárquico. A premissa de Fukuyama era de que as democracias de mercado compartilham relativa harmonia de interesses estratégicos e que a adoção quase universal de modelos políticos e econômicos liberais poderia reduzir as tensões da anarquia. Ele ofereceu aos realistas da Guerra Fria uma espécie de "saída honrosa": muito obrigado, sua missão foi cumprida; agora, podem descansar.

Mais de trinta anos depois da palestra na Universidade de Chicago, o mundo parece ter se encarregado de desmentir Fukuyama. Desde os ataques terroristas de 11 de setembro de 2001, é evidente que a história – com seus conflitos e catástrofes – continua viva e pujante. O realismo nas relações internacionais está longe de ter sido aposentado. A invasão da Rússia à Ucrânia, em fevereiro de 2022, enterrou de vez as considerações de que o realismo não merece lugar como ferramenta útil de análise. O liberalismo tampouco parecia ser a resposta adequada à superação de problemas sociais graves – da desigualdade de renda à crise climática.

Nas primeiras décadas do século XXI, a história despertou de seu período de hibernação também em outros *fronts*: a competição geopolítica entre os Estados Unidos e a China rufava os tambores sobre a possibilidade de nova Guerra Fria. Outros fenômenos – nacionalismo, populismo, crise financeira, *Brexit*, retórica anti-imigração, pandemia – pareciam demonstrar que havia algo de errado no suposto mundo de harmonia prometido pela época de ouro das democracias de mercado. Haveria algo no transcurso da história nas últimas três décadas que não gosta do liberalismo – e está causando problemas para a sobrevivência dessa filosofia política e econômica.

O próprio Fukuyama encarregou-se, posteriormente, de apresentar inúmeras reparações a sua análise[49]. Em 2022, escreveu o livro *Liberalism and its Discontents* ("O liberalismo e seus descontentes", em tradução livre), em que ele avalia como, nas últimas décadas, princípios do liberalismo clássico têm sido contestados e desafiados[50]. O professor cita, como exemplos, a retórica populista (que coloca "o povo contra as elites"), o apelo renovado de movimentos de massa, as críticas ao processo de globalização econômica, as angústias sociais causadas pela desigualdade de renda, as preocupações com o aquecimento global. Apesar disso, Fukuyama não abandonou o argumento que apresentou em *O Fim da História*: não há alternativas viáveis.

***

O modelo político e econômico das democracias de mercado foi resultado de lenta evolução de ideias e de múltiplos experimentos sociais – construídos, paulatinamente, em pelo menos trezentos anos de história, por meio de diferentes disputas sociais e políticas, que tinham como objetivo ampliar alguns componentes básicos da natureza humana: procura na diferenciação individual, maximização racional de interesses, aspiração de liberdade, busca por melhores condições de vida.

De acordo com Fukuyama, se a história fosse entendida como o processo pelo qual as democracias de mercado tornaram-se sistemas universais, seria possível dizer que ela havia atingido seu objetivo. É claro que eventos históricos ainda aconteceriam – e era esperado que estados experimentassem tensões políticas, conflitos étnicos, culturais ou econômicos, tornando-se lares de ideias não liberais. Ele tampouco chegou a afirmar que guerras e disputas geopolíticas desapareceriam. A tese de Fukuyama estava interessada no que se poderia chamar de *herança ideológica comum da humanidade*[51].

Desde o fim da Guerra Fria, quais sistemas seriam capazes de concorrer com as democracias de mercado como modelo para a organização social? Quais alternativas têm se apresentado? Quais delas têm se expandido? Quais possuem apelo universal? É possível apontar para os regimes teocráticos islâmicos, ou para o socialismo chinês, ou para o regime norte-coreano, ou para a autocracia russa como sistemas concorrentes. Mas cabe perguntar: esses sistemas constituem propostas plausíveis de organização social para amplas parcelas da humanidade? A resposta parece ser: hoje, não existem alternativas viáveis que disputem com as democracias de mercado um modelo de herança ideológica comum para a humanidade. Apenas nesse sentido teríamos atingido o "fim da história".

Em outubro de 2022, Fukuyama afirmou em um artigo que "ainda vivemos sob o fim da história"[52]. De acordo com o professor, apesar dos desafios atuais, as democracias de mercado são mais resilientes do que se supõe. Ele recorda que o progresso de longo prazo das instituições modernas não é linear, tampouco automático. Ao longo do século XX, por exemplo, houve retrocessos significativos na evolução das instituições democráticas do Ocidente, com a ascensão do fascismo e do comunismo nos anos 1930, ou com os golpes militares na América Latina nos anos 1960 e 1970. E, no entanto, as democracias de mercado resistiram – em grande parte pelos méritos de sua filosofia, pela sua capacidade de adaptação (como na expansão de redes de proteção social) e porque as alternativas são muito ruins.

Fukuyama recorda que pessoas de diversas culturas não gostam de viver sob regimes autoritários e valorizam sua liberdade individual. De acordo com o professor, nenhum governo autocrático apresentou uma sociedade que seria, no longo prazo, mais atraente do que a democracia liberal – em suas variadas expressões, como na social-democracia. Uma evidência seriam os milhões de pessoas que "votam com os pés" – migrantes que deixam países autoritários, corruptos ou violentos para buscar novas oportunidades em democracias de mercado consolidadas, onde podem desenvolver suas aspirações individuais[53].

As democracias de mercado não são fruto do desígnio de uma mente brilhante – ou de concepções, traçados e esquemas utópicos. Elas não buscam construir paraísos futuros por meio da refundação do presente. Apesar de a filosofia liberal ter seus formuladores teóricos e seus expoentes clássicos – John Locke, John Stuart Mill, Voltaire, Montesquieu, Adam Smith, David Ricardo, para citar alguns –, os distintos modelos de democracias de mercado são, sobretudo, fruto de três séculos de batalhas políticas, de evolução lenta de ideias, de inúmeras falhas e crises, de dinâmicas nacionais próprias, como também de processos cadenciados de ajustes e reformas, que buscaram ampliar a participação política e expandir as bases institucionais para o desenvolvimento social.

Na Europa Ocidental, os principais expoentes do liberalismo clássico fundamentavam suas perspectivas e questionamentos à ordem monárquica do século XVII, calcados no empirismo, no Iluminismo e na experiência política da época. Locke, Montesquieu e Mill afirmaram, por exemplo, que a legitimidade da autoridade do Estado deriva da capacidade do poder público de proteger os direitos individuais de seus cidadãos, inclusive a crença religiosa. O poder do Estado, portanto, precisaria ser limitado pela lei. Essa percepção era fundada também no entendimento de que o Estado não poderia legitimamente cobrar impostos de seus cidadãos sem consentimento e sem representação.

Na Europa do século XVIII, marcada pelo mercantilismo e pelo estatismo monárquico, um defensor do liberalismo clássico poderia ser considerado um radical revolucionário. De fato, várias ideias liberais inspiraram tanto a Revolução Francesa como as revoluções de 1848. No século XXI, porém, os que defendem o modelo de democracias de mercado falam em nome da experiência adquirida em quase três séculos de história e não pretendem traçar o caminho para a chegada a um paraíso. Buscam, sim, conservar prudentemente os meios políticos e econômicos capazes de preservar liberdades políticas, religiosas e jurídicas, além de fomentar a prosperidade.

A economia de mercado tampouco se configurou como uma idealização. Antes mesmo de alguém tentar explicá-la ou formulá-la conceitualmente, o mercado era uma realidade observável em diversos países. Adam Smith, em seu famoso livro *Uma Investigação sobre a Natureza e as Causas da Riqueza das Nações* (1776), buscou descrever um intrincado sistema de funcionamento das sociedades comerciais: a relação entre oferta e demanda na formação de preços; a geração de valor; os benefícios associados à divisão do trabalho; as vantagens da acumulação de capital e da livre troca de bens e serviços. Smith buscou fazer uma análise *descritiva* sobre a realidade econômica existente, extraindo dela os padrões de comportamento que permitiam o progresso econômico.

Karl Marx, por sua vez, a partir da observação da realidade social e econômica de sua época, buscou desvendar as "leis" do desenvolvimento histórico – e, delas, extrair um desenho de sociedade. A análise de Marx era tanto sobre a realidade econômica existente como sobre uma realidade econômica possível. Ele esboçou um projeto de uma sociedade que superaria os malefícios da economia capitalista, transformando-a em uma quimera de igualdade e solidariedade. Adam Smith e Karl Marx, portanto, não eram dois "ideólogos" que defendiam sistemas diferentes. Enquanto Smith pode ser descrito como um cientista, Marx pode ser descrito também como um profeta. Em *A Miséria da Filosofia* (1847), Marx afirmou que "a libertação da classe oprimida implica, necessariamente, a criação de uma sociedade nova"[54].

A tese de Fukuyama sobre "o fim da história" pode ser lida como uma provocação às ideias de Marx – e, especialmente, às de seu antecessor, Georg Hegel. Hegel escreveu sobre um momento em que uma forma "racional" de sociedade e de Estado seria vitoriosa[55]. Marx previu que as leis do desenvolvimento histórico levariam, inevitavelmente, à construção de uma sociedade comunista, que superaria as mazelas do capitalismo – e que constituiria, a seu modo, o fim da história[56]. Com o fracasso irrefutável do experimento socialista soviético, Fukuyama aponta que a "evolução" dos sistemas de organização social prevista por Hegel e Marx parece ter caminhado em outro sentido: a favor das ideias liberais.

A análise de Fukuyama ajuda a melhor entender a ordem internacional no pós-Guerra Fria. Muitos analistas de relações internacionais falavam em um sistema unipolar ou de hegemonia dos Estados Unidos. Outros falavam em "unipolaridade consentida" – ou até de um sistema de "polaridades indefinidas"[57]. O foco era na "potência hegemônica": com o fim da União Soviética, os Estados Unidos seriam a única superpotência a dominar a ordem internacional. Mas, como já afirmado na introdução deste livro, o sistema internacional contemporâneo pode ser mais bem definido como um sistema marcado pela hegemonia das democracias de mercado[58].

A hegemonia das democracias de mercado não foi construída apenas pela vitória militar na Segunda Guerra Mundial e pela derrocada da União Soviética ao final da Guerra Fria. Essa hegemonia foi construída e consolidada no mundo contemporâneo por meio de quatro grandes *forças de coesão*: a evolução das ideias clássicas do Iluminismo moderno; as instituições e os regimes internacionais construídos depois da Segunda Guerra; o processo de globalização econômica; e o desenvolvimento de tecnologias de comunicação e de redes. Juntas, essas forças ajudaram na criação e no desenvolvimento da ordem liberal contemporânea.

Hoje, porém, a ordem liberal tem sido ameaçada por importantes *forças de dissonância*, que surgiram como reação às forças de coesão. O mundo fraturado em que vivemos é resultado de um cabo de guerra entre essas forças de coesão e de dissonância – ou entre variáveis que permitiram a ascensão da ordem liberal *versus* aquelas que a transformam em uma ordem mais instável, menos coesa e mais suscetível à desordem. Antes de analisar as forças de dissonância, cabe examinar cada uma das forças de coesão que formam os pilares da ordem liberal – e explicar as razões para o seu sucesso.

Força de coesão nº 1: evolução das ideias clássicas do Iluminismo

Governos representativos, eleições periódicas, transição pacífica de poder, participação democrática, separação de poderes, tolerância política e religiosa, liberdade de imprensa, investigação científica, trocas econômicas voluntárias: todos esses temas estão longe, atualmente, de ser aspirações revolucionárias mundo afora. Na maioria dos casos, trata-se apenas de bom senso. Que a defesa desses princípios seja hoje algo trivial – atributo de pessoas bem-intencionadas – é um milagre silencioso.

Nem sempre foi assim. A democracia, se levarmos em conta apenas o sufrágio universal, tem cerca de 1 século. Isso é uma fração de segundo no tempo histórico. Os Estados Unidos, por exemplo, só concederam direito de voto a todos os seus cidadãos adultos na década de 1960. Para adotar um modelo de democracias de mercado, a maioria das nações teve de negar partes muito mais enraizadas de sua cultura: Igreja, exército, nobreza. Embora a hegemonia das democracias de mercado seja algo recente, o processo de amadurecimento do modelo – bem como sua paulatina adoção e disseminação – levou tempo.

Na Europa dos séculos XVII e XVIII, época em que o mercantilismo e o estatismo monárquico eram a regra, os filósofos iluministas muito acertadamente se viam como insurgentes. Nos séculos de transição da época medieval para a época moderna, esses pensadores pavimentaram o caminho para transformar as sociedades ocidentais com base em novas ideias.

É comum, hoje, associar as ideias liberais clássicas a suas expressões de governo limitado e de economia de mercado aberta. Mas os fundamentos que sustentam essas ideias provêm de outras discussões mais profundas: sobre metafísica, epistemologia, natureza humana e ética – as quais, claro, têm suas consequências para a política e para a economia.

O Iluminismo contrapôs-se à visão de mundo e à filosofia pré-moderna. O professor de filosofia Stephen Hicks, por exemplo, recorda que, no âmbito *metafísico*, o Iluminismo buscou enfatizar o naturalismo, enquanto a visão de mundo pré-moderna enfatizava categorias espirituais, místicas e teístas[59]. No âmbito *epistemológico* (que diz respeito ao conhecimento), enquanto a visão de mundo pré-moderna enfatizava atributos simbólicos e da fé religiosa, os iluministas enfatizaram a observação fiel da realidade em bases racionais. No âmbito da *ética*, ao passo que a filosofia pré-moderna enfatizava o coletivo e o altruísmo, os filósofos iluministas enfatizaram o indivíduo.

Os filósofos iluministas discordaram entre si sobre muitas questões, mas seus argumentos centrais superavam as discordâncias. Hicks lembra que, apesar das diferenças, esses filósofos atribuíam um *status* central à razão como ferramenta "objetiva e competente" para entender o mundo – em contraste com o misticismo da fé e o autoritarismo intelectual da época medieval[60]. Ao atribuir à razão um lugar de destaque para a compreensão do mundo, todo o projeto iluminista se desenvolve[61].

Uma vez que a razão é uma faculdade do indivíduo (e não do coletivo), o indivíduo – um ser dotado de faculdades racionais – possui um valor que deve ser reconhecido, respeitado e preservado, independentemente do grupo a que pertence[62]. A centralidade metafísica da razão e a visão ontológica sobre a sacralidade da vida humana são algumas das pedras edificantes da cultura no Ocidente. Baseia-se na ideia de que cada pessoa possui um valor intrínseco – em grande medida, um valor sagrado. Essa pressuposição é um dos pilares fundamentais de nosso pensamento social, político e jurídico: não importa quem o indivíduo seja, sua origem ou a que grupo ele pertence; mesmo que seja um assassino condenado, há um valor em cada indivíduo que deve ser respeitado – pelos governos, pela lei e por outras pessoas.

As origens dessa visão sobre a dignidade humana, sobre a tolerância e sobre os fundamentos éticos e morais em torno das liberdades individuais são múltiplas e não são oriundas apenas do Iluminismo moderno. Estão presentes nos primórdios da religião judaica e foram expandidas pelo cristianismo. Elas também têm suas origens fora do Ocidente – revelando seu caráter quase universal.

***

O historiador britânico Tom Holland argumenta que a visão de mundo cristã moldou profundamente a ética, a moral e as atitudes sociais e políticas no que se conhece hoje como Ocidente. De acordo com Holland, "viver num país ocidental é viver em uma sociedade ainda totalmente saturada de conceitos e pressupostos cristãos"[63].

A noção de sacralidade da vida, por exemplo, pode ser encontrada na tradição judaica, especialmente na crença de que os seres humanos foram criados à imagem e semelhança de Deus. *Imago Dei* – expressão em latim que significa "imagem de Deus" – reflete aspectos de natureza moral, espiritual e criativa. Esse conceito, originado da narrativa da criação em Gênesis, sublinha o valor intrínseco de cada indivíduo. Tal crença implica que todos os seres humanos possuem uma dignidade inerente, um significado sagrado – e, sobretudo, um propósito. Os indivíduos, formados à imagem e semelhança do Criador, são chamados a compartilhar a bondade, a justiça e o amor de Deus em suas vidas e relacionamentos. São, nesse sentido, "corresponsáveis" por dar ordem e sentido ao mundo. Essa crença desafiava as noções de hierarquia e de desigualdade predominantes na Antiguidade, que se baseavam na origem étnica, no estatuto social e no poder.

Na Antiguidade, a divindade era – lembra Tom Holland – um atributo "dos grandes": dos poderosos, dos vencedores, dos heróis e dos reis. Segundo o historiador, uma das expressões de divindade era a capacidade de torturar os inimigos: "Ao pregá-los nas rochas de uma montanha, ou transformá-los em aranhas, ou cegá-los depois de conquistar o mundo"[65]. Na Roma Antiga, a cruz era símbolo desse poder. A crucificação era um castigo reservado aos piores criminosos, aos que eram considerados a escória do mundo, àqueles que atentavam contra a ordem social, aos que desafiavam a ingerência dos romanos.

O cristianismo refundou, subverteu e revolucionou essas concepções. Ao afirmar que Jesus Cristo, um profeta judeu que sofrera a punição destinada aos escravos rebeldes, era "Filho de Deus", a crença cristã inverteu de forma chocante as suposições mais arraigadas na Antiguidade. Essa afirmação era uma afronta à ideia de poder divino e de suas expressões no mundo – que demandavam glória, esplendor, reconhecimento, pompa e opulência. Louvar o sofrimento de um preso torturado não era apenas uma blasfêmia, era uma loucura – especialmente em relação às tradições da religião do próprio Cristo.

Holland observa que os judeus não acreditavam que um homem pudesse tornar-se Deus. Eles acreditavam que havia apenas uma divindade eterna e todo-poderosa. Criadora dos céus e da terra, tal divindade era adorada pelos hebreus como o Deus Altíssimo, o Senhor dos Exércitos, o Mestre de toda a Terra. Os impérios estavam sob Sua ordem. O Deus único movia montanhas e mares. Diz o historiador: "Que tal Deus pudesse ter tido um filho, e que esse Filho, sofrendo o destino de um escravo, pudesse ter sido torturado até a morte em uma cruz, eram afirmações tão perplexas quanto repulsivas"[66].

Na acepção cristã, a expressão da divindade no mundo não era mais encontrada na opulência dos palácios, nas glórias militares dos imperadores ou no esplendor dos templos, mas na humildade, no sofrimento, na dor – na cruz. Holland é enfático: aqueles que professavam a nova religião cristã não poderiam deixar de alojar em sua consciência uma suspeita visceral e admirável: que Deus estava mais próximo dos fracos do que dos poderosos; dos pobres do que dos ricos; dos oprimidos do que dos opressores; que qualquer mendigo, qualquer criminoso, pode ser Cristo[67]. Como dizem os Evangelhos, "os últimos serão os primeiros e os primeiros serão os últimos"[68].

Além de uma revolução no pensamento sobre a relação entre os homens e Deus, o cristianismo deixou outros legados. Os ensinamentos de Jesus Cristo, enfatizando o amor, a compaixão e o valor de cada ser humano, validaram a noção de que a salvação depende de uma relação de foro íntimo de cada indivíduo com Deus. Essa mensagem reforçou as ideias de igualdade, de tolerância e de respeito às diferenças. Existia nela uma promessa de aceitação ecumênica que transcendia as fronteiras étnicas, linguísticas, sociais, de gênero e de origem. Em um dos primeiros documentos do cristianismo, a *Epístola aos Gálatas*, o apóstolo Paulo, um judeu de origem grega convertido à fé cristã, afirma que "não há judeu nem grego; não há escravo nem livre; não há homem nem mulher; pois todos vós sois um só em Cristo Jesus"[69].

As virtudes cristãs, tal como definidas por Anselmo de Cantuária, monge beneditino que viveu no começo do século XI, seriam "paciência na tribulação, oferecer a outra face, rezar pelos inimigos, amar aqueles que nos odeiam"[70]. Esses ensinamentos teriam lançado as bases para o desenvolvimento de diversas ideias humanistas, que não faziam parte da visão de mundo prevalecente em sociedades da Antiguidade. Ainda, a afirmação de Cristo "dai, pois, a César o que é de César, e a Deus o que é de Deus"[71] fundamentou a separação entre Igreja e Estado – outra novidade para a época.

É inegável que o cristianismo desempenhou, historicamente, um papel crucial na formação dos sistemas jurídicos e políticos ocidentais. A ideia de direitos naturais e inalienáveis dos homens, a separação de poderes, a noção de igualdade diante da lei são temas tributários de uma visão de mundo influenciada pela fé cristã. Ademais, a ênfase do cristianismo na responsabilidade moral e na prestação de contas perante Deus promoveu uma cultura que valorizava o arbítrio e a autonomia dos indivíduos.

A fé cristã, todavia, não foi a única fonte na Antiguidade que contribuiu para o desenvolvimento das ideias de dignidade humana, de tolerância e de igualdade. O economista Amartya Sen, no livro *Identidade e Violência*, de 2006, recorda que o imperador indiano Ashoka, por exemplo, defendeu a tolerância religiosa ainda no século 3 a.C., ao observar que "as seitas de outras pessoas merecem respeito por uma causa ou outra"[72]. Muitos séculos depois, em 1590, outro imperador indiano, Akbar, fez pronunciamentos semelhantes: "Ninguém deve ser coagido por causa da religião, e qualquer um deve ser autorizado a adotar uma religião que lhe agrade"[73].

Na Antiguidade, as ideias de tolerância e respeito à autonomia individual não se limitavam apenas à religião. Eram também observadas nas possibilidades de participação política, de deliberação sobre as decisões de governo e de representatividade nas escolhas da comunidade, da *pólis*. A experiência democrática da Grécia Antiga, afinal, não envolvia apenas o voto – abarcava, sobretudo, um "governo pela discussão"[74]. Atenas foi pioneira no desenvolvimento desse tipo de participação política, mas essa experiência não foi imediatamente seguida por outras sociedades do Ocidente. Em comparação, algumas das cidades antigas – na Pérsia (hoje Irã), no Egito e na Índia – incorporaram elementos de democracia na governança de algumas províncias[75].

Amartya Sen observou que, além do experimento ateniense, outras sociedades asiáticas desenvolveram meios para ampliar as vozes de cidadãos nas deliberações de governo. Na Índia Antiga, criaram-se os "conselhos budistas", destinados a deliberar assuntos políticos. O imperador Ashoka sediou o terceiro e maior conselho budista três séculos antes de Cristo, buscando depois codificar e propagar uma das primeiras formulações de regras para a discussão pública[76]. No Japão do século VII, o príncipe Shotoku estabeleceu que "as decisões sobre assuntos importantes não devem ser tomadas por uma só pessoa; devem ser discutidas com muitos"[77]. A história do povo muçulmano também inclui diversos relatos de discussão pública e de participação política. Nos reinos muçulmanos ao redor do Cairo, de Bagdá e de Istambul, havia muitos defensores do debate político, como o califa Abd al-Rahman III, no século X, ou o imperador Akbar, da Índia, no século XVI.

Apesar de suas múltiplas origens, as ideias de tolerância, de autonomia e de igualdade – que tampouco foram apagadas por completo na Europa medieval – ganharam, no Ocidente, novo corpo com o Iluminismo, que articulou a noção de direitos naturais e inalienáveis em bases racionais. O cristianismo, afinal, era uma expressão religiosa que articulou uma visão de mundo com base em elementos místicos, teístas e dogmáticos. Os pensadores iluministas, por sua vez, conferiam um papel primordial à razão como meio para compreender o mundo, afastando-se das concepções simbólicas e teológicas da época medieval. Da epistemologia da razão nasceu também uma visão ética sobre o respeito a todos os indivíduos, que não era dependente apenas de um ponto de vista religioso.

John Locke, filósofo inglês, por exemplo, publicou dois textos fundamentais para a história moderna da filosofia e da política – e que revolucionaram o pensamento da época: *Uma Carta sobre a Tolerância* (1689) e *Dois Tratados de Governo* (1690). Locke defendeu que os homens são por natureza livres e iguais – uma perspectiva que desafiava as acepções da sociedade estamental pré-moderna. Ele argumentou que as pessoas têm direitos natos, como o direito à vida, à liberdade e à propriedade. Esses direitos individuais precedem as leis e os governos. Eles não são dados ou concedidos pelos governantes. Eles são inalienáveis – pertencem a todo e qualquer indivíduo, e nenhum poder ou autoridade política ou religiosa poderia reivindicar a legitimidade de aboli-los: nem a Igreja, nem os monarcas que diziam refletir e agir em nome da vontade divina.

Locke fundamentou-se na ideia de direitos naturais e inalienáveis para descrever o governo legítimo como resultado de um arranjo contratual: as pessoas transferem condicionalmente alguns de seus direitos ao governo a fim de melhor garantir ordem, estabilidade, segurança e, acima de tudo, liberdade[78]. Mas, se um governante quebra o respeito a esse contrato, abusando de sua autoridade, ele se torna ilegítimo. Locke consolidou a ideia de *constitucionalismo* – isto é, que o exercício do poder político deve ser mediado, controlado, intercedido; e que a força do governo consiste em fazer respeitar as leis positivas da sociedade, que são criadas para assegurar os direitos naturais.

Locke fez escola – legando ao pensamento político moderno um postulado: o imperativo da limitação do poder[79]. Montesquieu, filósofo, político e escritor francês, inspirou-se nele para desenvolver, em sua obra *O Espírito das Leis* (1748), a doutrina dos três poderes, por meio da qual defendia a divisão da autoridade governamental em três setores fundamentais: o executivo, o legislativo e o judiciário, cada um independente e fiscal dos outros dois.

Também influenciado por Locke, John Stuart Mill escreveu, em 1859, um ensaio filosófico e político intitulado *Sobre a Liberdade*. Mill afirmou que os indivíduos não possuem apenas um "direito natural" à liberdade, independentemente de seu valor social. Em vez disso, a liberdade possui também um valor utilitário. Mill escreveu que a liberdade é indispensável para a boa vida em sociedade. Ele recordou que o ser humano é falível – e que a possibilidade de acertos está na capacidade de corrigirmos nossos erros. Reconhecemos nossa falibilidade ouvindo aqueles de quem discordamos e testando nossas ideias. Só assim temos a chance de progredir, de melhorar a convivência social.

Com o desenvolvimento das ideias iluministas, o reconhecimento do valor intrínseco de cada indivíduo ganhou novo ímpeto e produziu consequências no entendimento sobre justiça e inclusão. O racismo e o sexismo, por exemplo, são afrontas óbvias a uma filosofia que preza pelo valor ético e moral de cada indivíduo – e, portanto, estiveram cada vez mais na defensiva do século XVIII em diante.

No final desse século, pela primeira vez na história, "sociedades" foram formadas para a eliminação da escravidão – nos Estados Unidos, em 1784; na Inglaterra, em 1787; e na França, em 1788[80]. Em 1791 e 1792, respectivamente, foram publicados dois importantes textos em prol da liberdade e da igualdade das mulheres: a *Declaração dos Direitos da Mulher e da Cidadã*, de Olympe de Gouges, e *Reivindicação dos Direitos da Mulher*, de Mary Wollstonecraft[81].

No século XIX, diversos países ocidentais paulatinamente abandonaram a escravidão – muitas vezes por meio de conflitos internos, como na Guerra de Secessão, nos Estados Unidos. No século XX, foi possível avançar ainda mais a conquista de direitos civis para grupos minoritários: voto feminino na década de 1920; fim de leis segregacionistas entre brancos e negros; e, mais recentemente, casamento entre pessoas do mesmo sexo – para citar alguns poucos exemplos.

Apesar de diversos países ocidentais terem promovido e convivido com políticas segregacionistas – com base em raça ou em gênero, mantendo a escravidão por longo período, ou restringindo os direitos das mulheres, de negros ou de homossexuais –, a segregação não se manteve como regra. Ao contrário, com o passar do tempo, as políticas discriminatórias ficaram, cada vez mais, na retaguarda. É necessário lembrar que essas práticas eram constantes na história: a escravidão ou a diferenciação com base em etnia ou gênero não foram inovações das sociedades ocidentais modernas; elas existiam desde a Antiguidade.

A novidade que se consolidou com o Iluminismo não foi a discriminação; foi a difusão do entendimento de que essas políticas segregacionistas eram uma aberração – e não mais se justificavam do ponto de vista ético ou moral. Em grande medida, a defesa de uma concepção que reconhece o valor intrínseco de cada indivíduo foi o meio utilizado para combater o segregacionismo que ainda lutava para sobreviver. Esse combate não ocorreu a despeito dos princípios caros à filosofia iluminista, mas em nome deles.

O individualismo é uma das consequências de uma epistemologia da razão, mas não a única. O racionalismo também produziu uma revolução cognitiva na Europa moderna: o desenvolvimento do método científico. Esse método pressupõe que existe uma realidade objetiva, além de nossa consciência subjetiva, que pode ser compreendida experimentalmente – e até manipulada, para servir aos propósitos humanos. Foi esse método científico que produziu mudanças tecnológicas contínuas e permitiu o surgimento da economia moderna.

Convém lembrar que o racionalismo científico tampouco foi fruto exclusivo do Iluminismo. A matemática e a ciência modernas têm uma coleção de influências não ocidentais. O matemático e astrônomo indiano Bhāskara II, por exemplo, que viveu de 1114 a 1185, influenciou enormemente a álgebra, a aritmética e a geometria. Ele escreveu o primeiro trabalho com uso completo e sistemático do sistema de numeração decimal. Bhāskara alcançou, ainda, a compreensão dos sistemas numéricos e da resolução de equações que não seriam conhecidas na Europa por vários séculos. Até hoje, aprendemos a "fórmula de Bhāskara" para resolver equações lineares de segundo grau. É fato que a ciência, a matemática e a filosofia – que resultaram no Renascimento europeu e, mais tarde, no Iluminismo – não teriam se desenvolvido sem a colaboração de um grupo de pensadores, filósofos e cientistas de diferentes sociedades não ocidentais – chineses, árabes, iranianos, indianos, entre outros.

O racionalismo iluminista e a ciência, todavia, modificaram e ampliaram, em curtíssimo período, o entendimento sobre o funcionamento do mundo. Copérnico, Kepler, Galileu, Newton e Leibniz fundamentaram uma verdadeira revolução na compreensão sobre a natureza e o universo. Em 1686-87, a Royal Society de Londres lançou a mais importante obra da história da física moderna: o *Principia Mathematica*, de Isaac Newton. Esse monumental trabalho descreveu as leis que regem o movimento dos corpos, fundamentando a mecânica clássica, e apresentou a lei da gravitação universal. No início do século XVIII, era de comum conhecimento no Ocidente que o universo era regido por um intrincado sistema mecânico, composto por partículas em movimento, em um espaço infinito e neutro. Tal sistema operava por meio de princípios fundamentais, como a inércia e a gravidade, os quais podiam ser analisados matematicamente[82].

Na medida em que a epistemologia da razão se difundiu pela Europa do século XVIII, a economia também foi influenciada. Os argumentos mercantilistas perderam força, abrindo caminho para o florescimento da economia de mercado. Nesse novo paradigma, a premissa central era de que os indivíduos deveriam ser deixados livres para tomar decisões autônomas em relação à produção, ao consumo e ao comércio. A consolidação dessas ideias possibilitou criar um ambiente propício ao desenvolvimento econômico e à inovação. Com a formação de mercados abertos e competitivos, surgiu uma compreensão teórica sobre o impacto produtivo da divisão do trabalho e da especialização – bem como do impacto retardador do protecionismo e de outras regulamentações restritivas.

Capturando esses desenvolvimentos econômicos em curso, o livro *A Riqueza das Nações*, de Adam Smith, publicado em 1776, transformou a análise da sociedade e de suas trocas comerciais. O livro inaugurou um entendimento sobre a economia como ciência. A análise de Smith sobre o mercado como um mecanismo que se autocontrola e se autocorrige foi inovadora. Mas os objetivos de Smith eram mais ambiciosos do que demonstrar as propriedades autoajustáveis de uma economia de mercado descentralizada. Smith buscou demonstrar que, sob o impulso aquisitivo e por meio da especialização, o fluxo de riqueza nacional podia crescer de forma constante. Décadas depois, David Ricardo, com base em leituras de Smith, desenvolveu novas teorias sobre os ganhos da especialização. Ricardo formulou, em 1817, a ideia de *vantagens comparativas* – um conceito muito sutil, contraintuitivo, extremamente sofisticado, que constitui a base do comércio até hoje.

A revolução científica promovida pelo Iluminismo culminou, ainda, na Revolução Industrial. Durante o século XVIII, cientistas e engenheiros descobriram e criaram tecnologias em uma escala sem precedentes históricos – impulsionados pela nova cultura de raciocínio, de experimentação, de empreendedorismo e de trocas comerciais voluntárias. James Watt desenvolveu, por volta de 1769, uma máquina a vapor com menores problemas de perda de energia em relação às bombas de pulsão anteriores – e que poderia também gerar movimento circular. Outras inovações, como a lançadeira voadora, a máquina de fiar, a moldura d'água e o tear mecânico, tornaram a tecelagem de tecidos e a fiação muito mais fácil.

Com a eletricidade, o processo de produção industrial revolucionou o acesso a produtos básicos. Por muito tempo, os nobres obtinham seus produtos feitos à mão. Já os primeiros produtos produzidos em larga escala nas novas fábricas eram itens baratos para as massas: roupas, lençóis de algodão, sapatos, sabão, porcelana, potes de ferro.

Na medida em que os mercados se tornaram mais livres, a quantidade de riqueza disponível aumentou *drasticamente*. A ênfase no "drasticamente" não é só minha. A economista Deirdre McCloskey, professora da Universidade de Illinois, por exemplo, ganhou reconhecimento público pela monumental obra acadêmica que publicou a respeito da evolução das sociedades burguesas modernas – e do aumento drástico da riqueza no mundo a partir do século XVIII.

***

Deirdre McCloskey tem uma vida interessante: na década de 1970, ela se chamava Donald, era PhD por Harvard e um dos mais destacados professores da universidade de Chicago. Brilhante, McCloskey diferenciou-se de seus colegas mais ligados aos temas duros e matemáticos da teoria econômica ao analisar a economia também sob a ótica da história, da retórica, da filosofia e da literatura. Casado e com dois filhos, em 1995, aos 53 anos, o professor Donald tornou-se famoso quando passou a se identificar como a senhora Deirdre. Sua transição foi brilhantemente descrita no livro *Crossing: a Memoir* (1999).

Além de desconstruir o gênero, McCloskey é autora de uma trilogia fantástica sobre a evolução do mundo moderno, que começou a ser lançada em 2006[83]. Nos três volumes de sua trilogia, ela investiga o que chama de *Grande Enriquecimento*: "a disparada, a partir de 1800, que trouxe melhoria gigantesca para os pobres, seus ancestrais e os meus, e uma promessa que agora está sendo cumprida com os mesmos resultados por todo o mundo"[84].

McCloskey recorda que, durante milênios, a extrema pobreza era a regra para a maior parte da humanidade. Até 1800, os europeus tinham uma renda *per capita* média equivalente à das economias mais pobres do mundo de hoje. Em um espaço de duzentos anos, a renda dos moradores das economias mais avançadas da Europa, da América ou da Ásia aumentou por um fator de 30 a 100[85]. Não é 30% ou 100%. Um fator de 100 (a maior estimativa) representa um aumento de 10.000%. Já um fator de 30 (a menor estimativa) representa 2.900%. A autora considera o Grande Enriquecimento o evento econômico mais importante desde a invenção da agricultura.

Esse fenômeno ofuscou qualquer um dos períodos de enriquecimento anteriores na história. Na perspectiva de McCloskey, explicá-lo é a tarefa central da história econômica. O Grande Enriquecimento ajuda a explicar a emancipação feminina, a queda do trabalho infantil, a revolução sexual, a diminuição de guerras. Ajuda a entender, sobretudo, por que grande parte da humanidade não virou adubo em plantações e pode dar-se ao luxo de passar horas na frente de um computador.

McCloskey descarta as explicações tradicionais: o acúmulo de capital, a exploração e as instituições. Ela é crítica do termo "capitalismo", pois levaria ao entendimento de que a acumulação de capital seria responsável pelo Grande Enriquecimento. Na ausência de inovação, a mera acumulação de capital alcançaria rapidamente retornos decrescentes. McCloskey observa que tanto a acumulação de capital quanto a exploração – enfatizada por marxistas – foram fenômenos rotineiros nas principais sociedades organizadas da Eurásia, do Antigo Egito, da China, do Império Otomano, da Mesoamérica e dos Andes.

Mudanças na qualidade das instituições – também observadas em outros períodos da história – tampouco seriam explicações suficientes para o Grande Enriquecimento. Fenômenos rotineiros não poderiam explicar um estranho acontecimento histórico, tal como o absurdo aumento da riqueza disponível em tempo tão curto. Segundo McCloskey, o que explica esse fenômeno é algo completamente novo: uma mudança na mentalidade da época.

Ela afirma que o Grande Enriquecimento foi possível por meio de uma revolução, em câmera lenta, nas convicções éticas da Europa moderna. Em especial, em virtude de um nível muito mais elevado de tolerância, que possibilitou aos europeus enxergarem com mais simpatia os inovadores, os produtores e os comerciantes. Por séculos, o *status* social de um indivíduo permanecia inalterado, do início ao fim de sua vida. A hierarquia tradicional, o sobrenome e o parentesco costumavam fixar a posição social de cada um. Mas uma mudança demográfica na Europa moderna alterou essa conjuntura.

Das massas crescentes da população rural surgiram pessoas que tentaram estabelecer pequenos negócios, capazes de produzir alguma coisa. O lucro, por exemplo, que antes era visto como um pecado, proveniente de logro ou de roubo, passou a ser atributo de uma atividade comercial – que não envolvia a coação, mas trocas voluntárias de bens e de serviços. Com o tempo, a respeitabilidade, antes um privilégio da nobreza e do clero, passou a ser estendida ao cidadão burguês. Para ser respeitado e admirado, bastava progredir.

McCloskey dialoga com Max Weber – e com as ideias expostas no livro *A Ética Protestante e o Espírito do Capitalismo*, de 1905[86]. Ela revela que Weber foi certeiro ao afirmar que um "espírito" comandava a economia de mercado (a ética burguesa de valorização do trabalho). Mas ela retruca: estranhamente, Weber localizou o "espírito do capitalismo" na psicologia protestante – e não na sociedade. McCloskey observa que essa nova visão de mundo, em parte, era oriunda da reforma protestante, mas não limitada a ela. De acordo com a economista, a difusão da "ética burguesa" perpassou diversos aspectos da vida social – e não apenas o religioso –, possibilitando uma dispersão sem precedentes dos benefícios do comércio, da inovação e do conhecimento. A tese de McCloskey afirma que *ideias e crenças* explicariam o Grande Enriquecimento verificado nos últimos séculos.

A evolução de ideias liberais na política moderna foi um processo paulatino e, sobretudo, repleto de contradições. A Revolução Gloriosa, na Inglaterra, por exemplo, consolidou o princípio constitucional de que o poder monárquico deveria ser limitado, mediado e dividido com os representantes no Parlamento. Esse princípio, junto com a ideia de que o pagamento de impostos deveria vir acompanhado de representação política adequada, resultou, em 1776, em um poderoso movimento de restauração de liberdades constitucionais nas colônias britânicas – e a consequente formação dos Estados Unidos da América. Mas esse movimento a favor de liberdades individuais não significava necessariamente democracia universal[87].

Na Inglaterra do século XVII, os *Whigs* constituíram um movimento político que se opunha à monarquia absolutista. Embora advogassem ideias de emancipação política, os membros desse partido eram os proprietários mais ricos. O Parlamento inglês daquela época representava menos de dez por cento de toda a população. Muitos liberais clássicos, incluindo John Stewart Mill, eram céticos quanto às virtudes da democracia universal: eles acreditavam que a participação política exigia interesses nos temas afetos à *polis* – em outras palavras, exigia propriedade.

Até o final do século XIX, a participação política era limitada por requisitos de propriedade e de educação em praticamente todos os países da Europa Ocidental. Era também estritamente masculina. A eleição de Andrew Jackson como presidente dos Estados Unidos, em 1828, e a abolição dos requisitos de propriedade para votar (pelo menos para os homens brancos) marcaram importante vitória inicial para um princípio democrático mais robusto de participação política[88]. Na Europa, a maioria da população permaneceu, por longo período, excluída do debate público. A ascensão de uma classe trabalhadora industrial pavimentou o caminho para a formação de movimentos políticos que contestavam os atributos desse sistema excludente.

O *Manifesto Comunista* foi publicado em 1848, o mesmo ano em que revoluções se espalharam por todos os principais países europeus, exceto o Reino Unido. Como mencionado na primeira parte deste livro, esses movimentos revolucionários de 1848 – inspirados pelo experimento francês – buscaram alavancar demandas das novas classes sociais por maior participação política, por autonomia nacional, por melhores condições de vida, além de expressar insatisfação generalizada com a ordem internacional do Congresso de Viena – antiliberal e antinacionalista.

Os movimentos de 1848 eram pautados sobretudo por um debate de ideias, com destaque para o liberalismo, o nacionalismo e o socialismo. A partir de então, iniciou-se uma competição política entre movimentos coletivistas (que buscavam transformar a natureza das sociedades por meio de processos revolucionários) e movimentos liberais (que acreditavam na expansão da participação política enquanto mantinham um estado de direito, incluindo os direitos de propriedade, bem como uma economia de mercado). Em jogo estava a lealdade da nova classe trabalhadora industrial.

O século XIX testemunhou a ascensão de uma economia industrial – que, embora tenha ampliado drasticamente a produção e a disponibilidade de bens e serviços, foi marcada por condições precárias de trabalho, por desigualdades socioeconômicas crescentes e por exploração de trabalhadores. Esses fatores impulsionaram o surgimento de ideias coletivistas variadas.

O socialismo, por exemplo, abrangeu distintas interpretações, desde as concepções utópicas de pensadores, como Henri de Saint-Simon, Charles Fourier e Robert Owen, passando pela visão científica e revolucionária de Karl Marx e de Friedrich Engels, até as abordagens mais reformistas da social-democracia. Algumas interpretações enfatizavam a propriedade coletiva dos meios de produção, enquanto outras se concentravam na busca por justiça social e por igualdade de oportunidades dentro do sistema capitalista. As diferentes correntes de pensamento socialista também divergiam em relação à abordagem para alcançar seus objetivos, variando desde a revolução violenta até a reforma gradual. Outros pensadores alemães, como Immanuel Kant, Johann Herder, Johann Fichte e Georg Hegel, foram vozes dominantes em defesa de concepções coletivistas da sociedade, contrapondo-se aos pressupostos do Iluminismo moderno: sua metafísica da razão, sua ética individualista e sua economia de mercado.

***

No início do século XX, especialmente após a Primeira Guerra Mundial, o liberalismo parecia não ser a resposta necessária aos desafios impostos pela destruição da guerra, pela competição entre potências, pela crise econômica e financeira. As alternativas revolucionárias coletivistas, muitas delas de caráter nacionalista, passaram a atrair cada vez mais adeptos.

Os bolcheviques consolidaram seu domínio sobre a Rússia e expurgaram seus adversários em 1918. Benito Mussolini, proclamando um "nacionalismo revolucionário", liderou tropas paramilitares em Roma em 1922 e assumiu o poder na Itália. A República de Weimar, estabelecida na Alemanha após a Primeira Guerra, tornou-se sinônimo de decadência e de governança ineficaz, abrindo caminho para o nazismo, em 1933. Em 1936, a Espanha explodiu em uma guerra civil que prenunciou o que muitos temiam ser o conflito inevitável entre duas formas de coletivismo revolucionário – uma utopia comunista e outra prometendo renovar a sociedade por meio da pureza racial e do poder nacional.

A gestação de utopias revolucionárias foi, assim como o liberalismo, um dos atributos do modernismo europeu. O elemento utópico e revolucionário esteve presente, como já mencionado, na doutrina política de Jean-Jacques Rousseau. O filósofo Richard Tarnas, no livro *A Epopeia do Pensamento Ocidental*, de 1999, afirma que a visão de mundo moderno preservou importante componente da tradição judaico-cristã: a crença no progresso histórico-linear voltado para a suprema realização humana[89]. A "fé" nesse progresso baseava-se na confiança do efeito salvacionista do conhecimento humano em expansão. Por meio dessa crença no progresso científico, muitos intelectuais passaram a acreditar que a futura realização social da humanidade seria atingida em um mundo reconstituído pela razão e pela ciência. A fé religiosa de salvação divina transformou-se, em muitos casos, em uma crença revolucionária, cuja realização ocorreria por meio da aplicação hábil da razão à política e à sociedade.

A epistemologia da razão fundamentou a ética individualista, mas também resultou no esboço de projetos de sociedade. Ao contrário das ideias que moldaram as democracias liberais, os projetos revolucionários coletivistas não foram pautados na experiência ou no conhecimento acumulado, mas no desenho – muitos deles em bases racionais – de paraísos utópicos para salvar homens e mulheres da exclusão e da miséria e garantir-lhes um espaço digno em sua sociedade.

Marx, por exemplo, ao tentar desvendar as "leis" do desenvolvimento histórico, expôs as etapas pelas quais as sociedades passaram em função de suas bases produtivas – e buscou desvendar qual seria o destino para o qual elas caminhariam. A luta de classes era o motor de transformação histórica. O capitalismo seria uma etapa a ser fatalmente superada e vencida. O comunismo não seria apenas um conjunto de ideias utópicas a fim de transformar a humanidade: seria um estágio inevitável da evolução social humana. Fundamentado em uma análise científica, Marx buscou antecipar um desenho de sociedade ao desvendar as engrenagens da evolução social e econômica da humanidade.

Essa crença no progresso social e no desenho de modelos de sociedade pode ser descrita como consequência do racionalismo aplicado à política. Michael Oakeshott, filósofo e teórico político inglês, foi um árduo crítico dessa relação. No influente ensaio *Rationalism in Politics* ("Racionalismo na Política"), de 1962, ele define "racionalismo" como a crença – em sua opinião ilusória – de que existem respostas "corretas" para questões sociais práticas[90]. O erro dos racionalistas seria pensar que decisões políticas podem ser tomadas simplesmente aplicando regras ou calculando consequências.

Oakeshott distingue entre conhecimento "técnico" e "tradicional": o conhecimento técnico é aquele que provém de uma análise, facilmente aprendido e aplicado por meio de formulações teóricas, mesmo por quem não tem experiência. O conhecimento tradicional, em contraste, é adquirido pela prática, pelo engajamento, pela experiência, por lentos processos de tentativa e erro. O debate político deve abranger ambos. Oakeshott não criticou a razão como fonte de qualquer conhecimento válido (técnico ou tradicional), mas arguiu contra a "arrogância do racionalismo moderno" – nas palavras de João Pereira Coutinho: "A suposição de que é possível atribuir à razão a tarefa hercúlea de construir e reconstruir a sociedade humana de forma radical e perfeita"[91].

Na evolução das ideias clássicas do Iluminismo, foi possível conciliar inovações teóricas com a experiência prática, permitindo que se expandisse, aos poucos, a construção de um arcabouço social e institucional capaz de proteger a liberdade e os direitos dos indivíduos. Os experimentos revolucionários do século XX, por sua vez, demonstraram-se fracassos retumbantes. Imbuídos da vaga ideia de "vontade popular", diversos líderes revolucionários buscaram organizar distintas sociedades em torno de projetos políticos ambiciosos – e para isso não pouparam esforços: confiscaram a renda e a propriedade alheias, corromperam, roubaram, mataram, exilaram, prenderam e condenaram.

***

A história do século XX ensinou que projetos políticos, quando impostos de cima para baixo, podem criar pesadelos totalitários. Sociedades, afinal, não são uma tela em branco sobre a qual é possível desenhar diagramas – ou com a qual é possível fazer engenharias. Criar uma sociedade por meio de um projeto político sempre exigirá que se esvaziem dos indivíduos todas as suas verdades e necessidades "egoístas" em nome da coletividade, que será representada por um partido ou por um condutor das massas – em certos casos, por ambos.

As tragédias totalitárias do século passado também se fundamentaram na inevitável corrupção moral dos ativistas – de quem se coloca a serviço cego de uma causa. Em nome de um ideal de sociedade, elimina-se o mal como parte da consciência individual. A um agente revolucionário, tudo se torna possível: matar, torturar, roubar, mentir, corromper. Tais males são perpetrados e justificados em nome do partido, da raça, da nação, do coletivo, do bem comum.

Hannah Arendt demonstrou, por exemplo, que certos indivíduos, quando transformados em ativistas radicais, ou em instrumentos cegos do funcionamento do coletivo, podem banalizar o mal e justificar quaisquer atrocidades em nome do projeto político que arduamente defendem[92]. Todo ato passa a ser concebido como útil ou prejudicial, como virtuoso ou criminoso, somente na medida em que tem como ponto de referência aquele projeto – ou seus representantes: o partido, o grupo, o líder, o coletivo. Crimes, quando praticados, tornam-se parte da luta. O que determina se uma ação é criminosa ou não são os objetivos: se ela servir ao fortalecimento da causa, que defende uma sociedade mais justa, tudo passa a ser permitido.

A corrupção moral do ativista – e as tragédias humanas que acompanham os projetos totalitários – foi também descrita por Alexander

Soljenítsin no monumental *Arquipélago Gulag*, em três volumes, escritos entre 1958 e 1968[93]. O original em russo foi publicado pela primeira vez em 1973, seguido por uma versão para o inglês no ano seguinte. Os volumes cobrem a vida nos campos de trabalhos forçados soviéticos (os *gulags*) por meio de uma narrativa construída com base em várias fontes, incluindo relatos, entrevistas, depoimentos, diários, documentos – e por meio da própria experiência de Soljenítsin como prisioneiro em um desses campos de concentração.

Soljenítsin expõe não somente amplos relatos de tortura e de assassinatos, mas também sua própria contribuição para a construção daquele pesadelo totalitário, por meio de sua prévia militância. Deduz-se da leitura de *Arquipélago Gulag* que a criação de campos de concentração na União Soviética não se tratava de um desvio, mas de uma consequência inevitável das tentativas de vencer tudo o que era visto como "obstáculo" à consumação da revolução.

∗∗∗

Se não bastassem a corrupção moral e os assassinatos em massa, havia também problemas práticos para o planejamento econômico nos experimentos coletivistas. Um aspecto central da atividade econômica diz respeito à formação de preços e atribuição de valor a bens e serviços[94]. Em qualquer sistema econômico, os recursos escassos têm de ser alocados entre usos que competem entre si.

A economia de mercado se fundamenta em um sistema de trocas, com base na especialização, tendo uma moeda como meio para intercambiar bens e serviços. "Mercado" não é uma entidade com vontade própria. É um conceito abstrato que designa milhões de indivíduos realizando incontáveis trocas econômicas voluntárias diariamente. Cada indivíduo faz diversas escolhas todos os dias: sobre quais produtos consumir, onde adquiri-los, sobre o que produzir para receber recursos, sobre como aplicar sua poupança. Duas forças comandam esse sistema de trocas: *oferta e demanda*.

A oferta e a demanda, juntas, determinam os preços dos diferentes bens e serviços. Os preços, por sua vez, são os sinais que orientam a alocação de recursos. Preços variam, flutuam, mudam constantemente, porque as preferências, a disponibilidade de renda, as tecnologias de produção, as combinações e a escassez de produtos mudam constantemente. Os preços, sobretudo, ajudam as pessoas a se comunicar. Eles são um sistema de transmissão de informações, de transmissão do conhecimento. Pelo sistema de preços, as preferências e necessidades dos consumidores ajudam a melhor alocar os recursos escassos por quem produz. Como articular, afinal, as preferências subjetivas de milhões de pessoas interagindo ao mesmo tempo? Como saber em que investir e que matéria-prima utilizar na produção de determinado bem – e não de outro?

Considere a agricultura, por exemplo. O que determina quantos tomates serão plantados? E quanto trigo? E quantas laranjas? Quantas pessoas são necessárias para trabalhar na plantação e na colheita desses alimentos? Em uma economia de mercado, não há um órgão central de planejamento tomando essas decisões. As informações são transmitidas de forma autônoma por meio de preços – e pela interação de forças de oferta e demanda. Como responder a essas questões em uma economia planejada e planificada? De quantos parafusos a economia soviética precisaria mensalmente? E qual será a utilização de cada um desses parafusos? Onde produzi-los? De quantos tijolos uma cidade como Moscou precisa? Para onde enviá-los? O planejamento central demonstrou-se incapaz de responder a essas perguntas.

***

No século XIX, Marx acreditava que a classe média, ou pelo menos a fatia que ele chamou de burguesia, sempre permaneceria como uma pequena e privilegiada minoria nas sociedades modernas[95]. Em vez disso, o que aconteceu foi que, no século XX, a classe média acabou constituindo a vasta maioria das populações em diversos países em desenvolvimento. Nas sociedades de renda média, o apelo do marxismo revolucionário diminuiu. A social-democracia, contudo, ganhou corpo e terreno – ao advogar reformas graduais em prol da proteção de direitos dos trabalhadores, da construção de uma rede de proteção social e da redução das desigualdades, buscando equilibrar a busca por melhores condições de vida com as instituições democráticas e com a economia de mercado, sem a necessidade de uma revolução violenta.

A evolução das ideias liberais e da social-democracia – especialmente em contraponto às alternativas revolucionárias que surgiram em oposição a elas – ajuda a explicar por que o sistema de democracias de mercado impera hoje no mundo contemporâneo. Não tenho a intenção de esgotar as discussões sobre a evolução dessas ideias. Vale notar que a construção da ordem liberal não contou apenas com a força de ideias sobre como melhor organizar a vida em sociedade. Contou, também, com a força de instituições internacionais.

Após a Segunda Guerra, era necessário construir uma ordem que atendesse às demandas da disputa geopolítica da Guerra Fria e que criasse um espaço no qual fosse possível conciliar interesses e acomodar disputas – entre as potências da época (especialmente entre os Estados Unidos e a União Soviética), entre as democracias de mercado consolidadas e em consolidação, entre países desenvolvidos e em desenvolvimento. Cada país, afinal, era responsável por defender sua soberania e seus interesses. E esses interesses nem sempre estavam alinhados.

Força de coesão nº 2: instituições internacionais

Em 22 de fevereiro de 2022, o representante da Rússia nas Nações Unidas, Vasily Nebenzya, presidiu uma reunião de emergência do Conselho de Segurança para discutir uma saída para o conflito que se desenhava na Ucrânia, quando o presidente russo Vladimir Putin anunciou "operações militares especiais" no país vizinho – dando início, efetivamente, a uma intervenção militar que ia de encontro a princípios, normas e regras consagrados na Carta das Nações Unidas.

Em 2003, a Guerra do Iraque já havia desferido grande golpe contra aquela instituição. Depois que ficou claro que o Conselho de Segurança não aprovaria uma resolução autorizando os Estados Unidos a atacarem o país gerido por Saddam Hussein, o governo de George W. Bush decidiu iniciar uma intervenção militar mesmo assim. Naquela época, ao abandonar os princípios consagrados na Carta, o governo americano transmitiu uma mensagem clara: o mundo do pós-Guerra Fria ainda poderia ser um lugar no qual o poder – nu e cru – poderia nortear as ações dos estados, especialmente daqueles considerados "grandes potências". A Segunda Guerra do Golfo lembrou que, quando a hegemonia dos

Estados Unidos não é contrabalançada, o exercício do poder pode se tornar arbitrário, provocando confrontos e flagelos imensuráveis.

Mais de vinte anos depois da Guerra do Iraque, o Conselho de Segurança demorou a aprovar resoluções sobre um novo conflito na Faixa de Gaza, iniciado após ataques terroristas em Israel perpetrados pelo Hamas em outubro de 2023. Outra vez, o Conselho deixou de atuar rapidamente diante de um conflito que poderia ameaçar a paz global e que consumiu a vida de dezenas de milhares de pessoas. Se o Conselho de Segurança não era capaz de chegar a um consenso a respeito de temas tão importantes para a segurança internacional, podia-se indagar: para que serve, então, esse órgão?

Uma perspectiva meramente realista pode levar ao entendimento de que, no sistema internacional anárquico, o jogo de poder sempre foi prioritário, ao passo que a observância às regras e às instituições é secundária. Os estados são as verdadeiras entidades soberanas – e, se poderosos o suficiente, poderiam impor sua vontade, independentemente dos constrangimentos legais existentes. As regras que regem o Conselho de Segurança não seriam, portanto, limites efetivos à ação dos estados – pois aquela entidade não seria capaz de impor o cumprimento das regras e punir quem as infringe.

Essa perspectiva realista, porém, é insuficiente para entender como funciona a sociedade de estados, bem como o papel das instituições internacionais na manutenção da ordem. Estados, por mais poderosos que sejam, não são totalmente livres para fazer o que querem. Ainda que um estado decida quebrar certa regra, há o reconhecimento de que ele deve explicações sobre sua conduta. É importante distinguir, portanto, entre o poder baseado no uso da força e o poder legitimado por valores e normas compartilhadas.

Os governos precisam legitimar suas ações internacionais, inclusive para quebrar normas, e geralmente o fazem em referência a certos princípios, valores e objetivos. A ação dos estados será constrangida caso não possa ser justificada em termos de uma razão legítima. Como não possuem o monopólio do uso da força, as instituições internacionais não são capazes de constranger toda e qualquer ação dos estados; o constrangimento deriva das consequências – inclusive em termos de perda de legitimidade – que a quebra de normas acarreta. Hoje, o vasto aparato normativo da ordem liberal ampliou o cardápio de princípios, de normas e de procedimentos de tomada de decisões – e, com ele, as possibilidades de cursos de ações considerados legítimos para a defesa dos interesses estratégicos de cada estado, inclusive de sua segurança e de sua soberania.

***

A Carta das Nações Unidas, assinada em julho de 1945, em São Francisco, compartilhava diversas aspirações e objetivos de sua antepassada, a Liga das Nações, em especial a intenção de ser um centro destinado a coordenar a ação de estados para a consecução de desígnios comuns, como a paz.

A Carta instrui os estados-partes, em qualquer disputa que ameace a segurança internacional, a "chegar a uma solução por negociação, inquérito, mediação, conciliação, arbitragem, solução judicial, recurso a organismos ou acordos regionais, ou a qualquer outro meio pacífico à sua escolha" (artigo 33). Mas a "escolha" pela paz pode também ser imposta. No capítulo VII da Carta, os membros das Nações Unidas podem tomar medidas que vão desde bloqueios ao uso de forças militares "para manter ou restaurar a paz e a segurança internacionais".

A responsabilidade de autorizar o uso da força foi investida no Conselho de Segurança, o corpo de cinco membros permanentes (Estados Unidos, União Soviética, China, Reino Unido e França) e alguns membros rotativos (no início eram seis; agora, são dez), que servem por períodos de dois anos. Somente os cinco membros permanentes – que, na época da criação das Nações Unidas, eram considerados as potências dominantes do pós-Segunda Guerra Mundial – receberam o poder de vetar as decisões do Conselho. Em princípio, esse seria o "grupo" – ou o "concerto" – que orquestraria as relações internacionais e manteria a ordem entre os estados no pós-Segunda Guerra. Mas houve mudanças. Em 1971, o assento chinês foi transferido da República da China (ou Taiwan) para a República *Popular* da China (ou China continental). O assento soviético foi herdado pela Rússia em 1991.

O desenho institucional das Nações Unidas também refletiu princípios consagrados desde Vestfália, na qual os direitos das entidades soberanas – isto é, dos estados – são reconhecidos e protegidos. O artigo 51 da Carta, por exemplo, declara que "nada na presente Carta prejudicará o direito inerente de legítima defesa individual ou coletiva no caso de ocorrer um ataque armado contra um membro das Nações Unidas, até que o Conselho de Segurança tenha tomado as medidas necessárias para a manutenção da paz e da segurança internacionais". Implícita nesse artigo – e explícito em outras partes da Carta – estava a ideia de que as Nações Unidas eram um reflexo do conjunto das vontades das entidades que as compõem, sem se sobrepor a elas.

A atuação das Nações Unidas foi amplamente limitada pelo equilíbrio de poder entre as grandes potências. Como já mencionado, o poder de veto freou, em diversas ocasiões, a ação do Conselho de Segurança – relegando-o a um imobilismo inquietante. Mas esse imobilismo não foi fruto do acaso. Nas negociações para criar essa instituição, havia o entendimento de que ela não deveria ser usada como instrumento por uma potência contra outra[96]. Ao contrário, era para ser preservada como um fórum ao qual os países poderiam recorrer mesmo quando discordassem.

A Carta refletiu o entendimento da época de que o uso da força militar deveria ser evitado ao máximo possível, acionado somente em casos de autodefesa. O documento que criou as Nações Unidas buscou refletir uma balança delicada entre *legitimidade* e capacidade de *coerção*. Essa balança, porém, nem sempre foi bem operacionalizada. Ao longo de seus quase oitenta anos, diversas decisões do Conselho foram desrespeitadas, a força militar foi usada sem sua autorização e sua estrutura é até hoje reflexo de um equilíbrio de poder já ultrapassado.

***

O Conselho de Segurança das Nações Unidas tem papel indispensável na manutenção da ordem internacional em que vivemos. A missão do Conselho é descrita no artigo 24 da Carta: "A fim de assegurar pronta e eficaz ação por parte das Nações Unidas, seus Membros conferem ao Conselho de Segurança a principal responsabilidade na manutenção da paz e da segurança internacionais"[97].

Em várias ocasiões, contudo, o Conselho não emitiu nenhuma resolução diante de conflitos internacionais graves – especialmente quando as operações militares eram conduzidas por alguns de seus membros permanentes ou por aliados próximos. Essa seria uma falha muito séria para uma organização encarregada da "responsabilidade primária pela manutenção da paz e da segurança internacionais". Mas tal falha não é inesperada. É consequência do desenho institucional desse órgão e das intenções originais de seus arquitetos.

De acordo com o artigo 27 da Carta, todos os cinco membros permanentes do Conselho de Segurança devem "concordar" para que uma resolução seja aprovada. Em outras palavras, qualquer um dos cinco pode vetar uma resolução. Esse poder de veto foi deliberadamente acrescentado pelos Estados Unidos quando a Carta foi escrita. Sem ele – afirmou Cordell Hull, secretário de Estado do presidente Franklin Delano Roosevelt –, o Senado americano provavelmente não teria ratificado a Carta[98].

A política americana tem como uma de suas marcas um ímpeto isolacionista que se renova periodicamente. Tal como hoje, muitos políticos naquela época defendiam que os Estados Unidos não deveriam se envolver em "aventuras externas", participar de organizações internacionais ou buscar um engajamento dispendioso em conflitos que não os envolviam diretamente. Além disso, temia-se que, ao aderir às Nações Unidas, o governo americano poderia ceder partes muito importantes de sua soberania. Roosevelt e seu vice-presidente, Harry Truman, queriam evitar, a todo custo, outro desastre como o da Liga das Nações, que não contou com a participação dos Estados Unidos.

Para Hull, o poder de veto não era negociável. Em maio de 1944, um senador americano reclamou que o veto constituía "uma discriminação contra nações pequenas", permitindo que qualquer um dos membros permanentes do Conselho "matasse uma proposta justa"[99]. A resposta de Hull foi contundente: "Nosso governo não permaneceria lá [nas Nações Unidas] por um dia sequer sem manter seu poder de veto"[100].

Em 1948, Hull observou: "O poder de veto está no documento principalmente por causa dos Estados Unidos. É uma salvaguarda necessária ao lidar com um arranjo mundial novo e não experimentado. Sem ele, os Estados Unidos não teriam, nem de longe, o apoio [doméstico] à Organização do pós-guerra, como aconteceu"[101]. De fato, a Carta das Nações Unidas desfrutou de forte apoio bipartidário no Senado americano, que a ratificou em julho de 1945, por 89 votos favoráveis e apenas 2 contra.

Mas os Estados Unidos não poderiam exercer o poder de veto sozinhos. Se era uma demanda inegociável, então era melhor assegurá-la ao ampliar esse privilégio a outros países que lideraram a luta contra as potências do Eixo – a Alemanha nazista, a Itália fascista e o Japão imperial – durante a Segunda Guerra Mundial. Prevaleceu o entendimento de que o poder deveria ser dividido, moderado e equilibrado entre os membros da coalizão vencedora.

Alguns analistas descrevem a arquitetura de segurança internacional das Nações Unidas como um *concerto de grandes potências*, tal como aquele que surgiu após as Guerras Napoleônicas no Congresso de Viena[102]. Nessa concepção, o objetivo do Conselho de Segurança das Nações Unidas não era impedir os Estados Unidos, a União Soviética (ou, hoje, a Rússia), a China, a França ou o Reino Unido de travar *qualquer guerra*. Em vez disso, o objetivo era impedir que os membros permanentes entrassem em conflito uns contra os outros. Nessa concepção, a falta de ação do Conselho pode ser entendida também como um de seus sucessos[103].

Durante a Guerra Fria, por exemplo, o Conselho de Segurança não se comprometeu com nenhuma ação com a qual as cinco potências não concordassem. A imobilidade do órgão, portanto, evitou que ele fosse utilizado por uma das potências em detrimento dos interesses das outras. A ausência de conflitos diretos entre as grandes potências não é um feito que deve ser desprezado, dados os horrores das duas guerras mundiais.

A frustração pela falta de ação do Conselho de Segurança, todavia, é bastante compreensível. A estrutura do órgão é rígida e está fadada a proteger os interesses de seus membros permanentes. Seu arranjo – esse "concerto das grandes potências" – está muito longe de ser considerado justo ou eficiente, significando também um congelamento de poder nas relações internacionais. Países como Alemanha, Brasil, Índia e Japão, com clara relevância para a segurança internacional atualmente, podem apenas fazer parte do Conselho de tempos em tempos, ocupando um dos assentos rotatórios. E – como visto nos casos do Iraque, Síria, Ucrânia e Palestina – a configuração atual do Conselho de Segurança, muitas vezes, não consegue manter a paz.

Sem uma revisão da Carta das Nações Unidas para eliminar o veto – um cenário atualmente implausível –, não está claro o que pode ser feito para melhorar essa situação. No início dos anos 2000, a França sugeriu a criação de uma norma nova – a "responsabilidade de não vetar"[104]. Essa proposta assumiria a forma de um compromisso voluntário (portanto, juridicamente não vinculante) de cada um dos cinco membros permanentes de não vetar resoluções destinadas a prevenir ou acabar com conflitos em larga escala, com exceção de quando uma resolução contrariar os "interesses nacionais vitais" de um membro permanente.

O que constituiria, porém, um "interesse nacional vital"? Como diz o ditado, essa brecha é ampla o suficiente para passar um caminhão. As grandes potências têm visões amplas e elásticas sobre seus "interesses nacionais vitais". O veto permanece, assim, um símbolo inegociável de privilégio, empregado quando "interesses vitais" estão em jogo – uma percepção bastante maleável.

O Conselho de Segurança, portanto, possui inúmeras falhas – representadas no seu imobilismo e no congelamento de poder entre os cinco membros permanentes – e necessita de reforma. Mas essa constatação não leva à conclusão de que é um órgão inútil. Recordo que a cooperação entre os estados é mais difícil de ser atingida em um sistema sem instituições, sem princípios ou sem regras. Em um sistema puramente anárquico, é mais difícil aos estados restringir suas ações. O Conselho de Segurança não foi capaz de deter George W. Bush ou Vladimir Putin, mas isso não significa que sua estrutura não tem relevância.

Sem a referência a princípios ou regras compartilhadas, torna-se mais difícil construir um discurso que legitime determinadas ações no sistema internacional. As intervenções militares dos Estados Unidos em 2003 ou da Rússia em 2022 careciam de legitimidade porque feriram princípios e normas consagrados no direito internacional. As críticas a essas intervenções foram amplas, porque foi possível demonstrar que estavam em desacordo ao que se aceita como legítimo. E a perda de legitimidade tem fortes consequências para o exercício do poder – inclusive na sociedade internacional.

***

Em 1983, o professor de relações internacionais da Universidade de Stanford, Stephen Krasner, organizou um influente trabalho sobre o aparato institucional que rege a ordem liberal contemporânea – chamado por ele de *regimes internacionais*[105]. De acordo com a definição de Krasner, um regime internacional pode ser entendido como um conjunto implícito ou explícito de "princípios, normas, regras e procedimentos de tomada de decisões em torno dos quais as expectativas dos atores convergem em uma determinada área temática"[106].

Onde é possível averiguar a existência de regimes? Em áreas como segurança, no sistema das Nações Unidas, no combate à proliferação de armas de destruição em massa, no comércio internacional, na proteção ao meio ambiente, e assim por diante. Na análise das relações internacionais, o conceito de regimes é essencial para entender como surgem e como se configuram os arranjos cooperativos. A análise de regimes internacionais também demonstra por que não é apenas o poder militar que importa no sistema internacional. O poder, afinal, também é intermediado, mediado e criado por normas e por instituições.

Regimes internacionais possibilitam certo grau de ordem, de previsibilidade e de estabilidade – ainda que sejam ocasionalmente desrespeitados. O que conhecemos como "Organização das Nações Unidas", por exemplo, também se configura como um regime, buscando promover princípios e regras, bem como um espaço para processos de tomada de decisão. Ela abrange tanto a estrutura de uma organização internacional (com sua Assembleia Geral, seu Conselho Econômico e Social, seu Secretariado e sua Corte Internacional de Justiça), como também um *guarda-chuva institucional*, denominado "Sistema das Nações Unidas", que abriga programas e fundos, organizações, agências especializadas e comissões técnicas[107]. Esse guarda-chuva institucional já dura oitenta anos. Tal longevidade não vem do acaso. Um dos principais benefícios da ordem liberal contemporânea é sua notável capacidade de incorporar novos países[108]. Ao longo de oito décadas, esse regime foi ampliado para abranger cada vez mais integrantes: as Nações Unidas contam hoje com 193 estados-membros.

Por meio desse aparato institucional, foi possível desenvolver regimes em praticamente todos os aspectos da vida internacional: no comércio; no uso do mar e do espaço; na proteção de florestas e da vida silvestre;

no tratamento de resíduos tóxicos e poluentes; no controle de armas de destruição em massa; nas migrações e na acolhida a refugiados; nas trocas monetárias e financeiras; na articulação de respostas globais a pandemias. Seria necessário outro livro para explicar cada um desses regimes. Mas vale aqui citar um exemplo de enorme relevância para a política global contemporânea: o regime internacional de mudança do clima.

***

No dia 13 de novembro de 2015, um ataque terrorista devastou Paris, deixando 130 mortos e centenas de feridos. Três homens-bomba abriram fogo do lado de fora do Stade de France, em Saint-Denis, durante uma partida internacional de futebol. Outro grupo de terroristas atirou em cafés e restaurantes lotados na cidade – um deles também se explodindo. Um terceiro grupo abriu fogo em um show de rock no teatro Bataclan. A tragédia consternou o mundo, lembrando as divisões e os conflitos que marcaram o início deste século, em especial a "guerra ao terror".

Duas semanas depois, ainda abalada pelos ataques, Paris foi palco de um dos maiores esforços de coordenação política, reunindo representantes governamentais e de organizações da sociedade civil. A *Conferência do Clima de Paris* foi realizada no subúrbio de Le Bourget, no norte da cidade, no final de novembro de 2015, sob forte esquema de segurança. Ao todo, representantes de 195 países, 150 chefes de governo ou de Estado e outras centenas de representantes da sociedade civil discutiram novo marco jurídico para reduzir as emissões de gases de efeito estufa e combater o aquecimento global.

Se os atentados terroristas recordavam o mundo de crises existentes, aquela reunião sobre mudança do clima demonstrava que havia uma agenda capaz de unir quase todo o planeta. No começo da noite de 12 de dezembro de 2015, depois de um atraso de horas que deixou os participantes da reunião ansiosos, o então ministro de Relações Exteriores da França, Laurent Fabius, anunciou a conclusão do acordo. A sala de reuniões irrompeu em aplausos estrondosos, ovações, assobios, abraços – e até choro. O ex-secretário-geral das Nações Unidas Ban Ki-moon qualificou aquele momento como "verdadeiramente histórico"[109].

O Acordo de Paris entrou em vigor um ano após os ataques terroristas, em novembro de 2016. Mas os planos de ampla adesão aos compromissos acordados em Paris seriam retardados por um golpe do destino. Apenas quatro dias depois da entrada em vigor do texto, Donald Trump foi eleito presidente dos Estados Unidos. Trump afirmou que o Acordo de Paris "dá aos burocratas estrangeiros o controle sobre a quantidade de energia que usamos em nossas terras, em nosso país"[110]. No início de 2017, Trump usou o Twitter para anunciar que os Estados Unidos não mais fariam parte daquele tratado. O processo formal de desvinculação, porém, era lento e não terminou oficialmente até o fim do mandato de Trump. Em 20 de janeiro de 2021, no primeiro dia após a sua posse, o presidente Joe Biden iniciou os trâmites para levar os Estados Unidos de volta ao Acordo de Paris.

Nos últimos anos, o combate à mudança do clima parecia ter ganhado força, impulsionado por uma combinação de pressão pública de ativistas e por crescente apreensão com os efeitos adversos da mudança do clima. A ciência por trás das discussões sobre o tema é conhecida: a atividade econômica desde a Revolução Industrial, em grande parte movida pela energia resultante da queima de carvão e de combustíveis fósseis, elevou a emissão de gases de efeito estufa na Terra, que "prendem" o calor na atmosfera, ocasionando aquecimento do planeta. O aquecimento global, por sua vez, causa mudanças nos padrões climáticos e pode acentuar a ocorrência de desastres naturais – secas, queimadas, inundações, chuvas torrenciais, desertificação, entre outros.

Os gases responsáveis pelo efeito estufa incluem dióxido de carbono, metano, óxido nitroso e gases fluorados[111]. A emissão desses gases ocorre naturalmente: eles têm diferentes propriedades químicas e são removidos da atmosfera, ao longo do tempo, por diferentes processos, também naturais. O dióxido de carbono, por exemplo, é absorvido por plantas, pelo solo e pelo oceano. Apesar de a emissão de gases de efeito estufa ser, em larga medida, um fenômeno natural, a atividade econômica humana no último século elevou a emissão e a concentração desses gases.

Os humanos produzem gases de efeito estufa, principalmente queimando carvão, petróleo e gás natural para gerar energia – para aquecer casas em regiões frias, para esfriar casas em lugares quentes, para a produção industrial, para o transporte. O desmatamento e a atividade agrícola, ao reduzir os meios de captura ou de absorção de gases de efeito estufa, também contribuem para aumentar a concentração desses gases na atmosfera. Estima-se que, entre 1750 e 2011, as concentrações atmosféricas de dióxido de carbono aumentaram 40%; de metano, 150%; e de óxido nitroso, 20%[112].

É um fato quase universalmente aceito, pelo menos entre a comunidade científica, que a atividade econômica humana (incluindo a queima de combustíveis fósseis, mas não limitada a ela) é a principal causa do aquecimento global – e que há sérios problemas relacionados ao aumento da temperatura média do planeta. Inicialmente, regiões hoje desenvolvidas, como os Estados Unidos e a Europa, foram os principais poluidores. Mas, com o tempo, economias emergentes, como a China, tornaram-se os grandes emissores de gases de efeito estufa, na medida em que esses países aumentaram sua produção industrial.

Grande parte dos cientistas dedicados ao estudo do clima e do aquecimento global está reunida no Painel Intergovernamental sobre Mudança do Clima (IPCC, na sigla em inglês), estabelecido em 1988. Com sede em Genebra, na Suíça, o IPCC é composto por 195 estados-membros e tem como objetivo fornecer informações científicas abrangentes sobre o aquecimento global, incluindo os impactos e riscos naturais, bem como possíveis cenários e opções de resposta. O IPCC não conduz pesquisas originais, tampouco monitora o clima do planeta, mas realiza uma revisão sistemática e periódica de toda a literatura relevante sobre o tema. Milhares de cientistas se voluntariam para revisar os dados e compilar as informações – no que foi descrito como "o maior processo de revisão por pares da história"[113].

Se é possível afirmar que existe consenso sobre as causas do aquecimento global, há diversos debates sobre as consequências desse fenômeno. Mudanças aparentemente pequenas na temperatura média do planeta podem desencadear desastres naturais na forma de aumento do nível do mar, padrões climáticos voláteis, desertificação, secas, incêndios e outros efeitos secundários, incluindo aumento da migração e de conflitos. Há, ainda, debates sobre a extensão desses fenômenos climáticos, a correlação de cada um deles com o aquecimento global, bem como sobre a extensão das respostas políticas necessárias.

O IPCC, por exemplo, trabalha com cenários mais ou menos adversos, desenhados com base em projeções sobre eventuais elevações da temperatura média da Terra. As análises se concentram em algumas perguntas-chave: se continuarmos na atual trajetória de emissões de gases de efeito estufa, qual será a elevação da temperatura média do planeta em algumas décadas? O que a elevação de, por exemplo, 1,5 grau Celsius poderá ocasionar em termos de desastres naturais? Quais medidas são necessárias para mitigar esse aumento? Quem está mais vulnerável?

As respostas a essas perguntas não são simples – e muito menos consensuais. É possível afirmar, porém, que grandes cortes nas emissões de gases de efeito estufa serão necessários para evitar as piores consequências do aquecimento global. As ações voltadas a reduzir essas emissões são chamadas de *mitigação*. Em paralelo, são necessárias também ações de *adaptação* à mudança do clima já em curso.

O regime internacional de mudança do clima é, portanto, um dos mais complexos e relevantes regimes internacionais existentes: não apenas pelo tamanho do problema, como também pela quantidade de atores envolvidos[114]. Uma vez que os gases de efeito estufa não respeitam as fronteiras entre países, e tampouco as consequências do aquecimento do planeta se limitam às soberanias territoriais, a mudança do clima torna-se uma agenda verdadeiramente global, reforçando a necessidade de ampla coordenação multilateral. Os esforços de mitigação devem ser amplos para serem efetivos. E, como os impactos da mudança do clima serão sentidos em todo o mundo, os esforços de adaptação também precisam ter escala planetária.

Esse regime está fundamentado na Convenção-Quadro das Nações Unidas sobre Mudança do Clima (UNFCCC, na sigla em inglês), assinada no Rio de Janeiro em 1992 e em vigor desde 1994. Desde dezembro de 2015, a UNFCCC conta com 197 estados-membros. A ampla adesão à UNFCCC, porém, não significa que todos os 197 estados estão de acordo com as medidas para mitigar suas emissões. A Convenção delimita princípios e normas, mas não regras específicas. Ela é um marco jurídico – um quadro – a partir do qual novos acordos podem ser construídos. A UNFCCC, por exemplo, não prevê metas de cortes de emissão para cada país membro. Esses temas têm sido negociados em protocolos adicionais.

O principal foro de negociações do regime de mudança do clima é a Conferência das Partes (COP) da UNFCCC, que se realiza anualmente. Nessas conferências, metas ou compromissos de mitigação podem ser negociados. A primeira COP da UNFCCC aconteceu em Berlim, em 1995, com o propósito de traçar objetivos específicos para reduzir emissões. As negociações da COP-1 foram concluídas dois anos depois, resultando em um protocolo assinado na cidade de Quioto, no Japão, em dezembro de 1997.

O Protocolo de Quioto entrou em vigor apenas em 2005. Esse acordo estabeleceu metas de redução da emissão de gases de efeito estufa, juridicamente vinculantes aos países desenvolvidos, estabelecendo dois períodos de compromisso: de 2008 a 2012 e de 2013 a 2020. A Conferência do Clima de Paris em 2015 foi a 21ª COP da UNFCCC (COP-21). O Acordo de Paris – que substituiu o Protocolo de Quioto – representou um avanço nesses compromissos, estabelecendo metas de redução para todos os países[115].

Um dos princípios fundamentais do regime de mudança do clima é o de *responsabilidades comuns, porém diferenciadas*. Esse princípio estabelece que os países possuem capacidades diferentes no combate à mudança do clima devido ao desenvolvimento econômico. Reconhece, dessa forma, que os países desenvolvidos devem assumir a maior parte dos custos de implementação – tanto pelo seu histórico de emissão de gases de efeito estufa quanto por sua maior capacidade financeira e tecnológica. Os países desenvolvidos devem, portanto, prover apoio financeiro e tecnológico aos países em desenvolvimento. Estes, por sua vez, devem contribuir para enfrentar a mudança do clima de forma compatível com o imperativo do crescimento econômico e social[116].

O princípio de responsabilidades comuns, porém diferenciadas, tem sido flexibilizado e reavaliado com o tempo, especialmente à luz do aumento de emissões por economias emergentes. Em 2003, ano do nascimento de Greta Thunberg, a China foi responsável por 22% das emissões globais de dióxido de carbono. Em 2020, esse número subiu para 31%. A participação chinesa no consumo global de carvão aumentou de 36% para 54%. O carvão ainda representa 60% da energia produzida na China[117].

Para diversos países de baixo desenvolvimento relativo, a produção de energia barata é indispensável para combater a pobreza. No início da década de 2020, cerca de 1 bilhão de pessoas no mundo não tinham acesso à eletricidade – e 3 bilhões não tinham acesso a combustíveis limpos para cozinhar ou para se aquecer. Em vez disso, queimam madeira ou carvão, ou resíduos de colheitas, ou esterco de vaca dentro de casa, prejudicando a saúde. A OMS afirma que quase 4 milhões de pessoas morrem por ano de doenças relacionadas a essa poluição rudimentar[118].

Há décadas, o mundo buscou alinhar o imperativo do desenvolvimento econômico com a necessidade de preservação ambiental por meio do conceito de *desenvolvimento sustentável*. Apesar de o termo fazer parte do vocabulário corrente, ainda permanecem desafios quanto à necessidade de encontrar meios limpos – e baratos – para atender à demanda por energia dos países em desenvolvimento. A simples perspectiva de evitar cenários climáticos adversos no longo prazo às vezes não configura incentivo suficiente para que populações ainda pobres renunciem, de imediato, ao acesso à energia barata, ainda que mais "suja".

O Acordo de Paris elevou as metas de mitigação de todos os membros da UNFCCC por meio de Contribuições Nacionalmente Determinadas (na sigla em inglês, NDCs). As NDCs são planos nacionais que estabelecem ações de combate à mudança do clima, incluindo metas de mitigação, bem como políticas e medidas que os governos pretendem implementar para atingir seus objetivos. O conceito de "determinação nacional" é central nesse processo. Os países são livres para determinar quanto podem e querem contribuir com ações de mitigação, declarando o nível de ambição e como pretendem chegar lá, de acordo com suas capacidades e possibilidades. Além de ações para a redução de emissões, as NDCs contêm ações de adaptação e meios de implementação (financiamento, transferência de tecnologia e capacitação).

O principal objetivo do Acordo de Paris é impedir que as temperaturas médias globais aumentem mais de 2 graus Celsius acima do nível pré-industrial – idealmente, limitar o aumento a 1,5 grau Celsius. Mas chegar a esse resultado é mais difícil do que se imagina. A pandemia de covid-19, por exemplo, ensinou uma dolorosa lição: os *lockdowns* tiveram o efeito de reduzir drasticamente as emissões de gases de efeito estufa, mas a redução da atividade econômica durante a crise sanitária causou graves problemas sociais. Grande parte da população global não quer abandonar o acesso à energia barata. A resposta para mitigar a emissão de gases de efeito estufa passa, portanto, por um processo gradativo de *transição energética*.

Esse processo envolve mudar o uso de energia baseada na queima de combustíveis fósseis para fontes alternativas e limpas, como a nuclear, a hidráulica, a solar e a eólica. Os obstáculos para essa transição, todavia, são muitos. Hoje, não é possível atender à demanda por energia produzindo-a apenas com fontes renováveis. Além disso, há preocupação ambiental também com algumas dessas fontes, como a produção de energia nuclear – que, apesar de não emitir gás carbônico, causa preocupação por causa dos riscos de acidentes.

O controle das emissões de gases de efeito estufa demanda mudanças não apenas na forma como a energia é produzida, transportada e consumida; demanda também novas estratégias de investimentos em tecnologias e em infraestrutura – e mudanças nas relações financeiras e comerciais. Para avançar o processo de transição energética, diversos setores das economias nacionais – de produtores agrícolas a fabricantes de carros – serão testados quanto à sua adaptabilidade. Novos investidores terão que demonstrar que seus modelos de negócios são limpos. Não à toa, tornaram-se comuns, no mundo empresarial, conceitos como *net-zero* e a adoção de "parâmetros verdes" para novos investimentos.

Não obstante os desafios práticos para a transição energética, existem também desafios políticos. Um dos principais entraves é a resistência interna, em diversos países, para implementar medidas impopulares, como aumentar os custos para o uso de combustíveis fósseis, o que se traduz na falta de compromissos ambiciosos para atingir as metas globais de mitigação. Além disso, a falta de financiamento adequado em países mais vulneráveis configura outro desafio. Como se não bastassem esses problemas, as disputas geopolíticas e as críticas de movimentos nacional-populistas às instituições internacionais criaram obstáculos adicionais.

Apesar dos desafios, o regime internacional de mudança do clima resiste – alcançando sucessos notáveis ao longo dos anos. O Acordo de Paris, por exemplo, representa um esforço histórico de coordenação internacional, reunindo quase todos os países do planeta em um compromisso coletivo para limitar o aquecimento global. O processo de monitoramento e prestação de contas estabelecido pelo Acordo também promove transparência e torna possível verificar o cumprimento das metas nacionais. Ainda, a crescente conscientização social sobre a urgência da crise climática levou a avanços na pesquisa, nas inovações tecnológicas e em uma mudança gradual em direção a fontes de energia renovável.

A realização de conferências regulares, como as COPs, proporciona um fórum para negociações contínuas e para o aprimoramento de políticas públicas. Esse engajamento regular dos governos nas negociações é fruto de um reconhecimento da necessidade de ação coordenada para enfrentar um desafio de caráter global. É fruto também do reconhecimento da capacidade que regimes internacionais possuem para diminuir os custos da anarquia e para avançar a cooperação.

**

A ordem liberal tem outros regimes internacionais de grande relevância. A evolução de regimes econômicos, por exemplo, configura capítulo importante na história da ordem liberal do pós-Segunda Guerra[119]. As democracias de mercado compartilhavam interesses políticos e estratégicos comuns, porém não necessariamente compartilhavam os mesmos objetivos econômicos. É mais fácil identificar certa harmonia de interesses em certos temas, como a segurança coletiva. É mais difícil, porém, identificar interesses compartilhados quando se trata de harmonizar regras comerciais, taxas de câmbio, regras fiscais, ou discutir a necessidade de empréstimos para cobrir rombos nas contas públicas.

Cooperação, afinal, é diferente de harmonia. Harmonia significa convergência de interesses. Já a cooperação requer medidas ativas e deliberadas para ajustar interesses conflitantes, buscando satisfazer também as demandas dos outros estados. Nas relações econômicas internacionais, os estados podem ter interesses comuns, como aumentar o crescimento e distribuir a renda; no entanto, diversos países buscaram manter a autonomia para perseguir estratégias de produção industrial, políticas de pleno emprego e bem-estar social. Ao construir uma ordem econômica depois da Segunda Guerra, foi necessário buscar um equilíbrio entre liberalização dos mercados e autonomia dos governos[120].

A liberalização dos mercados era necessária para ampliar a integração entre os países, aumentar o fluxo de comércio e de finanças, bem como unir cadeias de produção e de suprimentos. Diversos governos, todavia, buscavam manter autonomia para proteger empregos locais, incentivar suas indústrias domésticas e garantir a proteção social. Buscou-se, portanto, um compromisso entre mercados livres e intervenção governamental. Foi por meio desse compromisso social entre *liberdade* e *autonomia* que os sistemas monetário, financeiro e comercial se desenvolveram no século passado.

Novas instituições foram criadas depois da Segunda Guerra para resolver problemas práticos das relações econômicas globais. Essas instituições tinham como objetivo reconstruir as economias devastadas pela guerra; incentivar o comércio e os fluxos financeiros; coordenar as taxas de câmbio entre diferentes moedas; e promover o desenvolvimento econômico – o que também facilitava a integração política entre as democracias de mercado. Sobretudo, era necessário criar um mecanismo para gerenciar dezenas de moedas nacionais e facilitar as trocas financeiras.

Desde que existam trocas comerciais e monetárias entre os países, deverá existir algum mecanismo para coordenar as taxas de câmbio – o valor de uma moeda em relação a outras. Esse mecanismo passou por diversas transformações entre o fim do século XIX e o começo do século XXI. Entre 1815 e 1914, o sistema monetário internacional esteve sob a égide do padrão-ouro, um rígido mecanismo de ajustes de preços entre as diversas moedas nacionais.

Naquela época, as moedas nacionais eram apenas designações fracionárias para um determinado valor do peso do ouro. As taxas de câmbio, portanto, eram fixas – já que cada moeda nacional representava um valor definido em relação às reservas do metal. O padrão-ouro promovia um ajuste automático nas balanças de pagamentos dos países e nos preços de cada moeda. Impedia, porém, maior autonomia dos governos para desenvolver políticas públicas e ampliar os gastos.

Funcionava assim: imagine que o governo do país Alfa decidisse imprimir mais moeda para pagar por programas sociais e para elevar artificialmente a renda da população. Ao imprimir mais moeda, Alfa causaria um aumento dos preços internamente (inflação). Os produtos vendidos em Alfa ficariam mais caros se comparados aos produtos do exterior, o que estimularia os cidadãos de Alfa a importar mais produtos. Ao aumentar suas importações, outros países acumulariam reservas na moeda de Alfa, que poderiam ser convertidas em ouro. Para evitar "perder" suas reservas de ouro, Alfa teria que enxugar, posteriormente, sua base monetária.

Com os custos exorbitantes da Primeira Guerra Mundial, diversos países europeus abandonaram o padrão-ouro e a convertibilidade de suas moedas. No entreguerras, a ordem econômica internacional desintegrou-se em caóticas taxas de câmbio flutuantes, desvalorizações artificiais, controles de capitais, barreiras comerciais e inflação galopante. As tentativas de restabelecer o vínculo de algumas moedas com o ouro resultou em desequilíbrios que culminaram com a crise financeira de 1929. Após a Segunda Guerra Mundial, o sistema monetário voltou a operar por meio de novas regras, negociadas em uma pequena região montanhosa no estado norte-americano de New Hampshire, nos Estados Unidos, chamada de Bretton Woods.

Oficialmente conhecida como Conferência Monetária e Financeira das Nações Unidas, a Conferência de Bretton Woods foi uma reunião de delegados das 44 nações aliadas, realizada de 1º a 22 de julho de 1944. Além de desenvolver um novo sistema de ajuste das taxas de câmbio, a conferência criou o Fundo Monetário Internacional (FMI) e o Banco Internacional para Reconstrução e Desenvolvimento (BIRD), hoje parte do grupo do Banco Mundial. Seus membros poderiam solicitar a ajuda desses órgãos para enfrentar problemas de financiamento da dívida pública ou para sanar problemas de déficit na balança de pagamentos.

Por meio do novo sistema negociado em Bretton Woods, as taxas de câmbio (o valor de cada moeda quando comparado à de outros países) foram fixadas em relação ao dólar – que, por sua vez, foi fixado em relação ao ouro. O FMI era responsável por coordenar ajustes nos preços relativos de cada moeda, caso ocorressem desequilíbrios na balança de pagamentos de alguns países. O Fundo também deixava suas reservas à disposição de países deficitários para suprir eventuais choques ou necessidades imprevisíveis de moeda estrangeira. O BIRD viria a subsidiar projetos de reconstrução na Europa. Nesse arranjo, os Estados Unidos tomaram para si os custos da liderança: uma vez que o dólar continuava vinculado ao ouro, Washington era responsável por desenvolver políticas monetárias que assegurassem a confiança e a estabilidade.

Tal sistema operou bem até o início da década de 1970, quando o governo americano unilateralmente se desvinculou dele. Ainda na década de 1960, as despesas americanas com a Guerra do Vietnã e o aumento dos gastos sociais criados pelas reformas do presidente Lyndon Johnson criaram déficits fiscal e comercial bastante elevados nos Estados Unidos. O aumento dos gastos públicos foi acompanhado também pelo aumento da inflação.

Com os preços domésticos em alta, as importações de produtos estrangeiros aumentaram. Por conta da elevação do déficit comercial americano, outros países começaram a acumular reservas em dólares – e a buscar convertê-las em ouro. Em consequência, ficou cada vez mais difícil ao governo americano manter o preço fixo do dólar em relação ao ouro. Em 15 de agosto de 1971, ao mesmo tempo que o governo americano impôs congelamento de preços e de salários, em uma vã tentativa de controlar a inflação explosiva, o presidente Richard Nixon pôs fim ao sistema de Bretton Woods, ao quebrar o vínculo do dólar com o ouro. Pela primeira vez na história, o dólar tornou-se totalmente fiduciário, sem qualquer lastro em metal.

Hoje, não existe um regime com mecanismos automáticos de ajustes entre as diferentes moedas no mundo, como existia durante o padrão--ouro ou durante o sistema desenhado em Bretton Woods. As taxas de câmbio são flutuantes. Tampouco existe lastro das moedas em relação a qualquer metal. Os bancos centrais são livres para aumentar a circulação de dinheiro e do crédito. Durante a pandemia de covid-19, diversos governos ampliaram a oferta de moeda, aumentaram os gastos públicos e ofereceram subsídios variados à população. Muitos governos se endividaram além do que podiam. Muitos países passaram a lidar com um problema grave de inflação. Mas diversos países conseguiram garantir que haveria crédito suficiente para lidar com uma crise sanitária sem precedentes.

Se as moedas dos países ainda fossem vinculadas ao ouro, direta ou indiretamente, as políticas públicas de combate à recessão causada pela pandemia não teriam sido possíveis. Não se pode, afinal, aumentar a quantidade de ouro no mundo da noite para o dia. O aumento de gastos públicos durante a pandemia foi possível apenas porque as moedas nacionais não têm lastro em metal. A consequência do aumento do crédito e dos gastos públicos, porém, tem sido observada na elevada inflação nos anos pós-pandemia.

Depois da Segunda Guerra Mundial, havia também a necessidade de incentivar as trocas comerciais entre os países. A Conferência de Bretton Woods, em 1944, reconheceu a necessidade de uma instituição internacional para o comércio, comparável ao FMI e ao BIRD. No início de dezembro de 1945, os Estados Unidos convidaram seus aliados a negociar um acordo multilateral para a redução recíproca de tarifas aduaneiras. Em março de 1948, as negociações sobre a Carta da Organização Internacional do Comércio (OIC) foram concluídas com sucesso em Havana. A Carta de Havana foi assinada por 56 países, mas nunca entrou em vigor. Embora submetido repetidamente ao Congresso dos Estados Unidos, o documento nunca foi aprovado pelo Senado americano.

O argumento mais comum contra a nova organização pode soar familiar: ela teria demasiada ingerência em questões econômicas domésticas, abocanhando parte da soberania e da autonomia dos Estados Unidos. Em dezembro de 1950, o presidente Harry Truman anunciou que não procuraria mais a aprovação da Carta de Havana. Por causa da rejeição americana, nenhum outro estado ratificou o tratado. Na ausência de uma organização internacional para o comércio, os países recorreram aos mecanismos institucionais providos pelo GATT – sigla, em inglês, que significa Acordo Geral de Tarifas e Comércio, criado em 1947.

O GATT não era uma organização de fato, mas se assemelhava a um regime internacional: um conjunto de princípios, normas e procedimentos de tomada de decisões. Esse regime abrangeu oito rodadas de negociações ao longo de quase cinquenta anos. Na última rodada – a do Uruguai, que durou de 1986 a 1994 – criou-se a Organização Mundial do Comércio (OMC), que passou a operar em 1995. Os princípios e acordos do GATT foram incorporados pela OMC, encarregada de administrá-los e ampliá-los.

Hoje, outros aspectos das discussões econômicas internacionais também estão a cargo de arranjos políticos informais, como o Grupo dos 20 (G20) – composto por 19 países e a União Europeia. Criado em 1999, o G20 surgiu como resposta às crises financeiras que abalaram economias emergentes em anos anteriores – México em 1994, seguido por perturbações econômicas na Ásia em 1997 e na Rússia em 1998[121]. Diante desses desafios, tornou-se evidente a necessidade de uma abordagem mais coordenada e eficaz para lidar com a instabilidade no sistema financeiro internacional.

O G20 foi inicialmente concebido como um fórum de diálogo informal entre ministros de finanças e presidentes de bancos centrais, representando tanto países desenvolvidos quanto aqueles em desenvolvimento[122]. Com a eclosão da crise financeira global de 2008, houve uma transformação significativa na natureza do grupo. Os membros do G20 reconheceram a necessidade de elevar o nível de participação política nas discussões, passando a incluir chefes de Estado e governo. Ao abranger também um diálogo de líderes, o grupo ampliou os temas de sua agenda: além das questões econômico-financeiras, passou a abordar discussões relacionadas ao desenvolvimento econômico, social e sustentável.

O G20 não possui um tratado constitutivo, um secretariado permanente ou recursos próprios. Não é classificado, portanto, como uma organização internacional[123]. A presidência do G20 é rotativa, em base anual (em 2024, a presidência esteve a cargo do Brasil). Suas decisões não têm força legal vinculante. Apesar disso, diversos países veem o engajamento nesse fórum informal como uma poderosa ferramenta na construção de respostas coletivas a desafios internacionais.

Embora não tenha representação universal, o G20 agrega países que, conjuntamente, respondem por cerca de 90% do PIB mundial, por 80% do comércio internacional e por dois terços da população global – o que o torna uma representação mais diversificada do que outros fóruns, como o G7. Esse mecanismo constitui, portanto, um agrupamento com grande poder político e econômico coletivo. O G20 demonstra que as políticas de cooperação podem tomar formas e tamanhos variados, permitindo aos estados desenhar os meios e os instrumentos que consideram mais adequados para reduzir os custos da anarquia internacional.

***

Após a Segunda Guerra Mundial, as democracias de mercado impulsionaram, ainda, a criação de organizações regionais. Embora organismos regionais tenham sido criados em diversos continentes, o processo mais significativo ocorreu, sem dúvida, na Europa.

O embrião desse projeto de integração europeia foi francês. Ainda na década de 1940, a França de Charles de Gaulle entendeu ser necessário recompor o tabuleiro político europeu. Para fortalecer a integração, não caberia, por exemplo, amputar o desenvolvimento industrial alemão, como se tentou fazer após a Primeira Guerra, mas apostar na reconstrução da Alemanha sem que ela viesse acompanhada de ressentimentos e de tentativas de abandono da democracia[124]. Por meio da integração econômica, buscou-se reforçar o projeto político de reconstrução das instituições políticas, a fim de impedir o surgimento de outro regime autoritário, que seria uma ameaça para seu próprio povo e para seus vizinhos. Havia, igualmente, a necessidade estratégica de construção de um bloco na Europa Ocidental capaz de contrapor-se ao poder do bloco soviético ao leste.

A Comunidade Europeia de Carvão e Aço – composta pela Alemanha Ocidental, França, Itália e pelos três países do *Benelux* (Bélgica, Holanda e Luxemburgo) – foi a semente desse projeto de integração. Nas décadas seguintes, esse projeto evoluiu para a Comunidade Europeia e, posteriormente, para a União Europeia, que passou a abranger cada vez mais temas, da segurança coletiva ao meio ambiente, bem como a integrar mais países.

A cooperação em segurança e em defesa também foi um dos eixos da política de integração europeia. No pós-Segunda Guerra, o principal arranjo cooperativo de segurança coletiva foi a Organização do Tratado do Atlântico Norte (Otan) – formada em parceria com uma potência não regional, os Estados Unidos. Criada em 1949, essa aliança militar continua a desempenhar um importante papel nas disputas geopolíticas atuais. Por isso, vale a pena dedicar um pouco de atenção a ela.

Como descrito na primeira parte deste livro, a Otan criou um sistema de defesa coletivo pelo qual seus integrantes concordam em ajudar uns aos outros no caso de um ataque por qualquer entidade externa. O objetivo era conter o avanço da União Soviética sobre a Europa Ocidental no período inicial da Guerra Fria, vinculando a defesa desses países ao poderio militar americano. O fim da Guerra Fria, porém, não sepultou a importância estratégica da Organização. Ao contrário, a Otan mantém até hoje grande relevância geopolítica, passando a ser integrada também por antigas repúblicas soviéticas, que enxergavam nessa aliança uma proteção contra as ambições regionais da Rússia.

A invasão da Ucrânia pela Rússia, em 2022, fez ressurgirem avaliações de que a expansão da Otan após o fim da Guerra Fria foi um erro estratégico – ou uma provocação desnecessária a Moscou. Essa tese foi defendida por intelectuais nos Estados Unidos, como o professor John J. Mearsheimer, da Universidade de Chicago, um dos principais teóricos realistas da atualidade[125]. Mearsheimer afirmou, em março de 2022, que a expansão da Otan foi uma ameaça à segurança da Rússia[126]. Em sua leitura, a Rússia atacou o país vizinho para proteger sua "esfera de influência" contra a expansão da aliança liderada por seu rival estratégico, os Estados Unidos.

A primeira expansão da Otan no pós-Guerra Fria veio com a reunificação alemã, em outubro de 1990, quando a antiga Alemanha Oriental se tornou parte da República Federal da Alemanha. A adesão da Alemanha unificada à Otan estava prevista no tratado que permitiu a reunificação do país – conhecido como Tratado Dois Mais Quatro (entre as "duas Alemanhas" e as quatro potências que as haviam ocupado depois da Segunda Guerra Mundial – Estados Unidos, França, Reino Unido e URSS). Para assegurar a aprovação soviética do ingresso da Alemanha unida à aliança, foi acordado que tropas estrangeiras e armas nucleares não seriam estacionadas na antiga parte oriental.

Fazer parte da Otan e da União Europeia tornou-se um objetivo estratégico também para países do antigo Pacto de Varsóvia, que buscavam se aproximar das instituições ocidentais após o colapso do regime soviético. Esses países temiam que sua recém-conquistada independência fosse futuramente ameaçada pela Rússia. Algumas ações militares russas na década de 1990 – um conflito na Moldávia (1990), a Guerra na Abkhazia (1992) e a Primeira Guerra da Chechênia (1994) – pareciam comprovar que, mesmo após o fim da União Soviética, Moscou não abandonaria suas pretensões de controle e de influência no Leste Europeu[127].

Com o colapso da União Soviética, a Rússia entrou em um debate sobre os rumos de sua política externa. Entre os diferentes grupos que disputavam o poder em um regime fragmentado, o *lobby* industrial e as burocracias militares e civis, bem como alguns democratas moderados, havia um grupo conhecido como os *derzhavniki* – termo que denota a defesa de um Estado forte e poderoso, capaz de manter a ordem e servir como garantia contra a anarquia e a instabilidade[128].

Esse grupo acreditava que o período de reorganização interna pós-URSS não deveria impedir a Rússia de levar adiante uma política externa ativa em várias partes do mundo. Os *derzhavniki* opuseram-se a uma escolha entre linhas pró-ocidentais ou pró-asiáticas na política externa russa. Eles acreditavam que a Rússia é um país ao mesmo tempo europeu e asiático. A melhor maneira de definir a identidade russa seria, portanto, reconhecendo essa singularidade.

Em 1991, Moscou liderou a criação da Comunidade dos Estados Independentes (CEI), formando uma nova associação política com a Ucrânia e a Bielorrússia. Somaram-se à CEI, depois, outros países da Ásia Central – Cazaquistão, Quirguistão, Tajiquistão, Turcomenistão e Uzbequistão, bem como Armênia, Azerbaijão, Geórgia e Moldávia. As ex-repúblicas soviéticas restantes – Lituânia, Letônia e Estônia – recusaram-se a aderir à nova organização, buscando aproximação com a Europa Ocidental e com a Otan[129].

Os *derzhavniki* consideraram a CEI e o "exterior próximo" prioridades para a política externa e de segurança de Moscou. Um dos representantes desse grupo era o ministro das Relações Exteriores de Boris Yeltsin, Andrei Kozyrev. Em um discurso aos representantes diplomáticos russos na CEI e nos países bálticos em janeiro de 1994, Kozyrev elaborou uma doutrina para guiar a política externa da Rússia no período pós-soviético. Adaptada da Doutrina Monroe, dos Estados Unidos, essa nova concepção afirmava a posição da Rússia como potência dominante no antigo espaço da União Soviética. Entendia que a questão estratégica vital para o país era a defesa dos direitos das minorias étnicas russas no "exterior próximo"[130]. Kozyrev também defendeu a necessidade de uma presença militar russa na região e a ideia de dupla nacionalidade para minorias étnicas em outros países.

Embora Kozyrev tenha se tornado, mais recentemente, um crítico feroz de Vladimir Putin e da invasão da Ucrânia, o conceito que ele formulou em 1994 sobreviveu, sob outras roupagens, durante o governo do atual presidente russo. O argumento da "proteção da minoria étnica russa" foi invocado diversas vezes para justificar intervenções armadas de Moscou em países do "exterior próximo", inclusive em países da antiga CEI[131].

Para os países vizinhos, a Doutrina Kozyrev era fonte de preocupação: a Rússia, afinal, poderia invocar esse argumento sob inúmeras circunstâncias, uma vez que essas nações compartilham origens étnicas comuns. Eventos recentes forneceram uma demonstração clara desses receios. Em 2008, a escalada de hostilidades relativas ao controle da região da Ossétia do Sul levou a um conflito entre a Rússia e a Geórgia. Moscou alegou que necessitava intervir militarmente para proteger as minorias étnicas naquela região. A Geórgia retirou-se da CEI em 2009.

Vladimir Putin também usou o argumento de proteção de minorias étnicas russas para anexar a Crimeia, região da Ucrânia, em 2014[132]. Na época, a retórica política de Moscou indicava que os descendentes russos daquela região precisavam de proteção contra "extremistas" que os ameaçavam[133]. Em 2014, a Ucrânia também se retirou da CEI. Novamente, o argumento de proteção de minorias étnicas russas – dessa vez, nas regiões de Donetsk e de Lugansk – foi utilizado por Putin para lançar uma ofensiva militar de grandes proporções contra o país vizinho em 2022.

Pelas razões históricas mencionadas, o Ocidente – representado pela Otan e pela União Europeia – tornou-se uma direção política almejada por parte da população de países que antes formavam a União Soviética ou que estavam vinculados a Moscou pelo Pacto de Varsóvia. Em fevereiro de 1991, Polônia, Hungria e Tchecoslováquia formaram o Grupo Visegrád, cujo objetivo era pressionar pela integração desses países à União Europeia e à Otan[134]. No Leste Europeu, partidos políticos relutantes em aderir à aliança militar ocidental perderam eleições já na década de 1990, incluindo o Partido Socialista Búlgaro em 1996 e o Movimento por uma Eslováquia Democrática (HZDS) em 1998[135]. O interesse da Hungria em aderir à Otan foi confirmado por um referendo de novembro de 1997, que resultou em 85,3% a favor da adesão[136].

Em um primeiro momento, o ímpeto para a expansão da Otan na década de 1990 não veio de uma Washington "triunfalista". A primeira reação ao pleito de acessão de países da Europa Oriental à aliança militar foi negativa. A adesão de novos membros tampouco foi imediata. Em 1991, os estados-membros da Otan concordaram que, para aderir à aliança, países postulantes deveriam desenvolver uma série de medidas.

Nos anos seguintes, foram criados fóruns de cooperação regional entre a Otan e seus vizinhos na Europa do Leste, incluindo o Conselho de Cooperação do Atlântico Norte (mais tarde o Conselho de Parceria Euro-Atlântico) e a Parceria para a Paz.

Como resultado desses esforços, a Otan expandiu-se algumas vezes: primeiro, para adicionar a República Tcheca, a Hungria e a Polônia, em 1999; em seguida, em 2004, para adicionar mais sete países, incluindo as antigas repúblicas soviéticas da Estônia, da Letônia e da Lituânia. A Albânia e a Croácia aderiram em 2009. Montenegro entrou em 2017. Macedônia, em 2020. Os esforços recentes da Ucrânia e da Geórgia para aderir à aliança militar, porém, foram rejeitados[137].

Nos Estados Unidos, a expansão da Otan foi amplamente debatida. George F. Kennan, por exemplo, escreveu um artigo em 1997 no jornal *The New York Times* intitulado *A Fateful Error* ("Um erro fatal"). Kennan afirmou que "expandir a Otan seria o erro mais grave da política americana em toda a era pós-Guerra Fria". Ele acreditava que tal decisão incitaria as tendências nacionalistas, antiocidentais e militaristas na Rússia; que teria um efeito adverso no desenvolvimento da democracia russa; que restauraria a atmosfera de Guerra Fria nas relações Leste-Oeste; e que impulsionaria a política externa de Moscou em direções decididamente contrárias aos interesses dos Estados Unidos[138]. Em junho de 1997, cinquenta proeminentes especialistas em política externa assinaram uma carta aberta ao presidente Bill Clinton, dizendo: "Acreditamos que o atual esforço para expandir a Otan é um erro político de proporções históricas", que "perturbaria a estabilidade europeia"[139].

As tratativas iniciais para a expansão da Otan causaram reações distintas na Rússia. Durante uma visita à Polônia, em agosto de 1993, o então presidente russo Boris Yeltsin disse ao presidente polonês Lech Wałęsa que "a Rússia não se opõe à adesão da Polônia à Otan e não vê sua adesão como uma ameaça"[140]. Sob pressão da oposição, porém, Yeltsin escreveu em outubro daquele ano que a participação polonesa na aliança "violou o espírito do acordo de 1990"[141]. Em maio de 1997, Yeltsin assinou um acordo com a Otan que delimitava os parâmetros para a incorporação de novos membros à aliança, mas depois descreveu essa ampliação como uma ameaça à Rússia em seu Plano de Segurança Nacional daquele ano[142].

Ao longo dos anos 1990 e início dos anos 2000, a Otan buscou reduzir as tensões com a Rússia. Até 2013, nenhum exercício militar havia sido realizado nos países que passaram a integrar a aliança. Além disso, o acordo de 1997 prometia que não haveria novas instalações nucleares nos membros recém-admitidos[143]. Um Conselho Otan-Rússia foi criado em 2002[144]. Essa cooperação até incluía a visita de monitores russos para controle de instalações militares da aliança. Esses esquemas de cooperação terminaram, todavia, quando a Rússia anexou a Crimeia, região ucraniana, em 2014.

A guerra lançada pela Rússia contra a Ucrânia em 2022 ofereceu à Otan renovada importância geopolítica – e atraiu ainda mais adesões. Finlândia e Suécia romperam décadas de neutralidade, quando anunciaram sua intenção de aderir à aliança militar ocidental, em abril de 2022. Esse pleito é um marco político importante. Enquanto outros países nórdicos – como Noruega, Dinamarca e Islândia – já são membros originais da aliança, Finlândia e Suécia não haviam aderido à Otan por razões históricas, geográficas e políticas.

A Finlândia – que se tornou independente da Rússia apenas em 1917, após a revolução bolchevique – tem fronteira de 1.300 quilômetros com o gigante euroasiático. Os vínculos históricos com a Rússia e a proximidade geográfica também foram fonte de conflitos durante a Segunda Guerra Mundial. A União Soviética invadiu a Finlândia em novembro de 1939, no que ficou conhecido como "a Guerra de Inverno" – conflito que terminou com o Tratado de Paz de Moscou, em março de 1940.

Depois da Segunda Guerra Mundial, a Finlândia adotou posições neutras durante a Guerra Fria, recusando-se a se alinhar com a União Soviética ou com os Estados Unidos. No caso da Suécia, embora o país mantenha uma política externa independente, a geografia a coloca no mesmo ambiente estratégico de seus vizinhos nórdicos. A Finlândia e a Suécia desfrutam de uma parceria próxima há décadas, com Estocolmo vendo sua decisão de se abster de ingressar na Otan como uma forma de ajudar Helsinque.

Finlândia e Suécia juntaram-se à União Europeia em 1995 e gradualmente alinharam suas políticas de defesa com a Europa Ocidental. Todavia, ainda relutavam a aderir formalmente à Otan. Em abril de 2022, a então primeira-ministra da Finlândia, Sanna Marin, afirmou que "tudo mudou quando a Rússia invadiu a Ucrânia"[145]. Naquele ano, o apoio do público finlandês à adesão à Otan saltou de cerca de 30% para quase 80%. A maioria dos suecos também aprovou a adesão de seu país à aliança, de acordo com pesquisas de opinião. A Finlândia foi admitida como membro pleno da Otan em abril de 2023, e a Suécia, em março de 2024.

***

Desde o fim da União Soviética, houve diversas iniciativas que procuraram integrar a Rússia à nova ordem liberal[146]. Um dos principais atributos dessa ordem, como já mencionado, é sua capacidade de absorver novos membros. O gigante euroasiático herdou o assento soviético no Conselho de Segurança das Nações Unidas. A Rússia também recebeu armas nucleares da antiga URSS, bem como foi convidada a juntar-se ao G7 – formando o que ficaria conhecido como G8. Em agosto de 2012, tornou-se membro pleno da OMC.

A China também pode ser citada como um exemplo desse processo de integração. O país estava em processo de aproximação com o Ocidente desde a década de 1970. Esse processo teve início com o reconhecimento da República Popular da China, ou China continental, no Conselho de Segurança das Nações Unidas, em 1971, culminando com a entrada da China na OMC, em 2001. Hoje, tal processo de integração tem sido questionado no Ocidente, pois teria "falhado" em conter o avanço de Pequim ou de Moscou[147]. A função das instituições internacionais, porém, não é conter o avanço de potências, mas reduzir os custos da anarquia e tornar a cooperação internacional possível, com princípios, normas e procedimentos de tomada de decisões compartilhados.

Força de coesão nº 3: globalização

É notável o avanço do processo de Grande Enriquecimento desde o fim da Segunda Guerra Mundial. Hoje, o mundo está muito melhor do que se imagina: a maior parte da população global vive em países de renda média (e não de baixa renda); a expectativa de vida nunca foi tão elevada; nos últimos cem anos, o número de mortes decorrentes de desastres naturais caiu significativamente. Cerca de 80% da população do planeta tem acesso a eletricidade; mais mulheres do que nunca na história terminam o ensino fundamental; e aproximadamente 9% da população mundial vive em extrema pobreza (com menos de US$ 2,15 por dia) – vinte anos atrás, eram 29%[148].

Embora o mundo tenha conquistado avanços significativos, não se pode perder de vista os desafios ainda existentes: aproximadamente 735 milhões de indivíduos ainda enfrentam situação de miséria absoluta e 2,4 bilhões enfrentam insegurança alimentar moderada ou grave[149]. Há, portanto, um longo caminho a percorrer para combater a fome e a pobreza, mas a evolução material já conquistada não pode ser ignorada. Caso a pandemia de covid-19 tivesse ocorrido em um mundo que ainda contasse com 30% de sua população mundial na extrema pobreza, os danos certamente teriam sido muito maiores. Tal evolução material é fruto de processos sociais diversos, entre os quais a globalização.

"Globalização" é uma palavra de significado obscuro. É carregada de conotações ideológicas e tem sido usada, sem rigor ou pudor, por inúmeros políticos, pretensos cientistas sociais e palpiteiros de plantão. Para muitos de seus entusiastas, a globalização é uma força irresistível e desejável, que varre fronteiras, limites geográficos, barreiras alfandegárias, línguas e diferenças culturais em prol da integração econômica e social. Para muitos de seus desafetos, é uma força maligna que empobrece as massas, destrói culturas, mina a democracia, impõe a padronização, aniquila o estado de bem-estar social, arruína o meio ambiente e entroniza a ganância.

A globalização econômica, observada no final do século XX, tornou-se uma grande narrativa das ciências sociais. Para o professor Anthony Giddens, ex-diretor da London School of Economics, globalização foi "uma força irresistível, transformando todos os aspectos da sociedade contemporânea, da política e da economia"[150]. O aclamado jornalista Thomas Friedman, que regularmente contribui com o *The New York Times*, definiu a globalização em 1999 também em termos de inevitabilidade e abrangência: "É a integração de mercados, estados-nação e tecnologias em um grau nunca visto, de uma forma que está capacitando indivíduos, corporações e estados-nações a alcançar o mundo de modo mais rápido, mais profundo e mais barato do que nunca"[151].

Como se nota, a globalização tem sido definida de forma excessivamente ampla. E não poderia ser diferente, uma vez que se trata de um fenômeno com aspectos econômicos, políticos, sociais e culturais. O risco, porém, é tratá-la como um bordão para processos que são, muitas vezes, diferentes. Uma forma mais eficiente é entender a globalização em três sentidos distintos, mas inter-relacionados:

1. **Econômico:** maior integração de mercados, transcendendo fronteiras nacionais, o que promove a formação de cadeias de suprimentos globais, o aumento do fluxo de capitais financeiros entre países e a realocação da produção industrial para nações com custos menores, especialmente na Ásia.

2. **Político:** a disseminação global de ideias a favor da democracia liberal, bem como de políticas públicas a favor de maior austeridade fiscal, de privatizações, de diminuição de intervenções estatais e de abertura comercial.

3. **Social e cultural:** maior produção e consumo de bens e serviços; maior interação entre diferentes culturas; aumento de migrações de trabalhadores; formação de identidades híbridas, nas quais elementos de diferentes culturas se entrelaçam, desafiando noções tradicionais de autenticidade e singularidade.

Cabe lembrar que a globalização também foi impulsionada por avanços tecnológicos – como a redução dos custos de transporte e de comunicações. Ela foi uma das forças de integração – ou, como tenho chamado, força de coesão – do mundo contemporâneo. A globalização ajudou a consolidar o modelo de democracias de mercado e a espalhar ideias liberais.

A globalização aumentou a interdependência entre nações. Mas ela também preservou importante componente geopolítico de competição e de disputas entre os países no sistema internacional. A interdependência, afinal, não significa harmonia, consonância ou congruência. A globalização aproximou países com sistemas políticos diferentes, mas não apagou os atritos advindos de um processo complexo de redesenho das cadeias produtivas. Tampouco eliminou os custos da perda de autonomia. Em alguns casos, a globalização foi fonte adicional de conflitos.

A ascensão econômica da China nos últimos cinquenta anos é

importante marca da globalização. O formidável crescimento econômico do gigante asiático veio a reboque de uma aproximação com os Estados Unidos – que, hoje, se desvelou em uma disputa geopolítica. A rota de aproximação dos dois países foi ditada pelos rumos da Guerra Fria e, especialmente, pelas disputas da China com a União Soviética. A globalização ampliou esse processo de aproximação do regime comunista chinês com as democracias de mercado ocidentais. Pela sua relevância, dedico algumas páginas a contar essa história.

***

De 1912 a 1949, a China foi marcada por um período de grande instabilidade, por guerra civil, crises políticas e domínio estrangeiro. Em 1912, após a Revolução Xinhai, que derrubou a dinastia imperial Qing, a República da China foi fundada. Esse novo regime de governo logo enfrentou desafios internos, incluindo a fragmentação política e a instabilidade social. O líder nacionalista Sun Yat-sen desempenhou um papel crucial na fundação da república. Após a sua morte, em 1925, Chiang Kai-shek emergiu como líder do Kuomintang (Partido Nacionalista) e procurou unificar a China sob um governo republicano centralizado. As duas décadas seguintes foram marcadas pelo confronto com o Japão imperial e com os comunistas liderados por Mao Tsé-Tung.

Com o fim da Segunda Guerra Mundial, em 1945, a China mergulhou novamente em um conflito civil, cujo desfecho ocorreria apenas quatro anos depois. Em 1949, o Partido Comunista Chinês (PCC) assumiu o controle da China continental, formando a República Popular da China (RPC). Seus opositores, representantes da República da China (ROC), liderada por Chiang Kai-shek, refugiaram-se na ilha de Taiwan, dividindo efetivamente o país em dois regimes políticos, semelhantemente às Coreias do Norte e do Sul, ou à Alemanha Ocidental e Oriental, ou ao Vietnã do Norte e do Sul.

Em 1950, as linhas divisórias estavam nítidas: o governo da RPC, liderado pelos comunistas em Pequim, controlava a maior parte da China continental, enquanto o governo da ROC, liderado pelo Kuomintang em Taipei, controlava a ilha de Taiwan. A ROC também passou a controlar algumas ilhas ao largo da costa de Fujian. Essa divisão foi imposta com a ajuda de Washington, que impediu uma invasão de Taiwan após o início da Guerra da Coreia.

Por muitos anos, ambos os governos – RPC e ROC – alegaram ser o único representante legítimo da China. Com o conflito civil praticamente consolidado, o principal campo de batalha tornou-se diplomático. Antes de 1970, a ROC (Taiwan) ainda era reconhecida por muitos países – e pelas Nações Unidas – como a representante legítima da China. Os primeiros governos a reconhecerem a RPC (Pequim) foram os países do bloco soviético, membros do movimento não alinhado e o Reino Unido (1950).

A RPC e a União Soviética, apesar de terem sido fundadas sob os auspícios ideológicos do socialismo, pouco a pouco passaram a divergir politicamente. Na década de 1960, Pequim intensificou sua competição com Moscou pela influência política entre os partidos comunistas no mundo. Em 1969, as relações sino-soviéticas eram tão tensas que eclodiram combates ao longo da fronteira entre os dois países[152]. Após a invasão da Tchecoslováquia pelo Pacto de Varsóvia, a competição com Moscou refletiu cada vez mais a preocupação de Pequim com sua própria posição estratégica. A RPC então diminuiu sua retórica antiocidental e começou a desenvolver relações diplomáticas formais com o Ocidente, especialmente com os Estados Unidos.

Com o acirramento das disputas entre Moscou e Pequim, Henry Kissinger enxergou uma oportunidade: aproximar os Estados Unidos da China continental e afastá-la da União Soviética, redefinindo o equilíbrio de poder na Guerra Fria. Em 1971, o assento permanente no Conselho de Segurança das Nações Unidas, até então ocupado pela República da China (Taiwan), foi transferido para a República Popular da China. Em 1972, o então presidente dos Estados Unidos, Richard Nixon, fez uma visita histórica a Pequim.

Essa aproximação entre os Estados Unidos e a RPC resultou no Comunicado de Xangai, que lançou as bases para a futura cooperação entre os dois países, embora ainda houvesse divergências sobre a autonomia de Taiwan. Como parte desse esforço diplomático, os governos em Washington e Pequim abriram escritórios de ligação nas duas cidades em 1973 – época em que Taiwan ainda contava com uma embaixada na capital americana. Os escritórios de ligação, que em muitos aspectos operavam como embaixadas de fato, representavam uma concessão significativa à RPC, que se opunha à política de Washington, de reconhecimento simultâneo dos governos de Taipei e de Pequim.

A RPC sempre se opôs a tratar Taiwan como um estado legítimo, considerando-o uma província rebelde. Pequim defende que toda a China está sob uma soberania única e indivisível. Embora não tenha controle de fato sobre o território taiwanês, a RPC afirma que os territórios controlados pela ROC fazem parte da mesma entidade soberana.

Ainda na década de 1970, o governo dos Estados Unidos buscou preparar o terreno para a normalização das relações diplomáticas com Pequim, removendo gradualmente o pessoal militar de Taiwan e reduzindo seu contato oficial com o governo da ilha. Quando Jimmy Carter assumiu a presidência, em janeiro de 1977, uma melhora significativa na relação com a China continental parecia inevitável. A cama já havia sido preparada antes por Kissinger e por Nixon. Bastava deitar-se.

Em 1978, Carter anunciou que daria seguimento ao Comunicado de Xangai e que continuaria "a ter interesse na resolução pacífica da questão de Taiwan"[153]. O Comunicado afirmava que os Estados Unidos iniciariam relações diplomáticas oficiais com a República Popular da China em 1º de janeiro de 1979 e que os dois países abririam embaixadas formalmente em 1º de março desse ano. A troca de embaixadores credenciados e a operação das respectivas embaixadas em Pequim e em Washington permitiram que ambos os governos aprofundassem a aproximação.

Com a morte de Mao em 1976 e a ascensão política de Deng Xiaoping em 1978, a China implementou reformas no seu modelo econômico que buscaram aproximá-la cada vez mais de uma economia de mercado. Essas reformas econômicas evoluíram para maior intercâmbio comercial com o Ocidente e com os demais países da Ásia, culminando com a entrada da China na OMC em 2001.

A entrada da China na OMC possibilitou integrar, ainda mais, a força de trabalho maciça do gigante asiático e seu excedente de poupança aos fluxos da globalização. Comércio e finanças passaram a atuar conjuntamente para aumentar a interdependência entre a China e os Estados Unidos – surtindo efeitos no resto do mundo. A intensidade dessa relação foi tão grande que analistas descreveram essa relação como *um casamento econômico*. Esse novo casal foi batizado de *Chimérica*. O casamento promovido pela globalização durou bem até a crise financeira de 2008, quando se encaminhou para um divórcio contencioso[154]. Esse processo de separação, também conhecido como "descolamento" (*decoupling*), tem se configurado como uma das principais fraturas do mundo contemporâneo – e será objeto de análise da terceira parte deste livro.

***

Além do crescimento da interdependência comercial e financeira, a era de ouro da globalização foi marcada por mudanças nos padrões de políticas macroeconômicas em prol de maior austeridade fiscal, de privatizações, de diminuição de controles cambiais e de abertura comercial – a vertente política da globalização. Esse processo alterou o equilíbrio entre liberdade dos mercados e autonomia dos governos. Um dos símbolos desse processo foi o Consenso de Washington.

Esse "consenso" foi formado por algumas sugestões de políticas econômicas agrupadas pelo economista inglês, radicado nos Estados Unidos, John Williamson. Em 1990, Williamson escreveu um artigo no qual avaliava quase sete anos de reformas econômicas na América Latina, depois da crise da dívida externa mexicana de 1982[155]. O objetivo do estudo foi destacar "instrumentos de política econômica" para facilitar o processo de reformas. Esses instrumentos deveriam fornecer as condições mínimas de estabilidade macroeconômica – a partir da qual os países da região poderiam perseguir outros objetivos de políticas públicas, como transferências de renda e políticas de bem-estar social.

O artigo serviu de base, posteriormente, para um seminário, que procurou avaliar as melhores políticas para enfrentar problemas recorrentes na América Latina e em outros países em desenvolvimento, especialmente na África: superinflação, dívida pública elevada, calotes, desequilíbrios nas contas externas, múltiplas taxas de câmbio, pobreza generalizada, desigualdades extremas. A avaliação de Williamson foi também respaldada por instituições econômicas baseadas em Washington: o Departamento do Tesouro e o Banco Central dos Estados Unidos, o FMI e o Banco Mundial.

O Consenso de Washington pode ser descrito como uma síntese de opiniões consolidadas entre especialistas da época. Essas recomendações envolviam:

1. Disciplina da política fiscal.
2. Redirecionamento de subsídios e isenções fiscais para ampliar a provisão de serviços públicos essenciais, como educação primária, atenção à saúde e investimento em infraestrutura.
3. Reforma tributária.
4. Taxas de juros determinadas pelo mercado.
5. Taxas de câmbio competitivas.
6. Liberalização do comércio.
7. Liberalização do investimento estrangeiro direto.
8. Privatização das empresas públicas.
9. Ampla desregulamentação da economia.
10. Segurança jurídica e direitos de propriedade.

John Williamson afirmava expressamente que suas sugestões eram mais "instrumentos de política pública" do que um conjunto de regras ou de obrigações que devessem ser elevados à categoria de dogma[156]. Não obstante, o Consenso de Washington virou sinônimo de "neoliberalismo" – um termo carregado de conotações ideológicas, que diz mais sobre o interlocutor que o emprega do que sobre o fenômeno que procura descrever. Com o Consenso de Washington, popularizou-se também a avaliação de que "fanáticos do livre mercado" nos Estados Unidos criaram ditames ou obrigações aos países em desenvolvimento, diferentes das políticas protecionistas que os próprios americanos haviam implementado no passado.

O Consenso de Washington transformou-se em uma caricatura: a representação máxima da globalização neoliberal que engolia a autonomia e o bem-estar dos países em desenvolvimento. O tempo, porém, permite avaliar a implementação do Consenso de forma menos apaixonada. O economista William Easterly, professor da Universidade de Nova York, que foi um crítico do Consenso no passado, publicou em 2019 um artigo em que oferece uma atualização sobre a implementação dessas políticas[157].

Easterly demonstra que países na América Latina que sofriam com problemas crônicos – inflação muito alta, déficit fiscal elevado, diferenças entre as cotações do câmbio oficial e aquelas encontradas no mercado paralelo – melhoraram substancialmente depois que implementaram reformas no sentido proposto pelo Consenso de Washington. Em 1991, por exemplo, quase todos os países da América Latina tinham taxas anuais de inflação acima de 20%, com vários deles ultrapassando 40%. Em 2019, a média de inflação na região foi de 7,1% (desconsiderando casos excepcionais de altas inflacionárias recentes, como a Venezuela)[158]. Easterly também verificou a quase total eliminação das diferenças entre as cotações do câmbio oficial e aquelas vendidas no mercado paralelo nos países que implementaram reformas pró-Consenso de Washington.

Easterly observou que, apesar da correlação entre reformas e resultados macroeconômicos, é necessário avaliar com mais cuidado a relação de causalidade – isto é, provar que foram as medidas prescritas pelo Consenso de Washington que causaram as melhorias verificadas. Outros fatores, como a ampliação do comércio com a China, por exemplo, podem ter ajudado. O professor, de qualquer forma, pondera: os novos dados deveriam, no mínimo, levar a uma revisão das críticas. Reformas econômicas, afinal, levam tempo para surtir efeito. O problema é que, ao contrário do que ocorria nas décadas de 1990 e 2000, a opinião de "especialistas" como Easterly importa menos.

Hoje, o Consenso de Washington parece ter sido abandonado, sobretudo por Washington – ou seja, pelo governo americano e por instituições financeiras sediadas na capital dos Estados Unidos, como o FMI, o Banco Mundial e o Banco Interamericano de Desenvolvimento (BID). Por exemplo, desde 2016, com a eleição de Donald Trump, o governo dos Estados Unidos parece ter deixado de lado o consenso que prevaleceu nas décadas de 1990 e de 2000 sobre os benefícios do livre comércio. Um fator crucial para essa mudança de visão diz respeito à ascensão da China como potência econômica. Trump impôs novo regime de tarifas, novas restrições a investimentos e novos controles de exportação de bens sensíveis ao gigante asiático, bem como tentou diretamente convencer empresas americanas a fechar fábricas naquele país e reabri-las nos Estados Unidos. Boa parte dessas medidas foi mantida pelo sucessor de Trump, o democrata Joe Biden.

Durante a pandemia de covid-19, Trump e Biden aprovaram diversos pacotes de ajuda fiscal que expandiram enormemente a presença do governo na gestão da economia. Joe Biden ainda aprovou, junto ao Congresso, uma série de planos econômicos ambiciosos –

que, juntos, representaram trilhões de dólares de incentivos fiscais na economia americana, reformularam os programas de bem-estar social, destinaram centenas de bilhões de dólares para combate à mudança do clima e expandiram amplamente o setor público como motor do crescimento econômico[159].

Incentivos fiscais e outros tipos de subsídios tornaram-se parte central do governo democrata de Biden para garantir a segurança das cadeias de produção americanas. Esses planos ambiciosos – chamados de *Bidenomics* – simbolizaram, sobretudo, um reconhecimento de que era necessária uma mudança de paradigma na política econômica dos Estados Unidos, caminhando contra a "filosofia de governo pequeno" que dominou Washington por grande parte dos últimos quarenta anos. Se essa mudança de paradigma era válida para os Estados Unidos, por que não valeria para outros países?

Ainda, instituições financeiras internacionais sediadas em Washington, como o FMI, o Banco Mundial e o BID, passaram a incorporar uma perspectiva mais equilibrada em suas recomendações de políticas públicas, considerando não apenas a disciplina fiscal, mas também a inclusão social e a proteção do meio ambiente. Outra mudança significativa veio por meio de adoção de estratégias macroeconômicas mais personalizadas e flexíveis. Em vez de recomendar um conjunto uniforme de políticas a todos os países, essas instituições passaram a reconhecer a importância de estratégias que levassem em conta as características específicas de cada nação, refletindo uma compreensão mais refinada das condições locais e da diversidade econômica.

O aspecto político da globalização – isto é, a disseminação de políticas que incentivam a orientação dos países para a abertura dos mercados – não foi desprovido de custos, especialmente nos países que buscaram reformar sua economia. Afinal, fazer reformas econômicas – como um ajuste fiscal ou a abertura comercial – requer mudar dinâmicas e retirar benefícios de muitos grupos que lucram com a proteção do governo.

Reformas econômicas são politicamente difíceis porque geram, na maioria dos casos, *perdas concentradas* e *ganhos difusos*. Enquanto os benefícios dos ajustes serão dispersos a toda a população e sentidos paulatinamente no longo prazo, as perdas serão mais concentradas em determinados grupos e sentidas imediatamente. Qualquer governo que seja sensível a demandas democráticas deverá levar em consideração a distribuição dos ganhos e dos custos de reformas econômicas.

Se as perdas são concentradas e os ganhos são difusos, quem perde tem mais incentivo para fazer pressão política e mobilizar-se contra as reformas. Aqueles que se beneficiam do *status quo* – sejam empresários que recebem subsídios, indústrias que lucram com a proteção comercial, trabalhadores sindicalizados ou funcionários públicos com generosas pensões – são politicamente mais organizados e têm à sua disposição meios para lutar contra as reformas que podem retirar o seu acesso a benefícios.

Grupos que perderão com as reformas têm fortes incentivos para lutar contra elas. Os potenciais beneficiários das reformas – a população em geral, que muitas vezes nem sequer saberá estabelecer as relações de causa e efeito para apoiar as mudanças – não terão motivos suficientes para se mobilizar a favor delas. Ainda assim, reformas importantes saíram do papel nas décadas de 1990 e 2000.

Realizar reformas, lutando politicamente contra grupos de interesse e *lobbies* poderosos, é consequência de uma liderança política corajosa ou de um eleitorado que compreende os custos de adiar escolhas difíceis. Mas liderança política corajosa é coisa rara. Também é raro um eleitorado bem-informado e comprometido. É difícil, em quaisquer circunstâncias, lutar a favor de ganhos difusos, que não são mensuráveis facilmente. Além disso, o debate em torno de temas econômicos é bastante confuso, mesmo entre os especialistas, e não leva à formação de consensos críveis entre todo o eleitorado.

A globalização foi acompanhada de forte onda de reformas em prol da abertura comercial e financeira, da qual o Consenso de Washington era um dos grandes símbolos. A globalização, portanto, era tanto um fenômeno econômico de crescente integração dos mercados quanto um fenômeno político. Foi, ainda, um fenômeno social voltado para a difusão de ideias, para a aproximação de culturas, para o aumento da migração.

Como bem se sabe, a globalização não foi desprovida de custos – ou de críticas. Foi constantemente acusada de representar os interesses das corporações transnacionais, de promover o desrespeito aos direitos humanos e trabalhistas, de incentivar práticas ambientalmente danosas, além de provocar o desemprego e flagelos sociais variados. Foi desprezada e vilipendiada. E desacreditada. Mas as críticas não foram suficientes para detê-la. Nesse processo globalizador, havia ainda outra força indispensável à integração econômica em curso: as tecnologias de comunicação e de redes.

Força de coesão nº 4: tecnologias de comunicação e de redes

A globalização foi capitaneada não apenas por forças políticas, econômicas e sociais, mas também pela evolução científica e tecnológica – por mudanças impulsionadas por transporte mais barato, melhor logística e melhor comunicação. Essas mudanças criam oportunidades para a integração econômica global – e vice-versa.

A correlação entre avanço tecnológico e crescimento econômico não é recente. O século XIX, por exemplo, foi palco de grandes inovações: a ferrovia, o navio a vapor, o refrigerador e o telégrafo, que criaram oportunidades para a integração dos mercados. A ferrovia tornou viável o transporte de mercadorias em grandes quantidades por terra pela primeira vez na história. Foi graças a ela que os Estados Unidos se tornaram a primeira economia continental após o fim da guerra civil, em 1865. Com as ferrovias e os navios a vapor, produtos básicos, mesmo perecíveis, podiam ser transportados em massa, de uma extremidade a outra de um continente. O navio a vapor também facilitou o transporte intercontinental de pessoas, permitindo que pobres migrantes atravessassem com facilidade os oceanos em busca de uma vida melhor.

O século XX acrescentou o avião, o rádio, a televisão, a telefonia transcontinental, o satélite, o computador e a Internet à lista de tecnologias facilitadoras. Também acrescentou o navio porta--contêineres, os semicondutores, o microchip. O transporte aéreo foi popularizado. A indústria do petróleo fez cair o preço dos combustíveis. Com computadores, sensores, semicondutores e microchips, o processo de produção industrial foi reinventado, favorecendo cada vez mais a automação e a produtividade. Com a Internet, o custo da comunicação global está hoje próximo de zero. Isso é particularmente importante para a entrega global de serviços, como as movimentações financeiras.

Alguns autores avaliam que a tecnologia, por si só, foi determinante para a globalização. O jornalista Thomas Friedman, em seu livro *O Lexus e a Oliveira*, de 1999, afirma que as mudanças tecnológicas recentes permitiram "três democratizações": de tecnologia, de acesso à informação e de finanças. Por trás delas estaria o aumento da nossa capacidade de nos comunicar, simbolizada pelo celular e pela Internet. Friedman argumenta que, por causa dessas três democratizações, as organizações tradicionais – sobretudo empresas e governos, estruturadas de forma hierárquica – estariam vulneráveis à "Síndrome da Imunodeficiência do Microchip" (SIM)[160].

No final da década de 1990, a SIM seria a doença política definidora da era da globalização. Essa doença teria sido contraída por países e por empresas que não se vacinaram contra as mudanças provocadas pelos avanços da tecnologia, das finanças e da informação. A SIM poderia atingir qualquer empresa ou país, grande ou pequeno, de leste a oeste, de norte a sul. De acordo com Friedman, a única cura conhecida para a SIM seria a quarta democratização: da tomada de decisão, da desconcentração de poder, ao permitir que mais pessoas em um país ou empresa compartilhem conhecimento, experimentem e inovem mais rápido. Caso não fosse tratada, a SIM poderia ser fatal.

Na virada do milênio, parecia que as únicas alternativas aos governos eram a abertura econômica e política ou a marginalização e a pobreza. Muitos previam que, se um país estivesse um pouco aberto às novas tecnologias de comunicações, as pressões políticas de uma população mais bem informada iriam necessariamente forçar governos fechados a abrir sua economia e a democratizar seu sistema político. A escolha pela abertura, portanto, não seria propriamente uma escolha. Seria uma consequência inevitável. Não seria uma alternativa, mas um destino[161].

Esse determinismo foi exagerado. Por um lado, autores como Friedman estavam certos: as colossais quedas nos custos de transporte e de comunicação tiveram efeitos radicais na economia, ao ampliar as oportunidades em mercados globalizados. Quem se manteve de fora ficou para trás em termos de desenvolvimento econômico. E também, quanto mais baixos os custos dos transportes e das comunicações – e quanto mais amplas as oportunidades de negócios –, maiores foram os custos políticos para manter as economias fechadas. Por essas e outras razões, as inovações tecnológicas das últimas décadas tornaram mais difícil resistir à globalização.

Embora a globalização constituísse um processo (em certa medida) inescapável, a previsão de que os avanços tecnológicos ditariam os rumos da abertura não se concretizou. Os governos não permaneceram indefesos. Eles ainda podem controlar a entrada de mercadorias em seu território, impondo barreiras tarifárias e não tarifárias. Governos também podem supervisionar e regular o movimento de pessoas; podem impor barreiras sobre o movimento de capitais, ao deixar de reconhecer ou fazer cumprir contratos com estrangeiros; e podem limitar fluxos de serviços, controlando a conversibilidade de pagamentos em moeda estrangeira. Mais importante: alguns governos aprimoraram a capacidade de controlar o fluxo de informações, de finanças, de bens e de serviços, bem como o controle sobre a vida de seus cidadãos, por meio de novas tecnologias, que permitiram ampliar o monitoramento e os dados sobre cada pessoa, que deixa rastros por meio do acesso à Internet.

***

Hoje, sabemos que o argumento de que o desenvolvimento da Internet levaria à abertura política e econômica foi exagerado. Mas o surgimento da Internet e do computador pessoal movimentou uma antiga tensão entre dois componentes estruturais das relações sociais: redes e hierarquias – puxando a balança a favor das redes.

O historiador escocês Niall Ferguson, no livro *A Praça e a Torre*, de 2020, recorda que as redes sociais não são algo inventado nas últimas duas décadas por empresas do Vale do Silício. Elas sempre existiram – e são uma das maneiras pelas quais grupos de indivíduos se organizam. Há estruturas hierarquizadas, que seguem uma ordem de comando (a torre), e há redes descentralizadas (a praça), que surgem por meio da interação espontânea dos indivíduos em sociedade.

O desenvolvimento de novas tecnologias pode mudar a balança de poder entre hierarquias e redes. A criação do processo de impressão mecânica por Johannes Gutenberg, no século XV, por exemplo, expandiu a força das redes na Europa nos séculos XVI, XVII e XVIII. O desenvolvimento dessa tecnologia mudou as relações entre a Igreja e a sociedade, entre nobres e plebeus, entre governantes e governados. A imprensa permitiu a distribuição em massa de textos (inclusive os sagrados), a sistematização da burocracia, o acúmulo de conhecimento.

A tradução da Bíblia do latim para outras línguas – e sua impressão em grande escala – foi um dos fatores que possibilitaram a expansão da reforma protestante, ao permitir que as Escrituras circulassem com mais liberdade nas praças, viabilizando interpretações autônomas dos livros sagrados. A invenção da imprensa foi fundamental para o desenvolvimento da Renascença, do Iluminismo e da revolução científica. Essas mudanças abalaram as estruturas hierárquicas da época – da Igreja Católica à estrutura nobiliárquica feudal.

O desenvolvimento da Internet também pode ser comparado ao surgimento da imprensa – no sentido de que é uma tecnologia que ampliou a interação de redes sociais, ameaçando hierarquias existentes. A Internet pode ser descrita como uma *rede de redes*. Seu alcance é algo sem precedentes na história – o que a tornou uma infraestrutura básica para a comunicação contemporânea. O impacto da Internet pode ser observado no mercado de trabalho, nas relações comerciais, nos investimentos financeiros, na forma de produzir, de coordenar e de distribuir bens e serviços. Pode ser observado, sobretudo, no cotidiano dos indivíduos: na maneira como as pessoas se comunicam, como adquirem informações, como aprendem, como negociam, como se relacionam, como interagem – inclusive sexualmente.

O impacto das tecnologias de rede tem sido tão significativo que muitos autores descrevem o mundo contemporâneo como a "sociedade do conhecimento" ou a "sociedade da informação" – em contraposição à "sociedade industrial" de outrora[162]. A Internet tem, portanto, facilitado e ampliado o fluxo de informações e de comunicação. O que teria ocorrido durante a pandemia de covid-19 sem ela? Quão mais profundos teriam sido a recessão econômica e o distanciamento social?

Ao mesmo tempo, a Internet também pode ser usada para disseminar notícias falsas; para monitorar dados e movimentos; para roubar recursos financeiros e propriedade intelectual; para comprometer identidades; para violar a privacidade; para influenciar processos políticos; e, possivelmente, para realizar ataques com consequências não menos importantes à infraestrutura de um país do que aqueles realizados com força militar.

***

A Internet é uma rede das redes, mas ela não eliminou quaisquer resquícios de hierarquias. Hoje, empresas gigantes de tecnologia, também conhecidas como *big techs* – Amazon, Apple, Alphabet (controladora do Google), Microsoft, Facebook/Meta, "X" (ex-Twitter) –, e empresas que desenvolvem a infraestrutura que permite acesso à Internet – a chinesa Huawei, a sueca Ericsson, a finlandesa Nokia, a sul-coreana Samsung, as americanas Cisco, Oracle e Qualcomm, entre outras – possuem poder e influência sem precedentes no mundo, gerindo o acesso à tecnologia, coletando e armazenando dados sobre usuários, mantendo uma infraestrutura básica indispensável ao funcionamento das sociedades contemporâneas.

Muitas dessas empresas cresceram e tornaram-se gigantes monopolistas por meio do chamado *efeito de rede*, um fenômeno pelo qual o valor de um bem ou serviço cresce na medida em que aumenta o número de participantes ou de usuários desse bem ou serviço. A própria Internet é um exemplo da relevância desse efeito: quando havia poucos usuários, era uma ferramenta de baixo valor. No entanto, na medida em que mais usuários obtiveram acesso a essa tecnologia, sua utilidade cresceu. O desenvolvimento e o aprimoramento de *websites* incentivaram a adesão de outros usuários, que ampliavam conexões, criavam conteúdo e difundiam informações. O efeito de rede é um ciclo que se autoalimenta: quanto mais usuários uma rede atrai, maior seu valor utilitário; quanto maior seu valor utilitário, mais usuários atrai. Com o tempo, tornou-se muito custoso estar fora da Internet.

O efeito de rede pode também ser observado nas plataformas digitais. Facebook, Twitter e Instagram, por exemplo, apenas cresceram em valor quando atraíram muitos usuários. E quanto mais usuários atraíam, mais cresciam em valor. Ao agregar bilhões de pessoas em suas plataformas, as empresas que controlam essas redes sociais acabaram concentrando elevado poder. Além de coletar dados e informações sobre os usuários (algo bastante valioso para campanhas de marketing), seus algoritmos filtram e controlam a disseminação de informações – o que possui amplas repercussões sociais e políticas. Essas empresas passaram, efetivamente, a ocupar uma posição hierárquica superior na organização e no controle das informações que circulam no planeta.

Na medida em que o número de usuários cresceu, a Internet passou a demandar também investimentos em escala. Hoje, a disponibilidade de serviços digitais faz parte da infraestrutura de funcionamento de qualquer sociedade – equiparável ao saneamento básico ou à energia que ilumina as casas e ruas. Não há vida social sem serviços digitais. Os investimentos necessários para que esses serviços estejam disponíveis em larga escala – e para que funcionem – são elevados. Satélites, cabos de fibra ótica, aparelhos de recepção de sinais não são baratos nem de simples instalação. Mantê-los funcionando, tampouco. Ao requerer investimentos elevados, esses serviços criam monopólios naturais – pois são fornecidos por poucas empresas, que detêm capacidade de produção e de domínio das ferramentas para operar e difundir essa infraestrutura.

As tecnologias de rede revolucionaram as comunicações, mudaram a vida social, ampliaram os negócios e a oferta de serviços. Não haveria globalização sem a Internet. Ninguém se arrisca a dizer que o mundo está pior hoje do que era antes do advento dessas tecnologias. Além do grande salto em produtividade que possibilitaram, elas renovaram a forma como as pessoas se relacionam. Conexões sociais são, afinal, indispensáveis ao bem-estar humano – e grande parte do valor dessas tecnologias advém do fato de que elas facilitam tais conexões.

Foi ingênuo, contudo, acreditar que as tecnologias de rede poderiam eliminar hierarquias, acabar com a propensão humana à segregação, liquidar as divisões políticas ou uniformizar ideias. Essas novas tecnologias concentraram poder nas mãos de *big techs* – que monitoram dados e controlam a disseminação de informações por meio de seus algoritmos –, bem como nas mãos das empresas que controlam e operam a oferta de serviços digitais. Essas empresas podem rivalizar com os governos locais; em diversos casos, porém, elas atuam em parceria com os governos. No mundo globalizado, diversas disputas políticas foram transferidas para o mundo digital, trazendo novos desafios para o exercício do poder – nacional e internacional.

Seinfeld e o "nada"

A década de 1990 foi marcada pelo otimismo. Foi a época em que a história – antes de ter se aposentado – saiu de férias. As democracias de mercado consolidavam-se como uma força hegemônica no sistema internacional. Elas estavam dedicadas a aprimorar a cooperação e a integração econômica. A abertura comercial e financeira dava impulso à globalização. O Consenso de Washington não era lido apenas como uma cartilha neoliberal a ser vilipendiada. O desenvolvimento tecnológico – especialmente do computador pessoal e da Internet – abria possibilidades de comunicação e de intercâmbio de informações nunca imaginadas.

Quem, talvez, tenha capturado melhor o espírito dessa época foi Jerry Seinfeld. A série de televisão *Seinfeld*, que foi ao ar de 1989 a 1998, baseava-se em premissa simples: retratava, sob o olhar peculiar de seu protagonista, problemas banais, corriqueiros, da vida de quatro amigos em Nova York. Como lembra João Pereira Coutinho, *Seinfeld* é uma ave rara: "Consegue iluminar um pormenor anódino da existência humana e depois, sob uma lente neurótica, vai aumentando, aumentando, até tomar conta de tudo"[163]. Coutinho descreveu o diletantismo de *Seinfeld* como "a possibilidade de virar as costas aos grandes problemas e perder tempo com os pequenos, os risíveis, os microscópicos".

Seinfeld era sobre o nada. E caiu como uma luva em uma época em que o nada poderia ganhar ares de notoriedade. A série demonstrava como a experiência do tempo histórico havia mudado. Nela, o presente dominava. Os pormenores importavam – as miudezas cotidianas, o dia a dia. As grandes questões da humanidade poderiam ser deixadas de lado. Era possível deixar de lado, igualmente, a tensão entre o mundo que temos e o mundo que desejamos. A tensão era transferida para o que acontecia no momento. Estávamos imersos no instante. Vivia-se a ruína do futuro e o triunfo sobre o passado – o "fim da história".

Mas o futuro tem o inconveniente hábito de se tornar presente. Os ataques terroristas do 11 de Setembro mostraram que ainda havia conflitos embutidos no suposto paraíso construído pela ordem liberal. Haveria um inevitável "choque de civilizações" em curso? Nos Estados Unidos, as aventuras militares no Afeganistão e no Iraque sugaram vidas, recursos e energia para combater inimigos externos. Mas havia também crises domésticas em gestação.

A abertura comercial, por exemplo, deixou um rastro de desigualdade e custos distributivos que ampliariam a descrença na globalização. A crise financeira de 2008 criou metástases – na desigualdade de renda elevada e na descrença nas elites. No campo das ideias, as críticas à filosofia liberal ganharam força. O populismo nacionalista ressurgiu. Com ele, surgiram também movimentos de contestação das instituições internacionais. A globalização facilitou o crescimento de outra potência com capacidade de desafiar a hegemonia americana. O protecionismo voltou à moda. Disputas geopolíticas ressurgiram. No início da década de 2020, a *Pax Americana* enfrentou um desafio bem coordenado da China, da Rússia, do Irã e da Coreia do Norte[164]. As férias, enfim, acabaram.

As forças de dissonância

As fraturas expostas

Seinfeld mostrou que há momentos em que a história parece engatinhar. Não falo da história da série – que alguns amigos acham entediante. Falo da História, essa com agá maiúsculo. A mesma História de que trata Fukuyama. Há momentos de marasmo histórico, quando nada de relevante acontece. Claro, *algo* acontece: há debates; escândalos; crises econômicas; mudanças na legislação; reformas; artistas que surgem e outros que morrem; descobertas científicas; eventos que marcam o ano – ou até a década. Mas, no transcurso do tempo histórico, as mudanças são cosméticas. Eleições são ganhas ou perdidas, mas todos parecem aceitar as regras do jogo. E certas regras do jogo podem até mudar, mas não os parâmetros que o definem.

Nesses momentos de marasmo histórico, é possível observar com complacência o arcabouço político que sustenta uma sociedade:

ele permanece lá, imutável, perene, impassível, manso, sossegado – e, crê-se, assim permanecerá. E então há aqueles anos em que tudo parece mudar de uma só vez. Tensões sociais que há muito estavam fermentando explodem. Novos políticos invadem o palco. Revoltas emergem. Guerras irrompem. O sistema, antes pacato, é percebido como insustentável. O que parecia inabalável havia pouco tempo parece estar agora à beira da desintegração.

Se o fim da Guerra Fria foi marcado por uma década de marasmo histórico, as duas primeiras décadas do século XXI foram marcadas por momentos de convulsão. A tranquilidade observada na década de 1990 sucumbiu a uma avalanche de acontecimentos capazes de provocar abalos sísmicos à ordem em que vivemos.

Cada momento da história tem seus marcos. Mas os marcos históricos parecem se acumular aos montes nessas duas primeiras décadas do século XXI: os atentados terroristas de 11 de setembro de 2001; as guerras do Afeganistão e do Iraque; a crise financeira nos Estados Unidos em 2008; a pandemia de covid-19 em 2020; o surgimento de uma disputa sistêmica entre Washington e Pequim; a invasão da Ucrânia pela Rússia em 2022; o conflito entre Israel e Hamas em 2023.

O ano de 2016 foi também um desses marcos. Em junho desse ano, por meio de um referendo, a população britânica escolheu, por pequena margem, retirar o Reino Unido da União Europeia. Em novembro do mesmo ano, a população americana elegeu o empresário e apresentador de TV Donald Trump como o 45º presidente dos Estados Unidos. Líderes nacionalistas pareciam estar em voga – Marine Le Pen na França, Matteo Salvini na Itália, Viktor Orbán na Hungria, Nigel Farage no Reino Unido e Andrzej Duda na Polônia. A Turquia já contava com Recep Erdoğan. A Rússia, com Vladimir Putin. A China, com Xi Jinping. Cada um desses líderes, a seu modo, expressava insatisfação com os rumos das democracias de mercado e da ordem liberal sustentada por elas. Mas logo os Estados Unidos?

Algo muito errado parecia ocorrer com o liberalismo ocidental. Neste início de século, o mundo integrado que parecia emergir depois do fim da Guerra Fria cedeu lugar a um mundo fraturado por lentos processos de corrosão.

Cada uma das forças de coesão discutidas anteriormente gerou forças de dissonância que as contestam: as ideias que sustentam a democracia liberal passaram a ser desafiadas por forças intelectuais que se contrapõem aos fundamentos epistemológicos e éticos do Iluminismo; os regimes e as instituições internacionais passaram a ser contestados pela força do nacionalismo; a globalização passou a ser combatida por meio de medidas protecionistas, além de dilacerada por disputas geopolíticas; e as tecnologias de rede passaram a ser espaços de segregação, de formação de bolhas, de divulgação de notícias falsas, em vez de promover a liberdade de expressão e o diálogo.

Essas forças de dissonância resultaram em fraturas na ordem. Muitas dessas fraturas tiveram origem nas próprias democracias de mercado. Em países autocráticos, tais fraturas pareciam demonstrar que o liberalismo é uma ideologia decadente, instável e incapaz de oferecer respostas às necessidades coletivas.

O mundo contemporâneo – e a imaginação que sustenta a ordem liberal – está hoje diante de desafios significativos. Não é a primeira vez que isso acontece. As ideias clássicas do Iluminismo, por exemplo, já enfrentaram desafetos poderosos na história. Mas os desafios se renovam. O objetivo deste livro é descrever e elucidar as causas das fraturas atuais, as perspectivas que fundamentam as forças de dissonância, avaliá-las e, no melhor da minha habilidade, oferecer as críticas necessárias. Forças de dissonância, afinal, representam riscos que podem corroer lentamente a ordem e comprometer sua legitimidade.

Fraturas nas ideias

Apontei a evolução das ideias clássicas do Iluminismo como a primeira força de coesão. Não foi uma escolha à toa. Ideias ajudam a moldar o mundo, pois o entendimento sobre o mundo parte de acepções abstratas que explicam a realidade. E ideias, em geral, conflitam entre si.

Na história, há constantes batalhas de ideias, refletindo conflitos políticos próprios de cada época. O Iluminismo contrapôs-se às ideias que fundamentavam a era medieval e lançou as bases intelectuais para a construção do mundo contemporâneo. Atualmente, pode-se dizer que entramos em uma nova era intelectual: vivemos o mundo "pós-liberal", "pós-moderno", "pós-fim da história", no qual impera a "pós-verdade" – resultado, em grande medida, do legado de ideias *contrailuministas*.

Hoje há uma renovação das batalhas epistemológicas que já duram dois séculos. O Iluminismo moderno foi, afinal, desafiado por poderoso movimento intelectual. O principal alvo dos contrailuministas era a confiança na razão – percebida por alguns intelectuais como excessiva, frágil e incompleta. A ênfase iluminista no indivíduo também era vista como ameaça à coesão social, à preservação cultural e à manutenção de tradições.

O *antirracionalismo* e o *anti-individualismo* foram marcas das ideias contrailuministas que surgiram entre 1780 e 1815, sobretudo na Alemanha e na França[165]. Durante aqueles trinta e cinco anos, a cultura francesa ficou mergulhada em um experimento revolucionário e coletivista que desaguaria no governo ditatorial de Napoleão. A cultura germânica, por sua vez, percorreria caminho drasticamente distinto do Iluminismo anglo-saxão, seguindo um programa que questionava os fundamentos do racionalismo e do individualismo ético, lançando as bases para um experimento coletivista ainda mais poderoso.

Convém recordar: para o movimento iluminista, a razão possui *status* central. Ela é considerada elemento indispensável e adequado para entender o mundo – em contraste com o misticismo da fé e o autoritarismo intelectual da época medieval. Ao compreender a razão como um atributo do indivíduo, o Iluminismo também desenvolveu uma filosofia ética que preza pelas liberdades e responsabilidades individuais.

O *status* central atribuído à razão e ao indivíduo teve implicações severas para a religião, para a política e para a coesão social. Se o racionalismo científico era suficiente para compreender a realidade metafísica, qual seria, então, o papel do espírito e da religião? E, se o indivíduo se sobrepõe eticamente ao coletivo, o que acontece com valores associados à coletividade – à família, à comunidade, à sociedade, à nação e até mesmo à espécie humana?

Na era moderna, na medida em que as ideias iluministas e a revolução científica se disseminavam, a fé perdia espaço. Não se trata de um jogo de soma zero – afinal, diversos pensadores dedicaram-se a conciliar atributos da fé com a razão e com a ciência. Mas havia uma tendência inescapável ao conflito: o desenvolvimento do racionalismo contrastava com a ênfase religiosa em elementos místicos e simbólicos sobre a origem e o funcionamento do mundo. O conflito parecia desaguar em dilemas insuperáveis.

O racionalismo iluminista determinava seus fundamentos com base na necessidade experimental, não na existência de Deus. Com o Iluminismo, a razão adquiriu cada vez mais espaço como a suprema autoridade em questões de conhecimento. A infalibilidade – antes atribuída apenas às sagradas escrituras ou à autoridade pontifícia – foi transferida para os fundamentos racionais dos métodos científicos. A ciência substituía a Igreja como autoridade intelectual proeminente. A última palavra não mais advinha da Revelação. No novo mundo moderno, que lugar haveria para a fé, para a crença, para a paixão, para a intuição, para a espontaneidade e para a criatividade se tudo seria governado pela razão, pela ciência, pela lógica e pela causalidade?

E quanto às consequências sociais do individualismo? Com o Iluminismo, abriu-se o caminho para o desenvolvimento de uma sociedade baseada em princípios claros de racionalidade e liberdade individuais. O poder monárquico absolutista, o privilégio aristocrático, a censura do clero, as leis arbitrárias deram lugar a novas formas de governo, baseadas em direitos naturais ou na ideia de "contratos sociais" mutuamente benéficos.

O indivíduo tornou-se um fim em si mesmo. Bastava dar-lhe as ferramentas necessárias para prosperar: educá-lo no conhecimento científico em expansão e possibilitar-lhe liberdades básicas – de crença, de associação, de trocas econômicas e de expressão. Com essas ferramentas, cada indivíduo deveria ser responsável por conduzir seu próprio destino.

Mas o que aconteceria com valores tradicionais de comunidade, de família, de dever, de sacrifício se os indivíduos fossem encorajados a calcular racionalmente seu próprio ganho? Esse individualismo exacerbado não desaguaria no egoísmo de curto alcance e na ganância? Esse individualismo exacerbado também não encorajaria as pessoas a rejeitar tradições de longa data e a cortar laços comunitários, culturais e familiares, criando uma "não sociedade" de homens e mulheres isolados, desgarrados das tradições, sem raízes e inquietos? Esse individualismo exacerbado, afinal, não poderia ameaçar a unidade social – e até a sobrevivência da família, da comunidade, da nação e do Estado?

A defesa incondicional da razão e do individualismo foi confrontada com o "espectro de um futuro sem Deus, sem espírito, sem paixão e amoral"[166]. No fim do século XVIII e início do século XIX, a aversão a esse espectro predominou, sobretudo entre intelectuais germânicos. Alguns desses intelectuais eram socialistas – nos amplos sentidos que poderiam ser atribuídos à palavra. E muitos deles queriam revigorar as tradições de fé, dever e identidade coletiva (étnica ou de classe) que tinham sido prejudicadas pela ênfase iluminista na razão e no indivíduo[167].

***

Immanuel Kant foi o mais influente desses intelectuais. Em sua *Crítica da Razão Pura*, de 1781, ele se contrapôs ao racionalismo ao reconhecer a ordenação subjetiva que os seres humanos fazem da realidade. Apesar de enfatizar a importância da razão como guia do raciocínio, Kant também restringiu seu escopo. Afirmou que a razão se limita a compreender seus próprios "produtos subjetivos", enfatizando a natureza relativa do conhecimento humano.

De acordo com Kant, a razão não seria suficiente para compreender e abranger toda a realidade, especialmente os aspectos *numênicos* dessa realidade – isto é, os objetos e fenômenos cuja existência não depende do modo como os registramos. O mundo numênico seria a realidade verdadeira, enquanto a consciência humana conseguiria capturar apenas parte dessa realidade. As formulações cognitivas da consciência humana, ainda que em bases racionais, seriam insuficientes para garantir acesso ao mundo numênico.

A realidade que aparece para nós seria o mundo *fenomênico* – projetado a partir das experiências que processamos. A mente humana seria capaz de formular, portanto, apenas uma concepção parcial dos aspectos numênicos da realidade. O significado que a consciência atribui às coisas é dado pela mente – e não poderia existir além dela. O conhecimento humano seria, portanto, essencialmente interpretativo. Kant fez escola e legou uma extensa filosofia para sustentar os ataques ao racionalismo moderno. Depois dele, o movimento contrailuminista ganhou fôlego.

Kant faleceu no início do século XIX. Nesse século, a filosofia germânica foi, em larga medida, uma reação às suas ideias. Georg Hegel,

MUNDO FRATURADO

Johann Herder, Ludwig Wittgenstein, Karl Marx, Johann Fichte, Friedrich Nietzsche trabalharam, cada um à sua maneira, temas da filosofia kantiana. Na Dinamarca, Søren Kierkegaard também contribuiu com o avanço das ideias e críticas lançadas por Kant. Foi Georg Hegel, todavia, que ganhou proeminência como um reformador das ideias kantianas, expandindo o escopo analítico do movimento contrailuminista germânico.

Kant formulou uma crítica da razão pura. Hegel ampliou-a. Ao passo que, na acepção de Kant, a realidade ainda possui elementos numênicos, cujo significado independe da forma como o sujeito os registra; para Hegel, o elemento numênico desaparece inteiramente. O sujeito gera conteúdo e forma. A compreensão humana do mundo não responde a uma realidade externa; em vez disso, toda a realidade é uma criação do sujeito. Hegel, ao afirmar que a mente opera por termos dialéticos, buscou demonstrar que a realidade é uma criação inteiramente subjetiva; que as contradições são atributos da razão e da realidade; que a realidade evolui dialeticamente – e que, por isso, a verdade é relativa ao tempo e ao lugar[168].

Hegel também ofereceu uma crítica ao individualismo iluminista: a mente seria apenas parcialmente livre, por causa de suas paixões, preconceitos e impulsos cegos. Ela, portanto, se submete ao jugo da necessidade – o oposto da liberdade. Esse jugo da necessidade é encontrado primeiro no reconhecimento dos direitos dos outros; depois, na moralidade e, finalmente, no convívio social, do qual a instituição primordial é a família. Grupos formados por famílias constituem uma sociedade civil que, no entanto, é apenas uma forma imperfeita de organização coletiva. O Estado seria a construção social mais bem acabada dos ideais comunitários – ao qual o indivíduo deveria estar subordinado.

As críticas de Hegel também fizeram escola. A visão de Karl Marx da história foi influenciada pela concepção hegeliana de que a realidade deve ser vista dialeticamente. Marx, todavia, buscou reescrever a dialética hegeliana em termos materiais. A interpretação materialista da história articulada por Marx é seu grande legado analítico: a concepção de que a evolução das ideias, das instituições políticas, da cultura e das religiões não seria independente dos meios que usamos para satisfazer nossas necessidades materiais. Essa interpretação tornou-se parte tão habitual das ciências sociais que hoje já não a associamos apenas a Marx. Certamente, ele não foi o único – ou mesmo o primeiro – a utilizá-la. Marx, porém, aplicou essa análise de forma mais consistente e criativa.

A partir da análise materialista da história, Marx fez duas grandes reivindicações: uma econômica e outra moral. Economicamente, argumentou que o capitalismo era movido por uma lógica de exploração competitiva que causaria seu colapso final. A forma de produção do socialismo, em contraste, provaria ser superior na produção e distribuição de riquezas. Moralmente, argumentou que o capitalismo era censurável – tanto por causa dos interesses daqueles engajados na competição egoísta por lucro quanto por causa da exploração e da alienação que essa competição causava. O socialismo, ao contrário, seria baseado no sacrifício altruísta e no compartilhamento comunitário.

Marx também não foi o único grande expoente de uma crítica à economia de mercado. Antes dele, o alemão Friedrich List desenvolveu, ainda no início do século XIX, a ideia de uma *economia nacional* dos estados germânicos, baseada na forte proteção tarifária contra a importação de bens. Em 1827, List argumentou que uma economia nacional em um estágio inicial de industrialização requer blindagem contra concorrentes estrangeiros[169]. Os custos de uma tarifa deveriam ser considerados um investimento na produtividade futura de uma nação. As ideias de List contrastavam com a "economia individual" de Adam Smith e a ideia de vantagens comparativas de David Ricardo. List contrastou o comportamento econômico de um indivíduo com o do Estado: um indivíduo promoveria apenas seus próprios interesses pessoais, ao passo que o Estado promoveria o bem-estar de todos os seus cidadãos.

★

O coletivismo foi uma marca registrada do contrailuminismo germânico. Kant, por exemplo, já havia argumentado que os indivíduos deveriam, se necessário, sacrificar-se pela espécie humana. Herder afirmou que os indivíduos deveriam formar sua identidade com base na etnia. Fichte fez um apelo para que a educação fosse um processo de socialização e integração completa dos indivíduos às necessidades coletivas. Hegel defendeu a nação como a mais completa expressão das virtudes morais. Marx escreveu sobre a necessidade de um Estado forte como meio para a realização do comunismo[170].

A reação contrailuminista germânica forneceu um lastro filosófico e ideológico para novos movimentos coletivistas na Europa (e depois fora dela) no século XX. Alguns desses movimentos – como o nazismo e o fascismo – buscavam resgatar, em contexto de expansão do nacionalismo, a força de tradições e valores coletivos; e outros – como o socialismo soviético ou o chinês – buscavam, em contexto de expansão de experimentos revolucionários, a construção de projetos políticos para a refundação de sua sociedade e para a redenção de classes sociais antes excluídas.

Esses movimentos coletivistas do século XX compartilhavam temas centrais: anti-individualismo; a necessidade de um governo forte; a visão de que as forças da economia deveriam ser colocadas a serviço da nação (ou de um projeto político); a visão de que a religião é um assunto de Estado (seja para promovê-la, seja para erradicá-la); a visão de que a educação é um processo de socialização. Enfatizavam, ainda, conflitos entre grupos opostos, violência e guerra. Os inimigos eram o liberalismo, o capitalismo, o individualismo, o livre comércio, o cosmopolitismo.

O contrailuminismo também deixou um legado filosófico e teórico que fundamenta diversos movimentos intelectuais e políticos hoje. Um desses legados pode ser encontrado no surgimento de uma filosofia "pós--moderna" – que, como diz o nome, critica e rejeita alguns fundamentos do pensamento moderno. Mas os filósofos contrailuministas também influenciaram novos intelectuais considerados conservadores, de direita, que têm recuperado a retórica e as críticas às ideias liberais clássicas, atribuindo a elas a degradação de valores coletivos, a perda de referências morais e culturais, a "alienação do espírito" e a "decadência da vida em comunidade" – temas já debatidos por Kant, por Hegel e por outros filósofos germânicos.

O resultado desse debate foi o ressurgimento – frise-se que em diferente escala e sob nova roupagem – de uma batalha epistemológica que já dura dois séculos: iluministas *versus* contrailuministas. Para entender o legado atual de cada um desses movimentos – do pós--modernismo ou do conservadorismo tradicionalista –, o melhor caminho é analisá-los separadamente.

O pós-modernismo e as batalhas identitárias

Nas últimas duas décadas, os principais eixos das disputas políticas nos Estados Unidos – e, em grande medida, na Europa e em outras democracias de mercado ocidentais – estão mudando. Durante a maior parte do século XX, algumas linhas divisórias entre esquerda e direita envolviam questões práticas sobre quanto o Estado deveria intervir na economia, a luta por direitos civis, a redução de desigualdades. Hoje, a política cada vez mais está centrada em questões relacionadas às identidades coletivas. Um dos eixos dessa disputa política tem sido influenciado por uma corrente filosófica específica – o "pós-modernismo" e sua teoria crítica.

O que é chamado hoje de *pós-modernismo* varia bastante, conforme o contexto. Há diversas correntes intelectuais consideradas "pós--modernas": existencialismo, teoria crítica, construtivismo, filosofia "pós-empirista" da ciência. Seja qual for o recorte, é possível identificar alguns princípios comuns a essas correntes. O nome "pós-moderno", por exemplo, já indica que se trata de um movimento intelectual que se opõe aos fundamentos do modernismo (ou que busca superá-lo), em especial o racionalismo e o individualismo.

Os principais nomes do pós-modernismo são conhecidos: Michel Foucault, Herbert Marcuse, Jacques Derrida, Jacques Lacan, Jean-François Lyotard, Richard Rorty. Esses intelectuais buscaram apoio em filósofos contrailuministas, como Martin Heidegger, Ludwig Wittgenstein, Friedrich Nietzsche, Karl Marx, Georg Hegel, Arthur Schopenhauer e Immanuel Kant[171]. Cada um desses filósofos, a seu modo, questionou pressupostos do Iluminismo, especialmente sua crença inabalável na razão. O professor de Filosofia Stephen Hicks observou, por exemplo, que os pós-modernos trabalharam esses questionamentos a partir de dois parâmetros: um *metafísico* (sobre a interpretação da realidade) e outro *epistemológico* (sobre a interpretação do conhecimento)[172].

Do ponto *metafísico*, o pós-modernismo nutre-se da filosofia kantiana. Ele promulga uma visão de mundo "antirrealista", pois afirma que é impossível articular noções precisas sobre a realidade, que não existiria de forma independente da mente humana. A consciência jamais estaria "fora" do mundo, julgando-o de um ponto de observação externo. O mundo não existiria como coisa em si, independente da interpretação.

Ao contrário, ele somente passa a existir nas interpretações – e por meio delas. Todo o conhecimento humano seria, portanto, mediado por símbolos, baseado em "construções" sociolinguísticas da realidade, formulado por predisposições históricas e culturais, influenciado por interesses e por relações de poder. Todo objeto do conhecimento seria parte de um contexto previamente interpretado.

Do ponto *epistemológico*, o pós-modernismo nega a razão como meio para adquirir conhecimento objetivo da realidade – enfatizando a subjetividade, a relatividade, o pluralismo, a ambiguidade. Na perspectiva pós-moderna, a busca pelo conhecimento deve ser interminavelmente revisada. Não se pode confiar em nenhum pressuposto. Não existem absolutos. A objetividade seria um mito. Tudo deve ser questionado. A realidade é mais uma possibilidade do que um fato. Ao afirmar verdades gerais, a filosofia moderna imporia dogmas fraudulentos.

Michael Foucault, por exemplo, identificou a razão como um obstáculo a ser superado: "Todas as minhas análises se opõem à ideia de que existem necessidades universais na existência humana"[173]. Ele afirmou que "não faz sentido falar em nome da Razão, da Verdade ou do Conhecimento – e nem mesmo contra eles"[174]. A razão, segundo Foucault, "é a derradeira linguagem da loucura"[175]. Richard Rorty foi além – disse que a principal ideia que deseja descartar é "a de que o mundo ou o ser possuem uma natureza intrínseca"[176]. A epistemologia do pós-modernismo é, portanto, um paradigma subversivo em relação a todos os paradigmas. O único absoluto pós-moderno é a *consciência crítica*.

O pensamento pós-moderno estimulou a rejeição não somente da razão, mas de todo o "cânone" intelectual ocidental – definido por uma elite europeia masculina e branca. Richard Tarnas recordou que os questionamentos pós-modernos resultaram em um ataque a toda tradição filosófica, de Platão em diante[177]. As heranças dessa tradição (compreender e articular uma realidade fundamental; analisar o mundo e a natureza em bases racionais; buscar uma correspondência entre pensamento e realidade) deveriam ser criticadas, questionadas e *desconstruídas*.

Na visão de mundo pós-moderno, o Ocidente teria espalhado dominação, opressão e destruição em nome de supostas "verdades" – sobre o "indivíduo", sobre a "razão", sobre o "conhecimento", sobre a "ética", sobre a "civilização", sobre o "progresso". Edward W. Said foi um autor importante para difundir essas ideias sobre as construções sociais baseadas em "premissas ocidentais", no que ficou conhecido como pós-colonialismo[178]. Sob o manto de supostos "valores ocidentais", muitos pecados foram cometidos: prosperidade à custa dos outros; colonialismo e imperialismo; escravidão; genocídios; opressão das mulheres, dos povos negros e indígenas, das classes trabalhadoras, dos pobres e miseráveis; destruição cega do meio ambiente. A filosofia ocidental, portanto, disfarçaria relacionamentos de poder, de violência e de exploração[179].

Na perspectiva pós-moderna, uma vez que não existe uma base para fundamentar qualquer conhecimento humano racional (e uma vez que a fundamentação desse conhecimento esconde relações de poder), o maior valor que qualquer conhecimento pode ter é ser emancipatório. Ao desconstruir os pressupostos tradicionais, o pós-modernismo busca libertar e alforriar intelectualmente os oprimidos. Um dos meios para obter essa emancipação seria a desconstrução crítica dos temas: ciência, sociologia, política, história, psicologia, biologia, linguística, literatura – ou de qualquer tema afeto à vida em sociedade.

Sob a perspectiva pós-moderna, o objetivo do conhecimento não é desvendar a realidade, buscando as condições da verdade com base na razão, mas exercer o poder tendo em vista a mudança social. Não se deve treinar a capacidade cognitiva dos indivíduos para o raciocínio. No lugar, deve-se ajudar os indivíduos a construir uma visão crítica da realidade social, ajudando-os a identificar e a confrontar os horrores políticos de sua época[180]. Deve-se, ainda, incentivar o ativismo político nos jovens, para emancipá-los das amarras e das prisões intelectuais mantidas pelos pressupostos tradicionais – o patriarcado, as elites, o capitalismo, o imperialismo.

As relações sociais passam a ser vistas como palco de disputas políticas. Se todos os aspectos da vida social estão impregnados de relações de desigualdade e poder, tudo deve ser analisado a partir das estratégias retóricas e das funções políticas a que servem. Na luta contra a opressão, a linguagem vira um meio útil para mudar a realidade, sendo necessário redefinir os termos que descrevem fenômenos, eventos e relações sociais. Os novos termos não devem servir ao propósito de melhor descrever de forma objetiva a realidade, mas para desconstruir os meios velados de opressão.

Não é à toa que o marxismo é identificado como a fonte filosófica e de inspiração do pós-modernismo. Apesar de Marx e Engels terem procurado construir sua filosofia em termos racionais (por meio do que se conhece como "socialismo científico"), eles legaram amplo arcabouço teórico de análise crítica das estruturas da sociedade industrial – da economia capitalista à dominação política da burguesia. Jacques Derrida afirmou que "a desconstrução só tem sentido ou interesse como realização, isto é, também na tradição de um certo marxismo"[181].

O pós-modernismo ataca não somente o racionalismo, mas também a ideia de que o indivíduo – um agente racional – deve ser situado como a principal unidade de valor. As descrições pós-modernas da natureza humana são persistentemente coletivistas, sustentando que a identidade dos indivíduos deve ser construída em termos de gênero, raça, etnia e renda. Essas descrições também enfatizam as relações de poder e de conflito entre grupos: relações de dominação, de submissão e de opressão. O resultado foi a sobrevalorização de identidades coletivas e a transposição delas para o centro da política, no que ficou conhecido como *política de identidade* – ou *política identitária*.

O escopo dos movimentos políticos que podem ser descritos como "de identidade" é amplo. Os exemplos são predominantemente de lutas por reconhecimento e por "justiça social". Não existe, porém, um critério único que torne uma causa "política identitária". Em vez disso, o termo significa uma coleção de movimentos, cada um empreendido por representantes de um coletivo diferente, que busca superar as "estruturas de opressão" identificadas na sociedade.

Está além do escopo deste livro oferecer perspectivas históricas ou sociológicas dos diversos movimentos sociais que podem ser enquadrados como "políticas de identidade". Yascha Mounk, cientista político e professor da Universidade Johns Hopkins, em Washington, D.C., procurou oferecer tais respostas em livro de 2023, intitulado *The Identity Trap* ("A armadilha identitária", em tradução livre). Ele descreve a influência do pós-modernismo, do pós-colonialismo e das teorias críticas no que chamou de "a síntese identitária" – uma formulação ideológica por meio da qual algumas categorias de identidade (raça, etnia, gênero, sexualidade, entre outras) tornaram-se o principal critério pelo qual a política, a história e a sociedade devem ser analisadas[182].

Mounk identifica as raízes dessa nova ideologia na transformação do movimento progressista à esquerda. De acordo com ele, esse movimento foi historicamente caracterizado pelas suas aspirações universalistas. Estar à esquerda era insistir que os seres humanos não são definidos pela sua religião ou pela cor da sua pele, pelo seu gênero, pela comunidade na qual nasceram ou pela sua orientação sexual. Um objetivo fundamental da política, portanto, era superar as diferenciações. Mas, ao longo das últimas seis décadas, o pensamento progressista sobre a identidade sofreu – por razões que são, em muitos aspectos, compreensíveis – uma mudança profunda.

Nas décadas de 1960 e 1970, a influência crescente do pós--modernismo e de suas teorias críticas levou muitos intelectuais e ativistas de esquerda a defenderem que o compromisso teórico com o universalismo omitia uma opressão histórica de grupos marginalizados. Se alguns grupos sofreram sérias desvantagens em relação a outros, então fazia sentido encorajar os membros desses grupos marginalizados a se identificar com os critérios que os excluíam – e a lutar contra a opressão sistêmica que sofriam.

A influência desse novo movimento intelectual levou à rejeição de uma *ética social centrada* no universalismo. A política de identidade pós-moderna afastou-se, por exemplo, dos movimentos de direitos civis, que lutavam por igualdade perante a lei, pela inserção de grupos marginalizados na sociedade e pelo fim da diferenciação. Movimentos de direitos civis fundamentaram suas ações políticas com base nessa ética universalista, defendendo a ideia de que cada ser humano é capaz de desenvolver suas habilidades *apesar do grupo a que pertencem*.

Martin Luther King Jr., por exemplo, em seu discurso mais famoso, afirmou que os indivíduos "não devem ser julgados pela cor de sua pele, mas pelo conteúdo de seu caráter"[183]. A política identitária, por sua vez, buscou promover ações voltadas a reafirmar a diferenciação – e a partir dela construir sua agenda. Muitas vezes, o objetivo não era a inclusão na sociedade com base em uma visão compartilhada de pertencimento, de cidadania e de responsabilidade individual; em vez disso, exigia-se o reconhecimento como membro de um grupo diferente.

Nos Estados Unidos, Derrick Bell Jr. – advogado, professor e ativista negro, conhecido como o pai da teoria racial crítica – é exemplo dessa mudança de abordagem. Bell apoiou inicialmente o movimento dos direitos civis, mas depois tornou-se crítico das bases universalistas e das conquistas desse movimento. Ao comentar a decisão de 1954 da Suprema Corte americana que acabou com a segregação racial nas escolas, Bell argumentou que aquela decisão não era fundamentada em uma visão altruísta da Corte, mas que visava proteger os interesses da elite branca do país[184].

De acordo com Bell Jr., o fim da segregação escolar – tal como a Proclamação de Emancipação de Abraham Lincoln, que aboliu a escravidão em 1863 – teria como objetivo preservar a estrutura de poder existente, ao mesmo tempo que parecia remediar uma injustiça. Essa correção, todavia, não atacava as causas estruturais do problema. O racismo americano estaria arraigado em toda a estrutura política e social do país, desde sua fundação, permanecendo firmemente em vigor, e não poderia ser corrigido apenas com medidas paliativas. Para atacar as causas estruturais do racismo nos Estados Unidos, Bell defendeu a volta da segregação em escolas como meio para incentivar uma "consciência de classe" entre negros americanos.

O movimento político identitário, portanto, enxerga nos grupos sociais – e não nos indivíduos – a unidade básica de valor. Prioriza aspectos e características desses grupos sociais (classe, gênero, renda, etnia ou outro fator de identificação) para formar alianças políticas. A lógica da política identitária fundamenta-se em uma reedição pós--moderna da luta de classes, entendendo o papel de grupos minoritários como agentes ou pacientes dessa luta.

O objetivo da síntese identitária seria resistir contra os meios ainda existentes de opressão e, muitas vezes, desenvolver nos grupos oprimidos uma visão crítica sobre o mundo à sua volta – uma visão emancipatória, quando não revolucionária. Não raro, os inimigos são abstratos: podem ser representados tanto pelo "sistema" – na estrutura capitalista, patriarcal, branca, ocidental – como pelas suas expressões na família, na escola, no trabalho, na mídia, na comunidade. E, quando o inimigo se mascara na "estrutura" ou no "sistema", a única solução é livrar-se da "estrutura" ou do "sistema".

***

Há dez anos, nos Estados Unidos, muitas das pessoas que abraçaram as políticas de identidade descreviam-se orgulhosamente como *woke* – termo derivado da expressão em inglês *stay woke* (continue "acordado" ou "desperto"), que denota uma percepção de consciência sobre questões relativas à justiça social. Houve, porém, uma polarização imensa em torno desses termos. Tornaram-se comuns no debate político queixas hiperbólicas contra o "marxismo cultural"; contra o "politicamente correto"; contra a "dominação das universidades pelos comunistas"; contra "a mídia tendenciosa". Parte dessas críticas também mascara preconceitos enraizados – afinal, não são raros os políticos, os analistas e as personalidades públicas à direita que, para combater políticas identitárias, recorrem a expedientes racistas, sexistas, homofóbicos ou xenófobos.

Quero deixar claro ao leitor, por isso, que acredito em representatividade. Acredito que uma sociedade harmônica deve ser forjada com base na diversidade e na inclusão. Que igualdade é um valor a ser aspirado e defendido. Que grupos marginalizados devem aumentar seu espaço de representação na sociedade – por exemplo, no acesso ao ensino superior e em cargos no governo federal. Nas universidades, as políticas de cotas, por exemplo, têm se mostrado ferramentas úteis para a correção de desigualdades sociais e para a ampliação de oportunidades.

Existe, porém, um perigo na rejeição de uma ética universalista centrada no indivíduo. Ao privilegiar o grupo como a unidade fundamental de valor, a síntese identitária acaba reduzindo o indivíduo – em toda a sua complexidade, em todas as suas particularidades – a uma expressão singular de uma identidade coletiva. Tornam-se irrelevantes as qualidades que definem cada indivíduo como um ser complexo e autônomo: a habilidade cognitiva, a liberdade de pensamento, a capacidade de ação, a responsabilidade pelos próprios atos, as características únicas que o separam dos demais membros de um grupo.

Ao privilegiar uma categoria identitária, perde-se de vista também os múltiplos aspectos que formam a identidade de um indivíduo. As identidades, afinal, podem variar – e constituir-se de um retalho envolvendo classe social, gênero, etnia, religião, cultura, sexualidade, profissão, nacionalidade, língua, política, entre outros. Corre-se o risco, assim, de descartar a pluralidade de influências na formação das identidades individuais, frequentemente ignorando que um indivíduo pode, ao mesmo tempo, ser membro de "grupos" distintos.

A segregação identitária pode legar, ainda, sérias fraturas sociais ao privilegiar narrativas de conflitos entre grupos. Com isso, o debate político pode ser fatalmente prejudicado. Na lógica identitária, a militância pode confundir-se com expressão da consciência. A divergência é vista como falha de caráter. Questionamentos são entendidos como preconceito. Busca-se, muitas vezes, o "cancelamento" do opositor. Quem, afinal, conversaria com quem propaga a opressão e o ódio? Quem, de boa índole, se disporia a debater com um racista, um homofóbico, um misógino, um fascista? A política passa a ser dividida, portanto, entre bem e mal, entre oprimido e opressor, entre quem está a favor e contra, sem espaço para a divergência, para o dissenso, para a pluralidade.

***

A difusão de qualquer movimento intelectual ou político suscita reações. Foi assim com o Iluminismo. E não tem sido diferente com a síntese identitária, especialmente à luz de sua enorme influência cultural, acadêmica e política. Boa parte da reação à influência do pós-modernismo à esquerda, porém, tem sido conduzida por uma direita que igualmente preza por categorias identitárias em seu discurso.

Representantes dessa "nova direita" pós-liberal – objeto de análise da próxima seção – também têm buscado afirmar e defender temas relacionados à identidade coletiva e ao pertencimento a grupos específicos, mas com base em categorias distintas: etnia, religião, família, nação. Fazem referência a valores coletivos e procuram incentivar o orgulho de pertencimento a determinados grupos. No bojo dessas reações, formou-se um *campo de batalha de identidades*.

Tal como no pós-modernismo, a fonte de inspiração dessa "nova direita" é o contrailuminismo – só que com ênfases e formulações distintas. Para alguns intelectuais e analistas do novo movimento conservador, o mundo que resultou do avanço do liberalismo é um mundo desprovido de objetivo espiritual, regido pelo acaso, extirpado de significado. Haveria uma inquietação da "alma humana" nesse mundo. Ela prezaria pelos seus laços familiares e sociais, pela sua cultura, pela sua metafísica e pela sua religião – que estariam sob ataque, no

Ocidente, pelas forças do liberalismo e por suas pretensas alternativas revolucionárias pós-modernas. O resultado seria um sentimento de perda ontológica. Para alguns intelectuais dessa nova direita, o pós--modernismo teria intensificado esse sentimento. Ao buscar desconstruir as estruturas tradicionais, ao desmoralizar as crenças, ao despojar o pensamento contemporâneo das certezas estabelecidas, classificando-as como opressoras, a visão de mundo pós-moderna teria promovido debilitante sensação de *insegurança metafísica* e de *inutilidade pessoal*, deixando como legado um niilismo cínico, um vazio existencial a ser apenas preenchido pela dedicação às causas identitárias[185].

Outros intelectuais dessa nova direita vão além: enxergam no avanço das teorias pós-modernas o braço de uma conspiração internacional cujo objetivo seria promover a revolução comunista por meio do domínio das instituições culturais e políticas. Na era da hegemonia das democracias de mercado e do triunfo do liberalismo, a batalha de identidades ganhou novos contornos. Cabe, portanto, avaliar o outro lado dessa disputa com atenção.

A "nova direita" e seus inimigos contemporâneos

Durante a segunda metade do século XX, a ameaça que assombrava o Ocidente era facilmente identificada na União Soviética, que promoveu assiduamente alternativas revolucionárias mundo afora. O fim da Guerra Fria, porém, foi "uma vitória da qual os Estados Unidos nunca se recuperaram"[186].

A afirmação é de Janan Ganesh, colunista do jornal *Financial Times*, em artigo de 2019, no qual afirma que os Estados Unidos perderam, com o colapso do regime soviético, "um inimigo unificador". Enquanto o país era ameaçado de fora, havia um limite natural para as disputas internas. Era antipatriótico levar a política doméstica longe demais. Uma vez que essa ameaça externa deixou de existir, os americanos tornaram-se livres para travar as disputas políticas com mais desenvoltura. Ganesh recorda que a divisão em linhas partidárias não começou com o declínio do comunismo, mas atingiu nova virulência desde a queda do Muro de Berlim. De acordo com ele, nada fez mais para dividir a nação americana do que o sucesso da ordem criada por ela.

A disputa política doméstica nos Estados Unidos no século XX era facilmente identificada entre conservadores e progressistas. Muitos dos debates ocorriam sobre temas correntes: por exemplo, como melhor promover o crescimento econômico – com mais ou menos intervenção do Estado? Outros debates diziam respeito a como melhor reduzir desigualdades e incluir na sociedade grupos antes marginalizados, com base no fim de diferenciações: mulheres, negros, migrantes, homossexuais.

Na medida em que pautas identitárias passaram a ganhar espaço no debate público, surgiu uma disputa também dentro do movimento conservador dos Estados Unidos. Na nova formulação da política conservadora americana, a proteção da soberania nacional, da comunidade local e da cidadania são temas mais importantes do que a autonomia individual e a defesa do governo pequeno.

A mudança de orientação desse movimento ainda é um tema pouco explorado e discutido. Muitos dos autores que inspiraram essa "nova direita" não são conhecidos nos currículos acadêmicos. A pouca familiaridade com alguns desses nomes, porém, não os torna menos influentes. A narrativa que eu procuro descrever aqui não me leva a concordar com ela. Mas não podemos julgar o que não conhecemos. Por isso, dedico algumas páginas a descrever esse debate.

***

O movimento conservador nos Estados Unidos, durante boa parte do século XX, foi representado por uma fusão de duas perspectivas que possuem consideráveis divergências entre si: os tradicionalistas, representados por nomes como Russell Kirk e Richard Weaver, e os libertários, que encontraram forte amparo intelectual na escola austríaca de economia, representada por Ludwig von Mises e Friedrich Hayek; na filosofia objetivista de Ayn Rand; e na "liberdade de escolher", de Milton Friedman. Quando a União Soviética era o inimigo comum, essa fusão entre tradicionalistas e libertários triunfou. No início do século XXI, esse consenso foi desfeito – e hoje está morto e enterrado.

A fusão entre tradicionalismo e libertarianismo nos Estados Unidos, presente por décadas no Partido Republicano, foi orquestrada no contexto da Guerra Fria, especialmente nas páginas da revista *National Review*, fundada pelo jornalista conservador William Buckley Jr. em

1955, e consolidada politicamente no governo de Ronald Reagan[187]. Das páginas da *National Review* e da força política de Reagan, articulou-se uma visão de mundo que moldou a direita americana em face da ameaça representada pela União Soviética. A defesa conservadora das tradições, da cultura e das virtudes cívicas passou a incluir também a defesa do *laissez-faire* econômico e da ética individualista.

O sucesso dessa síntese, especialmente pelo lado econômico, perpassou linhas partidárias. Na década de 1990, a globalização, por exemplo, adquiriu forte impulso político, tanto no governo do republicano George H. Bush quanto no governo do democrata Bill Clinton. Com o fim da Guerra Fria, esse "fusionismo tradicionalista--libertário" tornou-se difícil de manter. As contradições ficaram mais evidentes já no início dos anos 2000, no governo de George W. Bush – e acentuaram-se com a Guerra do Afeganistão, com a Guerra do Iraque, em 2003, e, principalmente, com a crise financeira de 2008.

A ascensão política de Donald Trump foi a pá de cal no equilíbrio dessas forças. Desde 2010, são incontáveis os livros e artigos que decretam a morte dessa união entre tradicionalistas e libertários. Na nova concepção do movimento conservador americano, seria necessário regressar e proteger aquilo que é permanente – família, religião, comunidade, economia nacional –, que o liberalismo e a esquerda progressista ameaçariam.

O papel que a revista *National Review* desempenhou no movimento conservador dos Estados Unidos foi substituído pelo canal a cabo Fox News – fundado em 1996 por Rupert Murdoch e que floresceu durante o governo de Barack Obama, tornando-se a mais assistida rede de notícias a cabo no país. Uma das faces da emissora era conhecida: Tucker Carlson, apresentador do programa *Tucker Carlson Tonight*, que foi ao ar de novembro de 2016 a 2023, quando Carlson rompeu com a emissora.

Tucker Carlson consolidou-se como um dos maiores nomes do novo movimento conservador. O apresentador, que se identificava como um libertário até o início dos anos 2000, projetou-se como a voz de um novo populismo de direita: alguém que, mesmo antes de Donald Trump, havia falado contra as elites "corporativistas" e "globalistas", representadas nas lideranças dos dois maiores partidos dos Estados Unidos – o Democrata e o Republicano[188]. Ele se gaba de criticar, quando necessário, os dois lados. Carlson diz representar a voz do americano médio, esquecido pelas elites culturais, econômicas e políticas.

Carlson dizia opor-se tanto a libertários como a progressistas *woke*, buscando desenvolver uma visão de mundo que seria, ao mesmo tempo, "nacionalista na economia e tradicionalista em questões sociais"[189]. O ex-apresentador da Fox News enxergava o antigo Partido Republicano como "um grupo de políticos subordinados a interesses corporativos". Carlson descreveu as políticas econômicas de livre mercado – tão celebradas décadas antes – como meios para beneficiar "as elites às expensas do americano médio". Em julho de 2019, ele afirmou que os republicanos não "ousariam" proteger as indústrias dos Estados Unidos da competição externa, dado que isso poderia "alienar os ideólogos libertários que, até hoje, financiam a maioria das campanhas republicanas"[190].

Carlson também denunciou "a destruição causada pelo capitalismo abutre" em pequenas cidades do interior do país. Ele elogiou as políticas econômicas da democrata Elizabeth Warren como "economia que faz sentido óbvio", mas opõe-se ferozmente a outras pautas sociais, como a legalização do aborto, as políticas identitárias e, especialmente, a imigração[191]. Sob a justificativa de defender a unidade étnica, cultural e social dos Estados Unidos, Carlson promoveu repetidamente a teoria de que a chegada de novos imigrantes serviria para causar uma "substituição demográfica", cujo objetivo era tornar os americanos brancos em minorias e aumentar a base de eleitores do Partido Democrata[192].

As visões políticas e econômicas de Tucker Carlson representam, em grande medida, a síntese do novo movimento conservador dos Estados Unidos: nacionalista, populista (que diz proteger os interesses do povo contra os da elite), protecionista, tradicionalista – e que preza pela unidade social, pela coesão étnica, pela coerência cultural, pelos laços comunitários. Ele buscava ser a voz do "cidadão médio" na luta contra os mandos de uma elite distante, "politicamente correta" e insensível. Seus inimigos eram tanto os progressistas de esquerda, com suas pautas identitárias, quanto os liberais, com seu individualismo exacerbado e suas políticas econômicas que beneficiam poucos em detrimento de muitos. Carlson conseguiu traduzir para um público amplo velhas pautas da direita tradicionalista, mas ele não operou em um vácuo intelectual.

A lista de pensadores que têm influenciado o novo movimento conservador americano é extensa. Alguns nomes certamente poderão soar pouco familiares: Carl Schmitt, Oswald Spengler, Julius Evola, Francis Yockey, Alain de Benoist, Samuel Francis, Robert Nisbet, William Lind e Patrick J. Deneen. No Brasil, boa parte desses intelectuais foi lida e traduzida pelo escritor Olavo de Carvalho, que apresentou e adaptou algumas das ideias desses autores ao público brasileiro.

Esses intelectuais não formam um bloco coeso. Eles têm visões diferentes sobre etnia, religião, economia e estratégia política. Alguns se concentram obsessivamente na imigração e nas mudanças demográficas, outros na estagnação econômica ou na manutenção dos laços comunitários. Mas quase todos concordam que o mundo criado a partir das ideias clássicas do liberalismo e das visões da esquerda não seria capaz de traduzir os anseios do povo. Eles advogaram por uma revolução no pensamento conservador: passaram a defender um conservadorismo focado em bens públicos, não em interesses privados; um conservadorismo no qual a solidariedade nacional e a identidade étnica e cultural seriam seus principais eixos, não a autonomia individual[193].

Essa direita pós-liberal, em certa medida, buscou inspiração em algumas tradições da esquerda. Alguns desses autores entenderam que a esquerda teria avançado na concepção de novas formas de vida política e na "imaginação social". Feminismo, equidade de gênero, justiça racial, multiculturalismo – de acordo com eles, a esquerda governaria a vida política propondo avanços em questões culturais e identitárias, controlando a imaginação de novas formas de convívio em sociedade.

Enquanto a direita estava focada em temas como abertura comercial e financeira, a esquerda havia removido barreiras sociais, promovido o debate sobre a inclusão e a igualdade, pautado o imaginário popular sobre novos desenhos de sociedade, monopolizado a ideia de progresso, deixando os conservadores com pouco a dizer sobre o destino da cultura, das identidades coletivas, da vida comunitária. Havia chegado o momento em que esses papéis poderiam ser invertidos. Para ocupar esse espaço, a direita pós-liberal passou a contar uma história da degradação cultural do Ocidente por meio de dois antagonistas: um, a esquerda pós-moderna, o outro, o liberalismo.

No novo movimento conservador, criou-se a narrativa de que a esquerda pós-moderna seria a expressão de um "marxismo cultural" – um termo impreciso, que pode denotar não apenas uma "cultura" em torno das ideias marxistas, como também um contágio das ideias marxistas na cultura ocidental. De acordo com essa narrativa, filósofos pós-modernos procuraram avançar velhas pautas do marxismo nas escolas, na mídia, nas universidades, no cinema, na literatura, no *show business*. O objetivo dos pensadores pós-modernos seria corromper a cultura ocidental e, uma vez subvertida, difundir os ideais de revolução socialista.

Não bastaria, porém, apenas desacreditar a esquerda pós-moderna. Era necessário expor também as perversões do liberalismo, criticar o *status quo*, oferecer uma resposta ao "vazio ontológico" legado pelo modernismo, bem como proporcionar estabilidade e segurança, traçando caminhos para novas formas de organização social, calcadas no resgate das tradições, na vida comunitária, na solidariedade étnica e racial.

Esses autores afirmam que o liberalismo tem uma visão incompleta da vida humana. O liberalismo imaginaria os seres humanos como indivíduos estritamente racionais, cujas necessidades estariam baseadas em um cálculo utilitário sobre custos e benefícios. Os seres humanos, porém, deveriam ser entendidos como fundamentalmente moldados pela vida em sociedade.

A essa crítica, acrescentou-se outra: o liberalismo produzia consequências nefastas para a vida em sociedade. Visava libertar as pessoas para descobrir e expressar suas ambições individuais. Mas, ao desarraigar as pessoas de comunidades, das tradições e dos papéis sociais, o liberalismo desencadearia uma perigosa ansiedade em relação ao pertencimento, desvinculando os indivíduos de suas raízes étnicas e culturais. A visão de mundo individualista terminaria por encorajar o egoísmo, o hedonismo e a mediocridade. O triunfo do liberalismo coincidiria, portanto, com o colapso da ordem social[194].

Os expoentes dessa direita pós-liberal resgatam um tema antigo do movimento contrailuminista: será que o liberalismo moderno – com sua ênfase na razão, na autonomia dos indivíduos e na limitação do poder comunitário – pode ser acomodado pelas sociedades tradicionais do Ocidente?

Os pensadores contrailuministas já haviam dado a resposta: *não*. Para os pensadores dessa nova direita, a resposta continua a ser *não*, mas com uma diferença: a solução da crise social exige reconhecer que a identidade humana, em seu nível mais primordial, é algo herdado[195]. Em época de crescente individualismo, a mensagem do novo movimento conservador é que a identidade não pertence apenas ao indivíduo. Ela o une aos que são de sua comunidade e o separa para sempre daqueles que estão fora dela. Conhecer e afirmar essa herança identitária – por meio da etnia, da religião, da família e, especialmente, da nação – seria viver uma vida significativa; negá-la, uma tragédia e uma enorme injustiça.

***

Alguns dos intelectuais influentes dessa nova direita pós-liberal eram alemães que viveram sob a República de Weimar e durante a ascensão de Hitler, como Carl Schmitt, Ernst Jünget, Arthur van den Bruck e Oswald Spengler. Esses autores não eram adeptos entusiastas do regime nazista – e uns até o rejeitaram, incluindo suas teorias raciais. Mas tampouco eram simpatizantes do liberalismo anglo-saxão ou do socialismo soviético, cujos ideais eles culpavam pelo caos político e pela decadência da República de Weimar. Eles argumentaram que o liberalismo havia drenado o significado da vida social e política, sendo incapaz de invocar lealdades reais, de manter laços comunitários fortes ou de inspirar a verdadeira grandeza humana[196].

Outros nomes ganharam proeminência na Itália, como Julius Evola, cuja colaboração com o fascismo fez dele um dos intelectuais mais controversos na Europa do pós-Segunda Guerra. Seus livros resgataram a ideia de que os seres humanos são naturalmente desiguais – e que isso é um fator indispensável para a ordem política social. Nos Estados Unidos da década de 1950, Francis Yockey – americano simpatizante do fascismo italiano – escreveu amplamente sobre a "degradação cultural" do Ocidente. Na França de 1970, Alain de Benoist defendeu o direito de diversos grupos étnicos protegerem seus costumes, suas tradições e sua coesão comunitária dos efeitos do liberalismo – isto é, da "atomização" da vida em sociedade.

Mais recentemente, Samuel Francis – colunista e ensaísta americano, que morreu em 2005 – ganhou destaque no debate político dos Estados Unidos. Francis não viu sua visão de mundo tornar-se influente entre eleitores do Partido Republicano. Ele passou boa parte de sua carreira atacando um movimento conservador que acreditava não representar os interesses de classe dos cidadãos médios.

Em um ensaio de 1996 chamado "From Household to Nation" ("Da casa à nação"), publicado na *Chronicles Magazine*, Francis escreveu como a ideia de família, anteriormente centralizada no lar e na transmissão de valores morais e culturais, foi gradualmente substituída pelo conceito de nação como a unidade fundamental da coletividade, influenciando tanto as políticas públicas quanto a identidade dos indivíduos[197]. Essa mudança, impulsionada por forças como a industrialização e o nacionalismo, trouxe junto desafios e conflitos, deslocando a ênfase na intimidade do lar para a abstração da identidade nacional.

No texto, Francis deu alguns conselhos para o então candidato nas primárias do Partido Republicano à eleição presidencial, Pat Buchanan. Disse que ele poderia fortalecer seu argumento em favor da preservação das tradições e valores culturais, contextualizando-os dentro do quadro mais amplo da identidade nacional. Sugeriu que Buchanan abandonasse a retórica a favor do livre mercado e prometesse lutar contra a "exploração" dos trabalhadores americanos médios, que estariam sendo oprimidos em diversas frentes – economicamente, por meio da tributação excessiva e do "desenho de uma economia globalizada"; culturalmente, pela destruição das normas costumeiras e das instituições tradicionais; e politicamente, pelo "Leviatã federal".

Francis também fez um alerta contra as "elites globalistas", que "gerenciam a deslegitimação de nossa cultura, a desapropriação de nosso povo e desconsideram ou diminuem nossos interesses nacionais e nossa soberania". Essas elites presidiriam a degradação da economia dos Estados Unidos ao abri-la demasiadamente ao resto do mundo. Francis encorajou os republicanos a fazerem campanhas para limitar a imigração, "salvar empregos" e "devolver aos americanos médios o seu lugar central na vida da nação"[198].

Partes do ensaio de Francis foram lidas em janeiro de 2016 por Rush Limbaugh, popular locutor de rádio e comentarista político nos

Estados Unidos, falecido em 2021. Limbaugh saudou o ensaio de Francis como o "manifesto do movimento trumpista" que ninguém, incluindo o próprio Donald Trump, havia sido capaz de formular. O texto de Francis descrevia uma base eleitoral conservadora, incompreendida e explorada por décadas, cujas vidas se assemelhavam mais às de um "proletariado" do que de uma classe média individualista. Limbaugh admitiu que o nacionalismo e o populismo – e não a ortodoxia de livre mercado – eram o coração do Partido Republicano, bem como o caminho mais viável para o sucesso eleitoral[199].

Samuel Francis, ao longo de sua vida, procurou formular uma doutrina política que pudesse desmantelar o liberalismo propagado por elites "distantes e dissonantes" da realidade dos eleitores. Seu objetivo era fomentar uma "revolução do americano médio" – sobretudo em termos raciais. Francis buscou sintetizar o populismo nacionalista com ressentimentos étnicos crescentes, devido à queda da representatividade demográfica de americanos brancos. Ele advertiu que, "se os Estados Unidos quisessem sobreviver como país, os brancos teriam que aprender a identificar seus interesses, assim como seus inimigos, em termos explicitamente raciais"[200].

Além desses autores, há outros dois ensaístas americanos que se mostraram bastante influentes na reconfiguração do movimento conservador dos Estados Unidos nos anos recentes e que merecem atenção especial: William Lind e Patrick J. Deneen. Lind escreveu uma análise fantasiosa, porém bastante influente, contra o "marxismo cultural", enquanto Deneen tem se consolidado como uma das principais vozes conservadoras nos Estados Unidos contra a influência do liberalismo clássico.

O fantasma do "marxismo cultural"

William Lind publicou diversos textos na década de 1990, em que descrevia a evolução de um movimento que chamou de "marxismo cultural". Em 2000, ele sintetizou sua teoria em uma conferência na American University, em Washington, D.C., que chamou de *As Origens do Politicamente Correto*[201]. Lind depois publicou um livro sobre o assunto, intitulado *Politicamente Correto: Breve História de uma Ideologia*, de 2004[202]. Em ambos, buscou estabelecer conexões entre as batalhas de identidades do pós-modernismo e os supostos objetivos veladamente revolucionários de seus autores.

Na conferência proferida na American University, Lind disse que, após a Revolução Russa de 1917, "tornou-se claro para muitos pensadores marxistas que outros países não seguiriam o exemplo dos bolcheviques soviéticos"[203]. Se, de acordo com Marx, a principal luta seria a de classes, como explicar o fato de que proletários e burgueses lutaram juntos na Primeira Guerra Mundial? Afora algumas tentativas fracassadas – como a Liga Espartaquista, em Berlim, o governo Bela Kun, na Hungria, e os sovietes de Munique –, não houve uma onda de revoluções comunistas pelo continente europeu, como previra Lênin após a Primeira Guerra.

Lind descreve que, após a Primeira Guerra, dois teóricos marxistas buscaram identificar os motivos da falta de apoio dos trabalhadores à causa comunista: Antonio Gramsci, na Itália, e Georg Lukács, na Hungria. Ainda na década de 1920, Gramsci disse que a cultura ocidental, e particularmente a religião cristã, impedia os trabalhadores de enxergar os seus verdadeiros interesses de classe. Lukács também teorizou que o grande obstáculo para a revolução marxista eram a cultura e a civilização ocidentais. Para avançar os objetivos revolucionários, Gramsci e Lukács preconizavam que os socialistas deveriam "empreender uma longa marcha através das instituições" – escolas, igrejas, imprensa, universidades –, tornando a cultura o principal campo de batalha para consolidar a revolução[204].

A história contada por Lind tem Lukács como protagonista: quando foi designado vice-comissário do Povo para a Cultura e a Educação Popular no governo de Bela Kun em Budapeste, em 1919, o filósofo húngaro teria instituído um programa de "choque cultural" a favor das ideias marxistas[205]. Mas o governo de Bela Kun foi curto – durou apenas quatro meses. Lukács, então, voltou-se à academia. Em 1923, na Alemanha, conheceu o jovem marxista e milionário alemão Felix Weil. Influenciado pelas ideias de Lukács e de Gramsci, Weil ajudou a fundar o Instituto de Pesquisa Social na Universidade de Frankfurt, que depois ficou conhecido como a *Escola de Frankfurt*. Nessa "escola" foram formados pensadores como Theodor Adorno, Max Horkheimer, Herbert Marcuse e Walter Benjamin – grandes expoentes do pós-modernismo.

William Lind destacou que os membros da Escola de Frankfurt não eram apenas marxistas, mas também judeus. Quando os nazistas chegaram ao poder na Alemanha, em 1933, fecharam o Instituto de Pesquisa Social. Seus integrantes, então, fugiram para Nova York e o instituto foi restabelecido com a ajuda da Universidade de Columbia. Ao longo da década de 1930, os membros da Escola de Frankfurt teriam mudado o foco de suas críticas e análises: da sociedade alemã para a sociedade americana.

De acordo com Lind, a Escola de Frankfurt, passando a operar nos Estados Unidos, teria gestado uma "consciência revolucionária" em diversos setores por meio de uma suposta subversão da cultura americana[206]. Adorno teria lançado uma crítica aos "fundamentos burgueses do que é geralmente percebido como beleza e qualidade". Marcuse, em seu *Eros e Civilização* (1955), teria introduzido um "elemento sexual" nessa crítica, acusando o Ocidente de ser "patriarcal e heteronormativo", atacando "as estruturas de autoridade da família tradicional". Horkheimer, por sua vez, teria lançado as críticas ao "materialismo" e à "busca incessante do domínio da natureza". Lind defende que essas ideias desaguam na revolução sexual da década de 1960, na *New Left* dos anos 1970, no feminismo, nas pautas LGBT, nas políticas de ação afirmativa, nos movimentos ambientalistas.

Ainda de acordo com Lind, os "marxistas culturais", seguindo a cartilha de Gramsci e de Lukács, teriam ocupado outras instituições que influenciam a cultura, como os jornais e os estúdios de Hollywood. O alerta conspiracionista de Lind era claro: o novo movimento revolucionário de esquerda ocorreria não pelo controle dos "meios de produção", mas sim pelo controle dos "meios de pensamento" – utilizando como instrumentos não armas, mas sim o feminismo, o "gayzismo", o ambientalismo, as políticas de ações afirmativas, o multiculturalismo. Os Estados Unidos estariam passando pela "maior e mais terrível transformação de sua história", influenciados pelo que ele chamou de "politicamente correto"[207].

No Brasil, a narrativa de William Lind foi apresentada por Olavo de Carvalho em artigo intitulado "Do Marxismo Cultural", publicado no jornal *O Globo*, em 2002 – uma tradução literal dos artigos e palestras do autor americano[208]. Carvalho voltou a explorar esse tema em livros, em inúmeras palestras e em cursos de filosofia ministrados em plataformas virtuais.

***

É fato que Gramsci e Lukács defenderam o avanço da revolução comunista por meio das instituições culturais. Mas Lind distorce essa influência, inflando-as a fim de ilustrar uma suposta conspiração para promover objetivos veladamente revolucionários. A simples existência dessas correlações não leva necessariamente à conclusão de que existe um articulado complô internacional para promover a revolução comunista por meio do domínio das instituições culturais de um país – quiçá de toda a "civilização ocidental".

A narrativa de Lind serve a outros propósitos: tachar qualquer expressão cultural ou intelectual de esquerda como uma "arma revolucionária" que deve ser combatida, deslegitimando-a. Serve também para chamar a atenção de conservadores para as batalhas identitárias. Os novos inimigos a serem combatidos eram os acadêmicos, a grande mídia, os ativistas de direitos humanos, os ambientalistas, as feministas, os defensores de direitos LGBTs, os artistas.

Não é à toa que a narrativa do "marxismo cultural" se encaixa tão bem nas batalhas identitárias que têm marcado este início de século. Sua função é lastrear ações de combate. Se a revolução comunista avançar pela cultura, é nela que a direita pós-liberal pretende travar as lutas antirrevolucionárias. Combater o "marxismo cultural" seria, nesse caso, excelente oportunidade para políticos, analistas e intelectuais – que antes ocupavam pouco espaço no debate público – promoverem a si próprios na articulação dessas ofensivas.

Nessa batalha de identidades (no que alguns chamam de "guerra cultural"), tudo vale. O apego à razão, à verdade, à prudência é deixado de lado. *Fake news* viram armas na luta de narrativas. Fazendo uso indiscriminado de mentiras, aqueles que dizem combater o "marxismo cultural" acabam por se tornar, eles próprios, relativistas. No afã de combater a influência do pós-modernismo, acabam por mimetizar alguns arcabouços epistemológicos dessa corrente filosófica: o conhecimento humano seria subjetivamente determinado, marcado pela ambiguidade e pelo pluralismo; a busca pelo conhecimento deveria ser interminavelmente revisada; não se pode confiar em nenhum pressuposto; não existem absolutos; tudo deve ser questionado; a realidade é mais uma possibilidade do que um fato.

Na visão da direita pós-liberal, afirmações oriundas do *establishment cultural* devem ser vistas como uma tentativa de impor dogmas fraudulentos. Tudo que é oriundo das elites, da mídia, dos estúdios de cinema, das universidades teria um vício de origem: seria, por natureza, falso, dissimulado, ardiloso. Renegam o conhecimento oriundo das universidades – que seriam todas contaminadas pela mentalidade de esquerda. Não confiam nos especialistas, nos cientistas, nos jornalistas. São propensos, por isso, a teorias da conspiração e alimentam seus discursos, suas narrativas e supostas "verdades" na Internet, em correntes de mensagens, em *tweets* apaixonados, em grupos fechados e desenhados a validarem-se a si próprios.

Na luta contra o "marxismo cultural", muitos autores, como o próprio William Lind, também deixam escapar os mais rasteiros preconceitos. A preocupação de Lind com o judaísmo dos intelectuais da Escola de Frankfurt, por exemplo, oferece retoques antissemitas à sua narrativa. Há também retoques racistas. Em 1999, Lind escreveu que "o dano real às relações raciais no Sul [dos Estados Unidos] não veio da escravidão, mas da Reconstrução, que não teria ocorrido se o Sul tivesse vencido [a guerra civil]"[209].

As ideias também têm suas consequências nefastas. Em seu manifesto de 1.500 páginas, Anders Breivik, que em 2011 matou 77 pessoas na Noruega, a maioria jovens de esquerda em um acampamento do Partido Trabalhista, invocou repetidamente o "marxismo cultural" como uma das razões pelas suas atrocidades, citando Lind em diversas páginas[210].

A luta contra o "marxismo cultural" é apenas uma das expressões que ganharam fôlego no início do século XX, mas não ajuda a explicar, por si só, a emergência do nacional-populismo, ainda que essa narrativa tenha nela encontrado terreno fértil. O liberalismo deixou de ser um "aliado" na luta contra o comunismo soviético e passou a ser também um inimigo a combater.

A agonia da imaginação liberal

É inegável que o liberalismo tem passado por momentos de angústia neste início de século. Mas essa agonia não é nova. No século XIX, Max Weber já argumentava que o capitalismo pode ser entendido como parte do processo de "desencanto" do mundo, despojando os objetos materiais e as relações sociais de seu mistério e sacralidade[211].

Na segunda metade do século XX, outros autores conservadores, como Russell Kirk, observaram que a modernidade escancarava o vazio do relativismo ao dissolver as visões de mundo tradicionais. Ignorando a "força motriz do espírito", o capitalismo rejeitaria o divino e quebraria os encantos referentes a valores sagrados. Hoje, intelectuais como Patrick J. Deneen resgataram esses temas para respaldar mudanças no movimento conservador americano.

Deneen – teórico político e professor da Universidade de Notre Dame, localizada no estado de Indiana – tem despontado como um dos principais críticos contemporâneos às ideias liberais. Ele ganhou popularidade com o livro *Por que o liberalismo fracassou*[212]. De acordo com o professor, a atual hegemonia dessas ideias teria causado uma "doença social" no Ocidente. Os sintomas poderiam ser observados na distorção crescente na distribuição de riqueza; na decadência das instituições tradicionais (associações civis, Igreja, sindicatos e, principalmente, família); na perda de confiança na autoridade; na perda de confiança entre cidadãos; na crescente desilusão com a justiça; na persistente polarização entre aqueles que querem sociedades abertas e aqueles que querem preservar as tradições[213].

Deneen foi influenciado por Robert Nisbet, autor de *The Quest for Community* ("A busca pela comunidade"), de 1953[214]. Na perspectiva de ambos, o sucesso do liberalismo veio acompanhado de um paradoxo: o valor central atribuído à autonomia individual resulta em um sentimento de perda de liberdade para muitos cidadãos. Nisbet reconhece que o liberalismo legou ao homem ocidental poder, autonomia, expansão do conhecimento, domínio sobre a natureza e êxito material sem precedentes históricos. Ao mesmo tempo, o liberalismo teria enfraquecido a "posição espiritual" do ser humano, eliminado laços comunitários e promovido a ausência de fronteiras tradicionalmente estabelecidas – seja entre povos, seja entre pessoas (como aquelas que separam homens de mulheres). A influência da filosofia contrailuminista é clara.

Deneen afirma que o liberalismo surge de uma redefinição da natureza da liberdade, transformando-a em quase o oposto de seu significado original. O liberalismo moderno entenderia a liberdade como ausência de coerção, mas a verdadeira liberdade advém do que os antigos entendiam como a condição de *autogoverno* – que poderia ser alcançado pelo indivíduo ou por uma comunidade política[215]. Ele observa que alcançar o autogoverno é uma tarefa custosa, que exige sacrifícios e demanda ampla prática de virtudes – particularmente o controle, o domínio dos impulsos e a disciplina.

A vida, afinal, é bruta. De acordo com o professor, governar-se requer restrições à escolha individual, demanda o entendimento das responsabilidades, exige comedimento e propensão a tolerar sacrifícios. A experiência necessária para atingir o autogoverno estaria cristalizada em costumes e tradições. Citando São Tomás de Aquino, Deneen considera o costume uma forma de lei, e muitas vezes superior à lei formal, tendo o benefício de ser um "consentimento de longa data".

De acordo com Deneen, o liberalismo conceberia a liberdade como o oposto dessa concepção mais antiga de autogoverno. Entenderia a liberdade como a ausência de restrições externas, incluindo as normas costumeiras. Sem as restrições impostas pelos costumes e pelas tradições, a manutenção da ordem social somente seria possível por meio de leis e de regulação estatal. O liberalismo, portanto, ao desmontar a tradição dos costumes e ao substituí-la pela lei promulgada, ironicamente exigiria uma expansão constante do Estado. Sem outros fundamentos para orientar e restringir a ação dos indivíduos, apenas o Estado poderia cumprir esse papel. A morte dos costumes e das tradições daria vida ao Estado paternalista.

Dinâmica semelhante seria vista no âmbito econômico: o liberalismo moderno exigiria a demolição de quaisquer obstáculos que pudessem impedir a expansão do mercado. Antes um espaço definido e limitado dentro da cidade, o mercado passaria a ser concebido como um espaço global. A globalização seria o ápice desse movimento de expansão, abocanhando parcelas cada vez maiores da autonomia e da soberania de pequenas comunidades, que ficam à mercê de dinâmicas e de forças poderosas sobre as quais não têm nenhum controle.

Ao consolidar sua influência, o liberalismo exigiria – por mais contraditório que possa soar – uma expansão quase ilimitada do Estado e do mercado. Em nome da libertação do indivíduo, as sociedades liberais do Ocidente teriam criado uma arquitetura estatal massiva e uma economia globalizada – que, juntas, deixaram os cidadãos e as comunidades impotentes e oprimidas. É desse contexto que teriam surgido os descontentamentos eleitorais "populistas" dentro das sociedades liberais no Ocidente. O povo teria reagido contra forças econômicas "titânicas" e contra estruturas políticas "distantes e ingovernáveis"[216].

As respostas "populistas" seriam, de acordo com Deneen, uma reação à "ingovernabilidade dos domínios econômico e político". Representariam um esforço de baixo para cima para reafirmar o controle sobre "um Estado cada vez mais administrativo e uma economia cada vez mais desnacionalizada". Os cidadãos frustrados tentariam reafirmar o controle político e econômico sobre seu destino. O populismo seria o resultado do "esforço contemporâneo para afirmar o controle sobre as estruturas estatais centralizadas e o mercado global". O populismo sinalizaria, portanto, de acordo com Deneen, um impulso democrático revigorado[217].

Deneen também afirma que a vida social produz fronteiras, que separam comunidades, nações e seres humanos. Ao desenvolver uma pretensão universalista, a filosofia liberal tenderia a quebrar constantemente as fronteiras nacionais, étnicas, culturais – e até biológicas. O liberalismo – com seu individualismo exacerbado e com a "mercantilização" constante das relações sociais – diminuiria o valor atribuído a aspectos da vida humana que proporcionam um senso de propósito e de transcendência: o sagrado, a religião, a cultura, a família, o matrimônio, a educação, a solidariedade, o sentimento de pertencimento a uma comunidade (cultural, geográfica, étnica).

Deneen defende, ainda, que a democracia não funciona bem em um regime liberal. De acordo com ele, a democracia requer hábitos que o liberalismo teria como objetivo desconstruir: práticas sociais compartilhadas e compromissos de cidadania que surgem de comunidades políticas locais, pequenas, densas e coesas – "e não uma coleção aleatória de indivíduos desconectados entrando e saindo de uma cabine eleitoral"[218]. As comunidades políticas surgiriam porque existem experiências sociais compartilhadas. Elas permitiriam o envolvimento constante e próximo dos cidadãos nos assuntos que dizem respeito à *polis*. A vida em comunidade, portanto, fundamentaria a democracia.

∗∗∗

Não é difícil aceitar que o liberalismo clássico tem seus problemas. É mais difícil, no entanto, ignorar os custos das supostas "alternativas". No caso de Deneen, ele não busca prescrever uma alternativa, ou fazer um desenho de uma "sociedade perfeita", mas afirma que algo mais poderia ser desenvolvido para substituir o liberalismo. Ele diz que a resposta adequada seria "transformar o lar em uma pequena economia". O lar pode ser a comunidade, as tradições, os costumes – onde residiria a verdadeira liberdade.

Ao defender a comunidade como o espaço de cultivo da verdadeira liberdade (o autogoverno), Deneen – tal como outros autores da direita pós-liberal – comete um erro de base: esquece que a comunidade também pode ser o local para preconceitos rasteiros, de exclusão e de tirania, sem que se ofereça uma saída para aqueles que não se conformam com as exigências do clã. O Iluminismo surgiu, afinal, como uma reação à mão de ferro e ao despotismo da coletividade.

Comunidades fechadas não são paraísos utópicos. Historicamente, a comunidade tem sido também um local de exclusão cultural, de segregação e de conflitos. O liberalismo, convém recordar, não se desenvolveu em um vácuo histórico – foi uma reação à opressão, às carências e às disputas oriundas do aprisionamento comunitário e da segregação tribal. As comunidades feudais, por exemplo, pouco ofereceram para poupar seus membros da pobreza abjeta e de conflitos com outros grupos. O surgimento dos mercados e do Estado-nação também foi uma resposta a essas deficiências.

Como diz João Pereira Coutinho, em texto em que comenta o legado de Olavo de Carvalho: "A modernidade política não é, hoje, uma opção, é um fato histórico. Ela é o resultado de um fenômeno irreversível – a experiência da individualidade – que emergiu no mundo pós-medieval com as suas demandas próprias. Entre elas, está a vontade de vivermos as nossas vidas e de deixarmos os outros viverem as vidas deles, sem que exista um poder central que determine uma única moralidade pública. Em política, a nação não está acima de tudo, nem Deus está acima de todos"[219].

Convém lembrar, ainda, que o triunfo da "experiência da individualidade" – consagrada na filosofia liberal – jamais significou o fim das comunidades ou dos laços sociais. Hoje, ninguém impediria Deneen de fazer o que ele prescreve: formar uma família, encontrar pessoas com ideias semelhantes, reuni-las em uma comunidade, ir semanalmente à Igreja, educar os filhos nos costumes em que acredita.

A formação das sociedades liberais contemporâneas tampouco significou o fim das tradições. Elas continuam a existir no contexto do pluralismo intrínseco das sociedades modernas. Recorro novamente a Coutinho: "Uma tradição é como uma língua: ela pode ser aprendida e usada. Mas em nenhum momento o conhecimento de uma língua determina o que devemos dizer ou pensar"[220].

As comunidades facilmente erguem muros. A ênfase exagerada na tradição, na harmonia cultural, no rechaço do que é estrangeiro, bem como a aversão a ideias novas, pode levar à tirania. Avessas a tudo que possa ameaçar a sua unidade, as comunidades – inclusive as famílias – podem impor um rígido controle interno, demandando fidelidade e sacrifícios contínuos dos seus membros. Dos indivíduos requer-se conformidade. E aqueles indivíduos que não se conformam possuem pouco espaço no grupo uniformizado.

No livro *Democracia, o Deus que Falhou*, de Hans-Hermann Hoppe, publicado em 2001, o autor afirma que "em uma aliança fundada com a finalidade de proteger a família e os clãs, não pode haver tolerância para com aqueles que habitualmente promovem estilos de vida incompatíveis com esse objetivo. Eles – os defensores de estilos de vida alternativos, avessos à família e a tudo que é centrado no parentesco (como, por exemplo, o hedonismo, o parasitismo, o culto da natureza e do meio ambiente, a homossexualidade ou o comunismo) – terão de ser também removidos fisicamente da sociedade"[221]. Como afirmou Martim Vasques da Cunha, em texto da revista *Piauí*, ao comentar o livro de Hoppe, essa "ordem social" – comunitária em essência – seria uma ordem social totalitária[222].

O apego à unidade social e à filiação comunitária é um impulso sedutor em um mundo cosmopolita que não oferece estabilidade. As incertezas da vida em uma sociedade liberal – que preza pela autonomia individual, mas que não oferece garantias – podem aumentar a demanda de muitas pessoas por segurança, harmonia e consistência. A comunidade também oferece uma sensação de pertencimento – que atrai aqueles que se sentem desprotegidos em um mundo no qual as forças políticas operam em instâncias estatais longe de sua realidade, e no qual as forças econômicas respondem a flutuações de um mercado globalizado ainda mais distante.

Além de uma sensação de pertencimento, o coletivo fornece uma função para cada um de seus membros. Como ressaltou Contardo Calligaris – psicanalista italiano radicado no Brasil e falecido em 2021 –, há algo na dinâmica de nossa subjetividade individual que faz com que deixar de ser um indivíduo seja uma tentação constante, como se buscássemos fugir da liberdade[223]. A devoção a um grupo ou a uma causa coletiva pode ser vista como uma maneira de escapar da solidão – ou da "experiência da individualidade". Ser um indivíduo autônomo, afinal, é algo pesado, dolorido, custoso. Em contrapartida, a adesão comunitária oferece a um indivíduo uma sensação de pertencimento, uma referência, uma identidade – e um vigoroso senso de propósito.

O coletivo pode oferecer uma localização e um ponto de apoio a situar um indivíduo no mundo, permitindo que ele não se sinta isolado, estranho. Com isso, não é necessário pensar para decidir a sua vida – é necessário apenas preencher sua função. É bom o que é funcional ao grupo – ruim, o que não é. Não raro, porém, a filiação comunitária torna-se um véu que encobre existências caídas e o medo do fracasso, da banalização social e do isolamento.

Resistir a essas tentações passa pela reafirmação do indivíduo como um agente social autônomo e pela liberdade de não pertencer. A consciência individual é o instrumento necessário que deve ser resguardado diante dos abismos das tiranias coletivas. Apenas o foro íntimo pode impor limites à banalidade do mal promovida por quem enxerga o grupo – ou a causa coletiva a que se dedica – como a principal referência moral. Resguardar a autonomia de consciência individual requer, ainda, uma postura de humildade – em especial, o reconhecimento da nossa imperfeição intelectual e moral; e o reconhecimento de que essa imperfeição não autoriza o desenho de comunidades perfeitas.

Essa exposição sobre as ideias que pautam a direita pós-liberal serve para mostrar que a batalha entre indivíduo e coletivo tem ganhado novos contornos. Mundo afora, milhões de pessoas renovaram a disposição para aderir a movimentos coletivos, abandonando os desafios da individualidade. O ciclo é conhecido: em épocas de estabilidade, como antes de 1914 ou depois de 1945, as ideias do Iluminismo moderno serviram de inspiração e ajudaram na consolidação das democracias de mercado. Em épocas de instabilidade e em períodos de angústia, como entre as duas guerras mundiais, movimentos coletivistas renovaram as críticas às ideias liberais clássicas, propagando posições reacionárias e autoritárias. Desde a virada do milênio, vivemos novamente um período de angústias: sociais, políticas, econômicas e financeiras. O terreno tem se mostrado fértil para a renovação de causas coletivas, desta vez representadas por movimentos nacional-populistas liderados por "homens fortes" – no sentido de que são capazes de resolver os flagelos sociais de nosso tempo.

O homem forte no Ocidente

Em agosto de 2021, Tucker Carlson passou uma semana em Budapeste. O ex-apresentador da Fox News celebrou as conquistas do primeiro-ministro da Hungria, Viktor Orbán, com quem se reuniu e gravou entrevistas. No início de 2022, Carlson lançou um documentário: *Hungary vs. Soros: Fight for Civilization* ("Hungria *vs.* Soros: luta pela civilização", em tradução livre)[224].

O documentário de Carlson retrata a Hungria como um paraíso conservador nacionalista, com fortes políticas pró-família, que venceu a imigração ilegal por meio de rígido controle de suas fronteiras. E o bilionário húngaro George Soros – mostrado apenas em preto e branco – é retratado como um vilão que gastou considerável parte de sua fortuna tentando eliminar as fronteiras nacionais, promover políticas de esquerda e, em geral, travar uma guerra ideológica contra os verdadeiros defensores das tradições do Ocidente.

Desde 2010, a Hungria foi fundamentalmente transformada pelo primeiro-ministro Viktor Orbán e seu partido Fidesz. Orbán havia sido primeiro-ministro de 1998 a 2002 e voltou ao poder em 2010, com apoio esmagador do eleitorado. Ele utilizou a ampla maioria que seu partido havia conquistado no Parlamento húngaro para fazer mudanças amplas no sistema de governo, levando à consolidação de seu comando. Ele também ampliou o controle sobre a imprensa, as universidades, o sistema eleitoral e o judiciário. Orbán foi reeleito em 2014, 2018 e 2022, com o Fidesz mantendo maioria parlamentar.

Em 2014, em um discurso proferido em Bálványos, município localizado na região da Transilvânia, na Romênia, diante de uma plateia composta principalmente por húngaros, Orbán declarou que seu país havia abandonado os princípios liberais de organização política e social. Inspirada por "estrelas internacionais", como China, Singapura, Turquia e Rússia, a Hungria adotaria "uma forma de governo iliberal"[225]. Orbán afirmou que, como o liberalismo promove os interesses egoístas de indivíduos – muitas vezes antipatrióticos –, apenas uma democracia "não liberal" pode servir devotadamente aos interesses do povo e da nação.

Orbán declarou que a Hungria é uma democracia *iliberal* porque o governo favorece, tanto em sua retórica quanto em suas ações, um conjunto de crenças e políticas em detrimento de princípios universais. Por exemplo, políticas que visam privilegiar a harmonia social, as tradições cristãs, a unidade cultural, a coesão comunitária, a vida familiar são ostensivamente favorecidas. As vitórias eleitorais de Orbán e de seu partido teriam dado a chancela necessária para a implementação dessas políticas, que seriam um reflexo da vontade do povo húngaro – afinal, uma democracia *iliberal* ainda seria uma democracia.

Em agosto de 2022, Orbán foi destaque na Conferência Política de Ação Conservadora (CPAC, na sigla em inglês), o maior evento conservador dos Estados Unidos, que naquele ano aconteceu em Dallas, no Texas, e já teve duas edições no Brasil, em 2019 e em 2021. A mensagem do líder húngaro no evento buscou unir a sua própria narrativa de *triunfo iliberal* com as insatisfações dos conservadores americanos contra a *hegemonia liberal* que ainda imperaria nos Estados Unidos. Orbán retratou a "luta política" em seu país e na Europa como uma dura "guerra cultural" sobre questões como migração, casamento entre pessoas do mesmo sexo e contra o "politicamente correto"[226].

***

Movimentos políticos nacionalistas, com forte apelo popular, não são uma novidade histórica. O século XX foi terreno fértil para esses movimentos: Mussolini na Itália, Franco na Espanha, Hitler na Alemanha, Vargas no Brasil, Perón na Argentina. Não é à toa que, para explicar o nacional-populismo do século XXI, alguns analistas recorreram a imperativos do século passado, associando-o ao fascismo e ao totalitarismo. Mas o mundo de 2016 não era o mundo de 1939. As circunstâncias que possibilitaram a formação do quadro político dos últimos anos são únicas. Recorrer às categorias do início do século XX para analisar o começo do século XXI pode ser didático, mas é insuficiente.

O nacional-populismo do século XXI foi atributo de diversos países que passaram, cada um à sua maneira, a questionar fundamentos da ordem liberal contemporânea, inclusive das ideias que a sustentam. Movimentos nacional-populistas possuem traços locais específicos e respondem a contextos domésticos particulares, mas é possível extrair deles atributos comuns.

Os professores britânicos Roger Eatwell e Matthew Goodwin, por exemplo, explicaram o ressurgimento desse movimento por meio de quatro "Ds": a *desconfiança*, destacando o amplo sucesso dos movimentos "antipolíticos" como resultado de níveis muito baixos de confiança pública nas elites e nas instituições; a *destruição* de noções de longa data de identidade comunitária, acelerada pelo avanço da globalização, da imigração e dos conflitos culturais; a *desigualdade*, provocada pelos efeitos de uma economia globalizada; e o *desalinhamento*, fenômeno há muito discutido de deslocamento entre os desejos dos eleitores e os dos partidos políticos[227].

Outros autores – como Yascha Mounk, Gideon Rachman e Moisés Naím – ofereceram explicações adicionais para a emergência do nacional--populismo do século XXI. Mounk observou que dois componentes centrais da democracia liberal – direitos individuais e vontade popular – estariam cada vez mais em conflito um com o outro em algumas democracias de mercado ocidentais, em especial os Estados Unidos[228]. Mounk buscou separar os termos "democracia" e "liberalismo": ao passo que o primeiro seria um meio para transformar a opinião da maioria da população em políticas públicas, o segundo seria um meio para proteger o direito dos indivíduos e a impor limites ao exercício do poder.

De acordo com Mounk, o aumento da desigualdade de renda, o crescimento da insatisfação social e a descrença nas elites levaram à formação de movimentos políticos, liderados por figuras carismáticas, que se dizem representantes dos anseios do povo (preservando o componente *democracia*), mas que dão pouca importância às normas liberais – como imprensa livre, devido processo legal, transparência, tolerância, respeito às minorias e liberdades civis. O resultado é um choque entre a vontade popular e as normas liberais, produzindo sistemas como a *democracia iliberal* de Viktor Orbán.

O jornalista britânico Gideon Rachman, por sua vez, descreveu o nacional-populismo contemporâneo por meio da ascensão global do que ele chama de "homens fortes"[229]. Rachman analisou a ascensão recente desse personagem em diferentes regiões do mundo: Brasil, China, Estados Unidos, Filipinas, Hungria, Índia, México, Polônia, Rússia, Turquia. Apesar das diferenças de cada um dos casos, o autor observa alguns padrões: campanhas contra a mídia e contra outros ramos do governo, especialmente os tribunais; ataques contra as elites locais; cultos à personalidade; divulgação deliberada de mentiras e informações falsas por meio de mídias sociais; revisões constitucionais para cimentar vantagens eleitorais; e o uso corriqueiro de poderes emergenciais previstos para circunstâncias adversas.

Já o economista Moisés Naím buscou um objetivo mais ambicioso: fornecer uma estrutura conceitual para entender o ressurgimento da autocracia[230]. Ele descreveu o fenômeno por meio de três "Ps": *populismo, polarização* e *pós-verdade*. O autor procurou demonstrar como a combinação dos dois primeiros "Ps" permite que um político autocrata ganhe e mantenha o poder por meios democráticos – criando o que ele chama de autocracia "furtiva". Os autocratas aproveitariam os descontentamentos existentes causados pela estagnação econômica, pela corrupção ou pelo crime para criar uma barreira entre as elites e o povo. Após montar uma base de apoio populista, eles então desmontariam os freios e contrapesos que normalmente restringem o poder em uma democracia liberal.

A polarização não é apenas um meio pelo qual os autocratas ganham e mantêm o poder, mas também ajuda a produzir o que Naím identifica como "antipolítica": uma rejeição ou repulsa contra a classe política – e à forma como a política é praticada. Quando isso acontece, o sistema se torna cada vez mais ingovernável, pois eleitores desesperados se voltam para "figuras iconoclastas" – homens fortes – com o objetivo de garantir mudanças e melhorias sociais. A antipolítica, por sua vez, alimenta o terceiro "P": a pós-verdade – a promoção deliberada do medo, da incerteza e da dúvida por meio da produção em massa de notícias enganosas (*fake news*), rumores, teorias da conspiração e mentiras, que podem ser amplamente divulgadas por meio das redes sociais, tornando a própria abertura das sociedades democráticas uma ferramenta a ser explorada por seus inimigos.

A pós-verdade deixaria os cidadãos atordoados e confusos, incapazes de classificar a enxurrada de informações que os confrontam. Deixa-os sem saber em quem confiar, levando-os a acreditar naquilo que mais atrai seus preconceitos preexistentes ou que seja simplesmente mais verossímil a partir de seus sentimentos. A pós-verdade é, talvez, a característica mais alarmante da nova autocracia, porque cria uma confusão epistêmica, deixando os cidadãos com dúvidas sobre o que é verdadeiro.

Não é à toa que o novo nacional-populismo navega bem no contexto das batalhas de identidades contemporâneas. Esses movimentos autocráticos prometem dar voz a grupos que se sentem negligenciados, ou mesmo desprezados, por elites distantes e muitas vezes vistas como corruptas. Para avançar nessa batalha de identidades, políticos recorrem a *slogans* patrióticos, à defesa da religião, das tradições locais, da família, da comunidade étnica e cultural. O nacional-populismo também é, afinal, um subproduto de governos que inflam uma identidade para apoiar seus objetivos políticos mais amplos. Nessa batalha, um denominador comum é a contestação da ordem liberal e das ideias que a sustentam – vistas como antiquadas, limitadoras e incapazes de dar voz aos anseios do povo.

***

Os movimentos nacional-populistas no Ocidente, que ganharam tração na década de 2010, sofreram duros golpes nos primeiros anos da década de 2020. Ao longo deste jovem século, o centro liberal parecia ter confirmado sua reputação de ser uma resposta insuficiente às crises do novo milênio. É espantoso, então, que o nacional-populismo saia com uma imagem tão arranhada em tão pouco tempo.

A pandemia de covid-19, por exemplo, marcou um ponto de inflexão nos movimentos nacional-populistas. Seguindo a lógica do confronto das elites *versus* o povo, propagou-se a ideia de que a pandemia seria uma janela de oportunidades para que a elite impusesse seus consensos, seu léxico e seu domínio sobre o cidadão comum. A prioridade não deveria ser o enfrentamento do vírus, mas sim o combate aos "consensos" advindos das elites, como as medidas de isolamento e as restrições à mobilidade – e, em larga medida, a vacina. O inimigo não era a doença, mas as tentativas das elites de usar a pandemia para tolher a liberdade do povo, fechando o comércio, restringindo a movimentação e as possibilidades de obter renda, escondendo formas de prevenção e tratamentos não convencionais.

Essas visões propagam-se com facilidade em sociedades politicamente polarizadas, com baixa coesão, em que impera a desconfiança sobre soluções advindas "de cima para baixo". Desse embate surgiu a oposição a medidas de isolamento, que equivaleriam a uma tentativa de "ditadura", bem como a crença em soluções "populares" para o tratamento do vírus – como remédios sem eficácia comprovada, porém acessíveis e baratos. Embora capaz de angariar apoio político, a lógica da guerra *elites versus o povo* não se traduziu em políticas públicas eficazes.

Com a pandemia, tornou-se evidente que a autocracia não seria sinônimo de competência na gestão pública. Um tema central para o apelo do populismo, afinal, é a ideia do *homem forte eficaz*[231]. Enquanto os liberais mantinham a reputação de cabeças-moles, o autocrata supostamente passaria por cima de qualquer obstáculo para resolver os problemas do povo. Mas, pouco a pouco, tornou-se claro que o nacional-populismo era, ele próprio, fonte de instabilidade, incerteza e insegurança.

Em muitos casos, o nacional-populismo foi a resposta encontrada para aqueles que enxergam o mundo criado pela ordem liberal como instável, incerto e inseguro. Exigia-se força política e determinação do líder para consertar a sociedade, corrompida por elites distantes e insensíveis às demandas populares. O nacional-populismo, contudo, entregou crises e volatilidade. Ao incitar movimentos insurrecionistas (como aquele que invadiu o Congresso dos Estados Unidos em janeiro de 2021 e o Congresso brasileiro em janeiro de 2023), ao não reconhecer resultados eleitorais, ao recusar respeitar os ritos de transição de poder, ao tratar as cortes de justiça como inimigas, ao não construir respostas efetivas à pandemia, os líderes populistas no Ocidente deixaram um legado de crises, conflitos internos e desordem.

Em alguns casos, o nacional-populismo tem sido movimentado, precisamente *pela promessa de conflitos e embates*. Existe uma parte do eleitorado, descrente com os rumos da política e da economia, que busca a arte performática, em vez de líderes capazes de entregar resultados. Buscam-se líderes que expressem ressentimentos e queixas, que pouco têm a ver com o governo e tudo têm a ver com a insatisfação em relação ao *status quo*. Eleitores projetam a raiva e a amargura com sua situação de vida em líderes autocratas que prometem não apenas força para consertar o que estaria errado, mas determinação para pôr as instituições abaixo. A sensação de injustiça, o ressentimento e o anseio niilista estimulam o desejo de ver a ordem existente abalada, estremecida, desfigurada. Esses eleitores não votam em representantes determinados a impor planos legislativos complicados – essas coisas são chatas –, mas em políticos audaciosos que podem animar o horário nobre.

Quando vinculado ao anseio de ver o circo político pegar fogo, o apelo do nacional-populismo pode encontrar adeptos fiéis – capazes de carregar tochas –, mas também se torna incapaz de formar um equilíbrio político amplo, necessário para governar. Nenhuma ruptura é, no fim das contas, desprovida de custos. Não se pode ver o circo pegar fogo sem impor queimadas. Os resultados práticos acabam sendo a instabilidade e o caos – e a provável redução do apelo eleitoral.

***

Embora seja possível enxergar o declínio do nacional-populismo em algumas democracias de mercado, é necessário ter cautela antes de decretar a perda de força desse movimento. Em novembro de 2020, a derrota eleitoral de Donald Trump fez avançar opiniões de que o mandato do ex-presidente republicano significou apenas um interregno passageiro. Hoje, é notório que se deve considerar a ascensão de Trump como um divisor de águas na política dos Estados Unidos.

A mensagem anti-*establishment* do ex-presidente americano continua a ter eco. As insatisfações que levaram ao surgimento da onda nacional-populista ainda permanecem vivas. Embora indiciado em diversos processos criminais na justiça – os mais importantes deles relacionados às tentativas de interferir na proclamação do resultado das eleições de 2020 – e apesar de ter sofrido dois processos de *impeachment* na Câmara de Deputados quando era presidente, Donald Trump continuou projetando uma força política avassaladora – sendo novamente indicado como candidato do Partido Republicano nas eleições presidenciais em 2024.

Por ora, é difícil avaliar o legado histórico de Trump, pois esse legado ainda está em construção. O que se pode afirmar com segurança é que o movimento MAGA – *Make America Great Again* – representa um ponto de virada histórico no Partido Republicano e uma influência significativa na política dos Estados Unidos.

Os sinais de que o apelo eleitoral de Trump não iria abrandar eram evidentes desde que o ex-presidente deixou a Casa Branca, em janeiro de 2021. Em agosto desse ano, Trump retornou a Washington pela primeira vez. O ex-presidente discursou na inauguração do America First Policy Institute (AFPI), uma organização lançada por funcionários de seu governo e por aliados, que buscavam traduzir a retórica e as políticas defendidas pelo ex-presidente em ações governamentais e em propostas legislativas. Já naquela ocasião, Trump demonstrou que não pensava em levar uma vida afastada dos holofotes em seu *resort* de Mar-a-Lago, na Flórida.

O ex-presidente falou sobre supostas fraudes nas eleições de 2020, mas esse não foi o foco de seu discurso. Ele ofereceu uma reformulação dos temas que o levaram ao poder em 2016. Trump discorreu sobre uma "nação falida", "inundada pela inflação" e por um alto custo de vida que aflige o cidadão médio; sobre uma mídia que se vê como "a polícia da honestidade"; sobre "burocratas do estado profundo"; sobre "bandidos no Congresso"; sobre "cidades invadidas por imigrantes indocumentados, atacando cidadãos inocentes"; sobre o aumento da violência; e sobre o "desprezo" de políticos democratas pela lei e pela polícia[232]. As mensagens se concentraram em novas prioridades: inflação, crime e imigração.

A relevância política de Donald Trump demonstra que sua retórica continua sedutora para muitos americanos – que acreditam que o país não tem controle de suas fronteiras, que se consideram reféns da violência, que avaliam estar envolvidos em uma guerra cultural doméstica, que se sentem assolados pelo envolvimento em aventuras militares em lugares distantes e que se sentem oprimidos por uma elite desconectada da realidade deles. Independentemente de como se configurará o legado de Trump (o próprio ex-presidente não parece disposto a designar um herdeiro), é fato que o bilionário e ex-apresentador de TV mudou o perfil do movimento conservador nos Estados Unidos – imprimindo-lhe um caráter mais nacionalista e populista, que busca traduzir as demandas de um americano médio contra uma elite "liberal, corrupta e distante".

Qualquer sistema democrático canaliza as frustrações e crenças de grandes setores da sociedade em campanhas políticas e administrações governamentais. A ascensão política de Donald Trump, portanto, não operou em um vácuo. A continuidade de sua força política decorre do fato de que ele expressa e canaliza essas frustrações.

Hoje, a direita pós-liberal conta com experiência de governo, com quadros e conselheiros, com diretrizes e propostas. O AFPI é um exemplo de como o nacional-populismo adquiriu ares de *mainstream* na política americana. O instituto atua como uma espécie de *think tank* voltado para implementar e defender uma visão nacional-populista da política dos Estados Unidos. O AFPI também busca formar e colocar à disposição um banco de conselheiros preparados para traduzir a retórica nacionalista em políticas públicas, em novas administrações republicanas. De acordo com Newt Gingrich, ex-presidente da Câmara de Deputados dos Estados Unidos, o AFPI tem como objetivo fazer nos próximos anos o que a Heritage Foundation fez na década de 1980: fornecer um conjunto de regras e diretrizes para ajudar o Partido Republicano a alcançar o sucesso eleitoral e a implementar sua agenda[233].

As propostas do instituto podem ser resumidas em três grandes conjuntos: um reexame dos acordos e compromissos internacionais dos Estados Unidos por meio de uma lente nacionalista; o desenvolvimento de uma agenda econômica que atraia eleitores da classe trabalhadora; e travar uma batalha "vigorosa, profunda e sem barreiras" na "guerra cultural" contra a esquerda[234]. A AFPI não é a única organização a formular as bases intelectuais para o nacional-populismo nos Estados

Unidos. O Claremont Institute também tem trabalhado nessa agenda, assim como a revista *American Greatness*, além da própria Heritage Foundation. Outras propostas e ações para novo mandato de Donald Trump foram consolidadas em uma rede colaborativa de analistas, políticos e profissionais conservadores chamada "Projeto 2025"[235].

A direita pós-liberal, nacionalista e populista, não tem se demonstrado, portanto, um interregno passageiro. Os argumentos que pautam esse movimento continuam ganhando corpo e conquistando vitórias eleitorais, exacerbando divisões políticas, enxergando no oponente um inimigo a ser derrotado e excluído do debate público. Essas disputas impulsionam forças de desintegração domésticas – que se transformam também em ataques contra as instituições que sustentam a ordem internacional em que vivemos.

Fraturas nos regimes e nas instituições internacionais

Em fevereiro de 2022, Patrick Deneen, junto com outros "conservadores nacionalistas" americanos – Sohrab Ahmari e Gladden Pappin –, publicou um ensaio no *The New York Times* intitulado "Hawks Are Standing in the Way of a New Republican Party" ("Os falcões estão no caminho de um novo Partido Republicano")[236]. No texto, os autores defendem o isolacionismo em política externa, buscando retirar o engajamento dos Estados Unidos de instituições internacionais e, sobretudo, do apoio a ações militares mundo afora.

A crítica dos autores é dirigida aos "falcões" – *hawks* –, que, na política externa, são conhecidos como aqueles mais assertivos, dispostos a intervir – com força militar, se necessário – para defender os interesses dos Estados Unidos no mundo. Deneen e seus colegas argumentam contra políticos que, segundo eles, enxergariam o governo americano como responsável por uma cruzada internacional – buscando "expandir a democracia liberal no exterior, em parte porque pensaram que isso tornaria os Estados Unidos mais seguros e em parte porque acreditavam que era nosso destino batizar todas as nações em ideais liberais".

Os autores não se limitam a reclamar: eles sugerem caminhos e políticas. Em vez de uma nação envolvida em uma "cruzada", eles aspiram a uma "república exemplar", em que a liberdade e o autogoverno seriam mais bem servidos, "aperfeiçoando o republicanismo doméstico – sem ir ao exterior em busca de monstros para destruir". Defendem, para isso, uma política externa baseada em "contenção sólida", na qual os Estados Unidos "não têm obrigações formais de tratados" e buscam promover "uma redução geral das ambições da aliança ocidental".

Tal restrição incluiria revisar o apoio dos Estados Unidos à Otan e mudar o foco para o Leste Asiático – em especial para a China. Os autores defendem encontrar áreas de cooperação com Pequim – "nosso igual civilizacional". Defendem, ainda, uma política industrial doméstica "forte" e independência energética – que, segundo eles, "fortaleceria a defesa dos Estados Unidos e enobreceria sua cultura". Concluem: "Os monstros que nos ameaçam não se escondem no exterior".

***

Como já discutido, as democracias de mercado utilizaram a sua força política, depois da Segunda Guerra Mundial, para erguer uma arquitetura institucional – uma ordem. Essa ordem pode ser entendida como liberal porque reflete princípios e valores consagrados no liberalismo clássico, como a mediação e a restrição do exercício do poder. A ordem liberal fundamenta-se no princípio de soberania e no entendimento de que os estados são livres para perseguir seus interesses, mas devem fazê-lo respeitando princípios e normas compartilhadas.

Essa ordem fundamenta-se, igualmente, na ideia de que arranjos institucionais têm benefícios utilitários, como facilitar a cooperação. As instituições internacionais são, portanto, uma das forças de coesão do mundo contemporâneo. Recentemente, diversas instituições têm sido desafiadas por forças de dissonância que questionam a legitimidade e o valor da arquitetura institucional vigente. Para entender essas forças de dissonância, é necessário retomar uma discussão sobre as análises teóricas das relações internacionais.

O sistema internacional é comumente descrito como anárquico – ou seja, não existe nenhuma autoridade soberana acima dos estados. No entanto, convém lembrar que a anarquia permite uma variedade de interações e diferentes formas de cooperação, resultando em uma sociedade de estados. A anarquia pode ser vista como um princípio inescapável do sistema internacional, mas há diferentes correntes analíticas que enxergam múltiplas possibilidades de integração dentro desse sistema anárquico.

A vertente *realista* avalia que a função primordial dos estados em um sistema anárquico é a luta pela sobrevivência. De acordo com essa visão, a estrutura anárquica do sistema internacional faz com que predominem mecanismos de autoajuda (*self-help*) – isto é, cada Estado é responsável por garantir sua própria sobrevivência e seus próprios interesses no sistema. O acúmulo de poder (especialmente militar) seria, portanto, um meio de sobrevivência indispensável.

Os estados buscam equilibrar a distribuição desse poder, tentando evitar a conquista da hegemonia internacional por um único ator. A função de cada Estado no equilíbrio de poder será determinada de acordo com os recursos e com a capacidade relativa – ou seja, um Estado com poucos recursos provavelmente terá um papel coadjuvante no sistema, devendo aliar-se a um Estado mais poderoso, enquanto um Estado com elevado poder militar, econômico, tecnológico e com recursos naturais terá um papel relevante.

Com o advento da globalização e com a atenuação da rivalidade geopolítica da Guerra Fria, a abordagem realista começou a ceder espaço para concepções mais abrangentes do sistema internacional. A temática da interdependência tornou-se objeto de amplas análises. Autores como Robert Keohane, Joseph Nye e Stephen Krasner ampliaram a literatura sobre instituições e regimes[237]. Esses autores formularam os elementos de uma teoria *liberal-institucionalista* – a primeira tentativa acadêmica importante para conciliar uma perspectiva liberal com o realismo.

Essa teoria enfatiza a importância da anarquia no sistema internacional, mas argumenta que ela permite uma variedade de padrões de interação entre os estados. Na perspectiva liberal-institucionalista, o poder militar, por exemplo, não é fungível – isto é, não é "transportado" a outras áreas. Um Estado com elevado poder militar não será, necessariamente, o mais poderoso em negociações internacionais sobre o meio ambiente.

Na década de 1980, a perspectiva liberal-institucionalista trouxe de volta ao centro dos debates o papel das organizações internacionais. Elas serviriam para reduzir os custos da anarquia e criar condições favoráveis à cooperação. Os estados, ainda na condição de soberanos e agindo na defesa de seus interesses, engajam-se em políticas de cooperação que permitem reduzir incertezas e obter ganhos conjuntos. A estrutura fornecida por organizações internacionais facilita a cooperação, criando um ambiente no qual é possível negociar tratados, articular ações conjuntas e estabelecer processos compartilhados de tomada de decisões.

Realistas e liberais-institucionalistas compartilham alguns pressupostos teóricos: a estrutura do sistema internacional é essencialmente anárquica; o Estado é o agente central nas relações internacionais; as escolhas e decisões dos agentes obedecem a um critério de racionalidade. Ambos estão interessados em como os estados buscam maximizar seus interesses e em como incentivos afetam o comportamento racional dos agentes públicos. Ambos tratam interesses dos estados como dados, como elementos que são predeterminados, tal como a luta pela sobrevivência e pelo equilíbrio de poder. Mas há diferenças significativas entre essas visões.

Os liberais-internacionalistas, ainda que incorporando certos princípios do realismo, entendem que as instituições internacionais podem atenuar os custos da anarquia. A cooperação entre os estados, afinal, é mais difícil de ser atingida em um sistema sem instituições, princípios ou regras. Em um sistema puramente anárquico, torna-se mais difícil aos estados ter certeza de que os demais irão se comportar de maneira previsível. Sem instituições, é mais difícil obter informações e verificar o cumprimento dos acordos. Há incertezas sobre comprometimento e pouca confiança. Essas incertezas – ou custos de transação – são responsáveis por falhas de coordenação. Regimes e instituições internacionais possibilitam atenuar esses custos. O resultado não é necessariamente um mundo harmônico, pois a interdependência pode ser fonte de conflitos. O resultado é um mundo no qual existem mais ferramentas à disposição dos estados para resolver potenciais conflitos de forma pacífica – e onde também a cooperação pode ser desenvolvida com mais facilidade.

As discussões teóricas não pararam, todavia, no debate entre realistas e liberal-institucionalistas. Na década de 1990, ao mesmo tempo que se celebrava o "fim da história", ocorreu uma *virada construtivista* nas teorias das relações internacionais. Essa nova narrativa foi inspirada no pós-modernismo e em sua teoria crítica. O *construtivismo* nas relações internacionais contemplava a preocupação com os elementos identitários – do papel das ideias, das construções sociais e das percepções que cada povo ou nação tem de si como elementos ordenadores do sistema internacional.

Os discursos realistas e liberal-institucionalistas nas relações internacionais assumem que os estados atuam como se fossem agentes racionais – isto é, entidades coesas capazes de identificar seus objetivos, estabelecer preferências, analisar alternativas de ação e calcular custos e benefícios. Em contraste, a abordagem construtivista parte do pressuposto de que os elementos que integram a realidade internacional não possuem realidade concreta. Esses elementos resultariam, sim, da interação social, da linguagem, do discurso, da história, da cultura. Conceitos como "poder", "anarquia", "autoajuda", "regimes internacionais" e "interesse nacional" seriam elementos abstratos que refletem preferências históricas, culturais, linguísticas, sociais.

A perspectiva construtivista dá destaque às identidades e às ideias no estudo das relações internacionais. Fatores *ideacionais* – cultura, ideologias e visões de mundo, que fazem parte do ideário de um governo, de um Estado ou de uma nação – influenciam a política doméstica e, portanto, interferem no processo decisório, determinando cursos de ação no sistema internacional. As identidades específicas teriam influência na percepção que os governos têm de seus interesses. Essas identidades específicas poderiam resultar tanto de crenças individuais de líderes e de representantes, como de crenças intersubjetivas de uma sociedade.

Nas abordagens realistas e liberais-institucionalistas, fatores ideacionais são temas secundários. Na abordagem construtivista, eles ganham centralidade na compreensão da dinâmica política do sistema internacional. Os interesses e as identidades seriam partes de uma estrutura intersubjetiva responsável pelo comportamento dos agentes. Se para liberais e realistas a anarquia implica competição e equilíbrio de poder, para os construtivistas a anarquia internacional não implica nada. A anarquia seria, sobretudo, fruto de uma construção social fundamentada nos interesses e nas identidades. Os conceitos que definem o sistema internacional não seriam estáticos, mas dinâmicos e sujeitos a transformações. Para usar o título de um famoso artigo de Alexander Wendt, professor da Universidade de Ohio, *a anarquia é o que os estados fazem dela*[238].

A abordagem construtivista acerta em chamar atenção para os elementos abstratos da realidade internacional. Muitos analistas, afinal, descrevem o comportamento de estados como os de um agente unitário. É comum, por exemplo, afirmar que "a França disse isso" ou "os Estados Unidos agiram assim". Os estados, porém, são simultaneamente atores unitários e plurais. São unitários no sentido de que existe sempre uma resultante política da ação dos estados. E são plurais no sentido de que grupos e indivíduos procuram defender interesses específicos, articulando dinâmicas nacionais e internacionais para conseguir seus objetivos. Há, cada vez mais, uma multiplicidade de agentes com poder de influência nas relações internacionais, o que renova os desafios analíticos dessa disciplina.

Essa discussão teórica ajuda a compreender melhor alguns temas atuais no sistema internacional. O professor de Relações Internacionais da Fundação Getulio Vargas, Guilherme Casarões, por exemplo, utiliza esses recortes analíticos para demonstrar como é possível extrair diferentes explicações sobre o conflito entre Rússia e Ucrânia[239].

De acordo com o professor, em uma concepção *realista*, Vladimir Putin estava buscando equilibrar o poder no Leste Europeu ao invadir o país vizinho, neutralizando o avanço da Otan e limitando as ações dos Estados Unidos nas áreas de interesse russo. Em uma concepção *liberal--institucionalista*, o conflito representaria uma disputa entre democracias de mercado e autocracias, sendo motivado pelo receio da aproximação da Ucrânia com as instituições da Europa Ocidental. Nessa perspectiva, Putin buscaria assegurar que a Ucrânia se consolidasse como uma autocracia pró-Rússia, como em Belarus e em países do centro da Ásia. Em uma concepção *construtivista*, o conflito seria motivado pelas ambições de Putin quanto à reconstrução do império russo a partir de uma identidade eslava compartilhada.

Esses recortes teóricos podem desembocar em diversos debates. Chamo atenção para um deles: ao passo que o construtivismo nas relações internacionais é associado à teoria crítica pós-moderna, ele não foi a única corrente analítica que enfatizou elementos identitários para analisar o sistema internacional contemporâneo.

Um choque de civilizações? Ou um choque de identidades coletivas?

Uma das principais análises de relações internacionais com base em critérios identitários foi escrita pelo professor Samuel Huntington em um artigo intitulado "O Choque de Civilizações", publicado em 1993 na revista *Foreign Affairs*, transformado em livro em 1996. A tese central de Huntington era a de que os conflitos internacionais na era pós-Guerra Fria seriam alimentados por diferenças entre culturas. Huntington afirmou que os estados continuarão sendo os atores mais poderosos, mas os principais conflitos ocorreriam entre civilizações. "Civilizações", para o professor, são descritas como o "nível mais alto de uma identidade cultural"[240]. As linhas de falha entre as civilizações seriam as linhas de batalha da política internacional do pós-Guerra Fria.

Os atentados terroristas do 11 de Setembro, as guerras no Afeganistão e no Iraque, o recorrente conflito entre israelenses e palestinos pareciam validar a tese de Huntington. Ainda, as disputas de países ocidentais com a China e com a Rússia, entendidas como os epicentros de suas próprias civilizações, parecem provar a ideia de que as identidades culturais (ou civilizacionais) podem ter um peso na configuração de disputas geopolíticas. Mas seriam essas identidades as principais fontes de conflito no mundo atual?

Diversos autores testaram a tese de Huntington[241]. A conclusão desses estudos foi que influências realistas tradicionais – como alianças e poder relativo – fornecem uma descrição melhor dos conflitos que ocorreram nas últimas cinco décadas[242]. Estados divididos por meio de "fronteiras civilizacionais" não têm maior probabilidade de se envolver em conflitos do que estados que dividem fronteiras geográficas[243]. Ademais, foram recorrentes os conflitos *dentro* de uma civilização – entre etnias diferentes em um país ou entre estados que compartilham a mesma identidade cultural.

Há também complicações conceituais na análise de Huntington. Qual é o recorte que se deve fazer para separar as "civilizações"? Religião? História? Geografia? Etnia? Ou uma soma desses e de outros fatores? Tome-se por exemplo a definição de "Ocidente". Quem integra esse bloco? A América Latina faz parte dele? Se for definir "Ocidente" historicamente, o Oriente Médio já fez parte dessa civilização. Se for definir institucionalmente (fazem parte do Ocidente apenas as democracias de mercado), então o Japão e a Coreia do Sul integram esse bloco. Se for definir "Ocidente" pela longitude geográfica, então a África e a América Latina fazem parte dele. Somente se definirmos "Ocidente" com base em etnias (brancos) junto com religião (cristãos e judeus), chegaremos perto da definição comumente entendida nos Estados Unidos e na Europa.

A tese de "choque de civilizações" de Samuel Huntington, embora problemática em razão das dificuldades conceituais, foi um dos sinais de que a análise das relações internacionais também poderia ser baseada em fatores *ideacionais* ou *identitários* – religião, cultura, identidades, crenças, ideologias. Durante a Guerra Fria, as referências a essas variáveis analíticas cediam espaço aos interesses dos estados nacionais e às estratégias relacionadas ao equilíbrio de poder. O fim da Guerra Fria suavizou a ênfase no realismo tradicional, nas disputas de poder militar, na competição geopolítica. A celebração do "fim da história", por sua vez, inaugurou uma era em que a integração econômica e a interdependência complexa suplantariam preocupações com a segurança dos estados. Hoje, porém, fatores identitários ganham novo destaque nas relações internacionais.

***

Nas relações internacionais contemporâneas, não haveria apenas um *choque de civilizações* – mas um *choque de identidades coletivas*. Tome-se, por exemplo, o caso da Rússia de Vladimir Putin. Apesar de Putin ter declarado em 2005 que o fim da União Soviética foi "a maior catástrofe geopolítica do século"[244], ele não buscou justificar as intervenções militares em países vizinhos, como na Geórgia em 2008 e na Ucrânia em 2022, com base em apelos revolucionários do comunismo. As justificativas tinham como base uma *identidade coletiva compartilhada*.

Em longo artigo publicado em julho de 2021 (hoje visto como uma "preparação de terreno" para a invasão à Ucrânia), Putin enfatizou a língua, a história e a cultura como pontos para reafirmar a unidade histórica dos eslavos orientais – russos, ucranianos e bielorrussos[245]. Ele não escreveu apenas sobre estabelecer um "espaço de influência" da

Rússia no leste da Europa, mas buscou legitimidade para suas ações na defesa de uma *comunidade cultural, étnica e política*. Essa comunidade deveria ser garantida pela força, se necessário – afastando dela países que fazem parte dos "espaços de influência" das democracias de mercado ocidentais (em especial, da União Europeia e da Otan).

A China contemporânea é outro exemplo. Nela, o nacionalismo tem sido moldado por um novo vigor ideológico impulsionado pelo Partido Comunista Chinês (PCC) sob a liderança de Xi Jinping. Esse novo apelo nacionalista não se fundamenta apenas em uma renovação das antigas teorias marxistas e socialistas que estão nas raízes da revolução chinesa, mas também na história da China como epicentro de sua própria civilização. Fundamenta-se, igualmente, na aversão às "humilhações" sofridas nos últimos dois séculos (invasões dos mongóis durante a dinastia Qing, dos britânicos durante o período colonial, dos japoneses durante a primeira e segunda guerras mundiais). Fundamenta-se, ainda, na preocupação do PCC em manter a ordem e a estabilidade doméstica, na defesa do "rejuvenescimento da nação chinesa" e na "modernização socialista" da China[246].

Xi Jinping tem promovido uma revolução no *ethos* nacionalista chinês. Ele é o líder mais influente desde Mao Tsé-Tung, que morreu em 1976. Em outubro de 2022, durante o 20º Congresso Nacional do PCC, que reconduziu Xi Jinping a um inédito terceiro mandato de cinco anos, a revista britânica *The Economist* lançou uma série de artigos e um *podcast* – intitulado *O Príncipe* – em que avalia a trajetória política e o pensamento do líder chinês, com base em extensas entrevistas e apuração jornalística inédita[247].

De acordo com a revista, quando Xi Jinping assumiu o poder pela primeira vez, em 2012, alguns observadores internacionais estavam cautelosamente otimistas de que ele se tornaria algum tipo de reformador: não um Mikhail Gorbachev, mas pelo menos alguém que governaria com um toque mais leve e tentaria se dar bem com os Estados Unidos e com o Ocidente. Essa expectativa se baseava, entre outros sinais, na esperança de que o *slogan* "tal pai, tal filho" fosse observado nesse caso.

Xi Jinping é filho de Xi Zhongxun, um veterano da revolução comunista de 1949. Xi pai, que morreu em 2002, foi vítima dos expurgos de Mao durante a Revolução Cultural, que durou de 1966 a 1976. Naquela época, Mao buscou preservar o comunismo retirando "elementos capitalistas" e "tradicionais" da sociedade chinesa. Para isso, contou com o apoio dos Guardas Vermelhos – gangues de radicais sem vínculos diretos com o governo, independentes da estrutura hierárquica do PCC e do Exército de Libertação Popular. Em muitos lugares, os Guardas Vermelhos tomaram o poder local, atacando funcionários e organizações partidárias por serem considerados "reacionários" ou "insuficientemente maoístas". A família Xi foi um dos alvos.

Xi Zhongxun foi torturado. A meia-irmã de Xi Jinping matou-se para evitar tratamento semelhante. O jovem Xi Jinping foi forçado a se afastar da sua família e a passar anos em trabalhos no campo. Reabilitado por Deng Xiaoping, Xi Zhongxun foi um reformador econômico que supervisionou a criação da primeira "zona econômica especial" da China – hoje, a megacidade de Shenzhen. Ainda de acordo com a revista, as esperanças de que Xi Jinping seguiria o exemplo reformador do pai foram frustradas quando se tornou evidente que ele estava determinado a acumular poder e usá-lo para transformar a China em uma potência global.

A experiência da família Xi com a Revolução Cultural poderia ter afastado de vez as crenças em um partido comunista forte, que opera com mão de ferro em prol da unidade política. O que aconteceu foi o contrário: Xi Jinping tornou-se convencido de que apenas uma estrutura partidária coesa e fortalecida poderia evitar o caos social[248]. Dar rédea solta às massas havia se mostrado perigoso. A estabilidade e a coesão seriam apenas possíveis por meio de uma estrutura partidária robusta, que atuasse de forma uníssona.

Antes da proclamação de Xi Jinping como líder do PCC, a China passou por transformações silenciosas. Uma grande classe média emergiu desde que o gigante asiático passou a aproveitar os ventos da globalização[249]. Com o rápido crescimento econômico e de negócios privados, a presença do partido em diversas instâncias da sociedade havia definhado. As mídias sociais facilitaram a coordenação de protestos contra a corrupção de agentes governamentais locais. Havia um incipiente movimento de organização da sociedade civil defendendo os direitos de minorias. Essas mudanças poderiam apresentar corrosões graduais ao poder e ao controle do partido. Se a corrosão aumentasse, seria possível que a China continental tivesse o mesmo destino do antigo vizinho ao norte: a União Soviética. O fim da URSS foi um evento cataclísmico que ainda paira como uma espécie de aviso sobre o que poderia acontecer caso o PCC perdesse o controle.

Xi Jinping, portanto, tem buscado fortalecer e aprimorar o controle que o PCC exerce. A revista *The Economist* observa que, desde que se tornou líder, Xi conduziu expurgos abrangentes dentro do partido para remover os inimigos políticos e aqueles acusados de corrupção. Ele transformou um partido fragmentado em uma máquina onipresente, ideologicamente recarregada e turbinada pela tecnologia. Eliminou grande parte dos movimentos espontâneos da sociedade civil, retomou o controle político de Hong Kong, ampliou o domínio sobre os muçulmanos em Xinjiang, transformou bancos de areia no Mar da China Meridional em fortalezas militares. Dizendo priorizar meios pacíficos, mas sem abrir mão do uso da força, Xi tem buscado avançar em relação à reunificação com Taiwan. Em dez anos como líder, Xi Jinping reforçou o poder global da China, usando o peso econômico do gigante asiático em uma batalha por influência política.

De acordo com o próprio Xi Jinping, sob a égide do PCC seria possível traçar um "caminho chinês de modernização", tornando a China em poderosa unidade política, econômica e social[250]. A modernização chinesa ainda poderia oferecer "nova possibilidade de escolha" aos outros países no planeta – um caminho diferente daquele traçado pelas democracias de mercado ocidentais –, consolidando-se como uma "contribuição" da China para a humanidade[251].

A reformulação do *ethos* nacionalista chinês promovida por Xi Jinping resultou, portanto, em uma visão renovada sobre o sistema internacional contemporâneo e sobre o papel da China. Em uma conferência realizada em Pequim em dezembro de 2023, o líder chinês expressou o objetivo de liderar uma reforma na ordem global, ampliando as oportunidades para "nações marginalizadas"[252]. A configuração atual da ordem é vista por Pequim como bastante suscetível ao poder americano. Na visão do governo chinês, para construir uma ordem verdadeiramente justa seria necessário resgatar princípios como o multilateralismo e o respeito às soberanias, que Washington teria abandonado em sua incessante busca por hegemonia.

Em um relatório de 2023, o Ministério dos Negócios Estrangeiros da China criticou os Estados Unidos por "perpetuar mentalidades da Guerra Fria", por formar alianças para criar divisões e por minar a paz global[253]. Acusou Washington de interferência nos assuntos internos de outros países, de manipular o dólar para obter vantagens estratégicas e de usar ferramentas comerciais para deter o avanço científico e tecnológico de seus rivais. Ao promover sua visão, Pequim afirmou que buscava o interesse da maioria global, convidando inclusive os Estados Unidos e a Europa a desempenharem um papel construtivo.

Na Conferência de Segurança de Munique de 2024, o ministro das Relações Exteriores chinês, Wang Yi, destacou a responsabilidade conjunta da China e dos Estados Unidos pela estabilidade e pela paz no mundo[254]. Observou que a China e a União Europeia, reconhecidas como os principais mercados globais e como os centros de suas próprias civilizações, deveriam resistir à formação de blocos ideológicos. Ainda, mencionou que a China e a Rússia deveriam explorar um novo modelo de relações entre os estados, promovendo solidariedade e cooperação com o Sul Global. A visão chinesa de uma nova ordem teria sido concebida para atrair diversos países, independentemente de seus regimes políticos. Essa visão teria como objetivo oferecer uma resposta a um dilema crucial das relações internacionais contemporâneas: qual o papel de regimes não liberais em uma ordem liberal?

***

A formação de identidades étnicas, nacionais e religiosas também constitui elemento importante para a análise de conflitos no Oriente Médio – que, à sua maneira, configuram desafios à ordem liberal vigente. Essa região – entendida por muitos como o núcleo de uma civilização – é hoje composta por dezessete países, entre os quais, monarquias, repúblicas, teocracias e territórios autônomos. Existe muita confusão a respeito das identidades que formam povos, nações e religiões nessa região. Existem diferenças significativas, por exemplo, entre persas e árabes, entre turcos e curdos, entre xiitas e sunitas.

Persas, árabes, turcos e curdos são etnias. Sunismo e xiismo são vertentes da mesma religião, o Islã. Os seguidores do Islã são chamados de muçulmanos. Há uma máxima que vale repetir aqui: *nem todo muçulmano é árabe, nem todo árabe é muçulmano*. As cinco maiores populações muçulmanas do mundo estão em países não árabes: Indonésia, Paquistão, Índia, Bangladesh e Nigéria.

Antes do advento do Islã, no século VII, os árabes eram, simplesmente, povos nômades da Península Arábica e do deserto da Mesopotâmia. O profeta Maomé transformou essa realidade ao revelar uma nova religião, em 610 d.C., a partir da cidade de Meca, hoje parte da Arábia Saudita. Essa religião monoteísta, o Islã, incorporou algumas tradições judaicas e cristãs, expandindo-se como um conjunto de leis que governavam a maioria dos aspectos da vida, incluindo a autoridade política.

Um século depois da morte do profeta, um esforço de unificação religiosa e política, associada a um ímpeto de conquista militar, possibilitou que os povos árabes estendessem seu domínio da Península Arábica ao norte da África. Nesse período, o Islã ampliou sua influência também à antiga Pérsia, atual Irã, que professava uma religião monoteísta, o zoroastrismo. Embora o Irã tenha se tornado majoritariamente islâmico, a língua mais falada no país continuou a ser o farsi. No decorrer dos séculos, os muçulmanos controlavam áreas em três continentes, promovendo a sua visão de unidade política e religiosa também no sudeste da Ásia e de partes da Europa, como na Península Ibérica e no Leste Europeu.

Mas o Islã não ficou, desde os seus primórdios, isento de divisões. Após a morte do profeta Maomé em 632 d.C., houve uma cisão a respeito de quem assumiria o papel de líder religioso e político – chamado *califa*. Um grupo de proeminentes seguidores elegeu Abu Bakr, um fiel discípulo de Maomé, apesar das objeções daqueles que favoreciam Ali ibn Abi Talib, primo e genro do profeta. Os campos opostos no debate sobre a sucessão acabaram por evoluir para as duas principais seitas do Islã: xiismo e sunismo[255].

Os xiitas, um termo que deriva de *shi'atu Ali*, que em árabe significa "partidários de Ali", acreditam que Ali e seus descendentes fazem parte de uma dinastia divina. Os sunitas, que significa seguidores da *sunna*, ou "caminho", em árabe, acreditam que o sucessor do profeta pode ser qualquer um, desde que aceito pela comunidade e abençoado por Alá. Hoje, dois países que competem pela liderança do Islã, a Arábia Saudita sunita e o Irã xiita, utilizam a divisão sectária para promover as suas ambições geopolíticas.

O desenho mais bem acabado de uma ordem política sob o escudo da religião islâmica, todavia, não foi árabe – mas turco-otomano. O Império Otomano, cuja base étnica eram povos turcos convertidos ao Islã, ganhou projeção com a conquista de Constantinopla (atual Istambul) em 1453 – antiga sede do Império Bizantino.

Ao longo de seis séculos, o Império Otomano expandiu-se em três continentes, governando o que hoje é Bulgária, Egito, Grécia, Hungria, Jordânia, Líbano, Israel, os territórios palestinos, Macedônia, Romênia, Síria, partes da Arábia Saudita e a costa norte da África. Outros países, como Albânia, Catar, Chipre, Iêmen, Iraque e Sérvia também chegaram a fazer parte dessa unidade política, que abrangeu diversos povos e religiões. Como lembra o jornalista Guga Chacra, sob a égide do Império Otomano "não existiam fronteiras no que hoje é Israel, territórios palestinos, Líbano e Síria". Ele observa que um súdito otomano "se identificava com sua vila, sua religião e sua região. Poderia ser um cristão melquita de Zahle, um muçulmano sunita de Nablus, um judeu de Alepo, um muçulmano xiita de Nabatieh, um cristão armênio de Jerusalém, um druso das Colinas de Golã, um alauíta de Tartus, ou um cristão greco-ortodoxo de Haifa"[256].

O Império Otomano, embora tenha tido sua unidade repetidamente ameaçada ao longo de séculos, sobreviveu até novembro de 1922 – ferido de morte pela Primeira Guerra Mundial. Em 1917, antes do fim da Grande Guerra, as potências europeias dividiram os territórios desse vasto império. A França e o Reino Unido negociaram – em segredo – dividir os territórios da região do Levante por meio do Acordo de Sykes-Picot – batizado em homenagem aos negociadores-chefes, Sir Mark Sykes, representante britânico, e François Georges-Picot, representante francês. A Conferência de San Remo de 1920 finalizou a divisão do Império Otomano: o que corresponde hoje à Síria e ao Líbano, por exemplo, passou a ser controlado pelos franceses; o Reino Unido passou a controlar a região da Palestina e da Transjordânia, bem como o Iraque. O centro gravitacional do antigo Império Otomano sobreviveu no que hoje conhecemos como Turquia.

Como em grande parte da região do Levante, a Palestina era caracterizada por sua diversidade religiosa. Com a dissolução do Império Otomano, essa região foi concebida como território internacional, devido à sua importância para o cristianismo, o islamismo e o judaísmo. Ainda em 1917, o governo britânico emitiu a *Declaração Balfour*, afirmando seu apoio ao "estabelecimento na Palestina de um lar nacional para o povo judeu"[257]. A essa altura, assentamentos agrícolas judaicos na Palestina já existiam, e o movimento sionista, fundado por Theodor Herzl, declarou o objetivo de criar uma pátria judaica na região durante o seu primeiro congresso em Basileia, em 1897.

Os árabes que viviam na Palestina entraram cedo em conflito contra o número crescente de imigrantes judeus no início do século XX. Em 1936, os britânicos esmagaram uma revolta árabe e, ao mesmo tempo, tentaram restringir as ambições judaicas na região. Grupos judeus, por sua vez, começaram a lançar sua própria insurreição contra a ingerência do Reino Unido. Com o Holocausto na Europa, cresceu a pressão para o reconhecimento internacional de um Estado judeu. Por fim, os britânicos desistiram de gerenciar os conflitos na Palestina e entregaram o problema à recém-criada Nações Unidas, que propôs em 1947 a partilha daquela região para a criação de um Estado judeu (Israel) e um Estado árabe.

A dissolução do Império Otomano havia legado um vácuo político que foi, inicialmente, preenchido pelo controle de países europeus e, depois, pela criação de estados-nação nas décadas de 1930 e 1940 (uma novidade para uma região marcada historicamente pelo domínio imperial): Iraque em 1932, República do Líbano em 1943, Reino da Jordânia em 1946, República Árabe Síria em 1947. Algumas fronteiras foram definidas arbitrariamente pelas antigas metrópoles europeias, mas – pela primeira vez em séculos – elas garantiam soberania aos povos daqueles territórios.

A soberania e o autogoverno, todavia, não significaram paz e estabilidade. Anos de guerra civil deixaram a Líbia e a Síria irreconhecíveis como estados soberanos. O governo iraquiano, sob o manto ditatorial de Saddam Hussein, foi alvo de distintas operações militares. O novo governo em Bagdá, formado após a invasão liderada pelos Estados Unidos em 2003, ainda não exerce soberania sobre parte de seu território, controlado por milícias islâmicas. O Líbano mergulhou numa depressão que é considerada uma das piores da história. Hoje, o mundo árabe representa 5% da população mundial, mas quase 50% dos seus refugiados e 25% dos seus deslocados internos.

MUNDO FRATURADO

Embora o surgimento de alguns estados-nação no Oriente Médio seja fenômeno recente, a criação de um Estado judeu na Palestina aguçou conflitos históricos. Em 1947, as Nações Unidas propuseram a divisão da Palestina em três partes: um Estado árabe, um Estado judeu e Jerusalém, que pretendia ser um *corpus separatum*, ou uma entidade política separada, gerida internacionalmente. Desde então, a violência foi intensa. Quando o Reino Unido completou a sua retirada da região, em 1948, os líderes judeus declararam o estabelecimento do Estado de Israel. Alguns países árabes – Arábia Saudita, Egito, Iraque, Jordânia, Líbano, Síria – não aceitaram a divisão proposta e entraram em guerra contra o novo Estado judeu[258].

Israel sobreviveu à primeira invasão árabe – no que ficou conhecido como Guerra da Independência. Nesse conflito, mais de 700 mil árabes palestinos fugiram ou foram expulsos de suas casas, no que ficou conhecido como *nakba* – "catástrofe". No armistício de 1949, uma linha de demarcação (conhecida como "Linha Verde") serviu como fronteira entre Israel e os vizinhos árabes, embora eles tenham se recusado a reconhecer o Estado de Israel formalmente. Naquela ocasião, a Faixa de Gaza ficou sob o controle do Egito, e a região da Cisjordânia, sob o controle da Jordânia.

Em 1967, Egito, Síria e Jordânia formaram uma coalizão que invadiu novamente Israel – conflito conhecido como a Guerra dos Seis Dias. A resposta militar israelense levou à captura da Cisjordânia, de Jerusalém Oriental, da Faixa de Gaza, dos Montes de Golã e da Península do Sinai pelo governo em Tel Aviv. Em outubro de 1973, no dia sagrado judaico de *Yom Kippur*, o Egito e a Síria lançaram outro ataque no Sinai e nas Colinas de Golã contra Israel. O governo israelense conseguiu retaliar e defender suas posições. Sob os auspícios de negociações lideradas por Henry Kissinger, Israel e Egito assinaram os Acordos de Camp David, em 1978, e um tratado de paz no ano seguinte. Israel concordou em devolver todo o Sinai ao Egito e em conceder autonomia aos palestinos. Outros países, indignados, expulsaram o Egito da Liga Árabe e não houve progresso na autonomia palestiniana.

Em 1987, os árabes palestinos revoltaram-se com o que ficou conhecido como a *Primeira Intifada*, um movimento sustentado por greves e protestos com lançamento de pedras. Em 1993, Israel e a Organização para a Libertação da Palestina (OLP), liderada por Yasser

Arafat, assinaram o primeiro Acordo de Oslo, que estabeleceu um período de cinco anos de autonomia palestina na Cisjordânia e na Faixa de Gaza sob uma nova entidade, a Autoridade Nacional Palestina (ANP). O acordo deixou o *status* final de Jerusalém e dos assentamentos judaicos para ser resolvido mais adiante. Durante a *Segunda Intifada*, que durou de 2000 a 2005, Israel construiu uma barreira de segurança na Cisjordânia e acabou por retirar as suas tropas e colonos da Faixa de Gaza.

Hoje, as situações na Cisjordânia e na Faixa de Gaza – regiões que comporiam o Estado palestino – são bastante distintas. Há quase três milhões de árabes palestinos vivendo na Cisjordânia, bem como mais de 450 mil colonos israelenses – número que quase quadruplicou desde que os acordos de Oslo foram assinados. Alguns colonos judeus vivem na Cisjordânia há duas gerações e Jerusalém está cercada de assentamentos judaicos. Essa região é atualmente liderada pelo Fatah – o maior partido que compunha a antiga OLP. A Faixa de Gaza, por sua vez, onde vivem cerca de dois milhões de árabes palestinos, passou a ser controlada pelo Hamas desde 2007 – nome que significa "movimento de resistência islâmica".

Desde a sua criação, em dezembro de 1987, o Hamas tem invocado interpretações radicais do Islã, perpetrando ataques terroristas contra Israel – o pior deles em 7 de outubro de 2023, quando aproximadamente 1.400 israelenses foram mortos[259]. O Hamas distanciou-se dos grupos que compunham a OLP, propagando disposição para uma *jihad* – luta sagrada e martírio contra inimigos. Em sua primeira declaração, no final da década de 1980, o grupo afirmou que "a *jihad* é o caminho, e a morte por causa de Alá é o mais elevado dos seus desejos"[260].

Em 2006, ocorreu uma divisão entre o Fatah e o Hamas, resultando em dois governos distintos para os palestinos – um na Cisjordânia e outro em Gaza. Até então, as duas regiões eram governadas pela Autoridade Nacional Palestina (ANP), composta por um executivo – presidente e primeiro-ministro – e um conselho legislativo. Naquele ano, porém, o Hamas ganhou a maioria das cadeiras no Conselho Nacional Palestino, assumindo o controle sobre a formação do governo.

A vitória eleitoral do Hamas, classificado como grupo terrorista pelos Estados Unidos e por outros países europeus, não foi aceita por Israel e pela União Europeia, que financiava parcialmente a ANP. Houve ameaças de suspensão do envio de fundos, e Israel anunciou a proibição de membros eleitos do Hamas de viajar entre a Cisjordânia e a Faixa de Gaza, além de realizar ações militares contra o grupo[261]. No contexto da crise, o Fatah dissolveu o Conselho Nacional Palestino, mantendo o controle na Cisjordânia, onde estava sua base de apoio. Em 2007, o Hamas, acusando o Fatah de tentar dar um golpe, expulsou violentamente o grupo rival da Faixa de Gaza, estabelecendo um governo não reconhecido pela maioria dos países ocidentais e independente da ANP na região.

Em outubro de 2023, os ataques terroristas perpetrados pelo Hamas em áreas de Israel adjacentes à Faixa de Gaza desencadearam uma resposta militar abrangente e violenta por parte das forças militares israelenses, com o apoio dos Estados Unidos. Visando eliminar o grupo e suas lideranças, essa ação militar tem impactado os dois milhões de palestinos que vivem na região, com consequências humanitárias devastadoras.

Seriam necessárias centenas – ou até milhares – de páginas para descrever a configuração geopolítica no Oriente Médio, seus conflitos e seus impactos globais. O Hamas, embora de natureza sunita, encontrou no Irã xiita um forte aliado. O Irã se autodenomina o "eixo da resistência" contra o Ocidente – e ainda conta com o regime sírio como aliado, juntamente com poderosas milícias xiitas no Iraque, no Líbano e no Iêmen[262]. A Turquia exerce influência entre grupos sunitas, com o Catar como seu parceiro árabe mais próximo; e com influência na Líbia e no norte da Síria. Em oposição a ambos estão as monarquias do Golfo, entre os quais se destaca a Arábia Saudita, aliada a países ocidentais.

A breve descrição destas páginas serve para ilustrar um ponto: muitos dos conflitos atuais não se limitam a um "choque de civilizações", para usar o conceito de Samuel Huntington. Parecem compor, sim, um *choque de identidades coletivas* – que pode ocorrer, inclusive, dentro de uma mesma civilização. Variáveis identitárias – como nacionalismo, etnia e religião, bem como pretensões de recriação de unidades culturais baseadas na antiga formação de impérios – têm exercido forte influência na configuração dos conflitos no mundo contemporâneo. Uma dessas variáveis identitárias – o nacionalismo – tem adquirido fôlego renovado junto às democracias de mercado ocidentais, representando um desafio à sociedade de estados ao enxergar nas instituições internacionais um inimigo a combater.

Nacionalismo, globalismo e as fraturas nas instituições

Em 2018, o teórico político israelense Yoram Hazony publicou o livro *The Virtue of Nationalism* ("A virtude do nacionalismo"), em que afirma que um mundo de nações soberanas é a única opção para aqueles que se preocupam com a liberdade pessoal e coletiva[263]. Hazony tornou-se estrela do novo movimento conservador nos Estados Unidos, participando de inúmeras palestras e organizando conferências, dividindo o palco com nomes como Tucker Carlson e o ex-assessor de segurança internacional da Casa Branca John Bolton.

O autor israelense argumenta que o nacionalismo é a única defesa contra o "imperialismo" – definido como "a tirania dos valores universais" consolidada em organizações internacionais, como as Nações Unidas e a União Europeia. Hazony descreve o livro como um "grito de guerra contra um mundo de direitos e leis universais". Em vez desses valores, ele acredita que cada nação deve governar a si própria do modo que achar mais adequado. Tal arranjo poderia trazer paz ao mundo, já que cada país se concentraria em cuidar de seu próprio jardim, em vez de partir em "aventuras ideológicas e militares" que buscassem mudar a natureza dos regimes políticos alheios.

Hazony dialoga com Patrick Deneen na defesa das tradições locais contra o que ele chama de "ambição desmedida de projetos políticos, que abrangeriam toda a humanidade". O autor israelense identifica no liberalismo o principal projeto político com pretensões universalistas. Ele vê o liberalismo como uma "abordagem internacional da política", que joga com a ideia de uma natureza humana universal para "fomentar um governo supranacional".

Esse tipo de governo supranacional seria, na concepção do autor, antidemocrático – pois a democracia, para funcionar, demandaria cidadãos que dialoguem entre si, que falem a mesma língua, que compartilhem uma vida em comunidade, que tenham uma visão compartilhada de pertencimento e um legado de tradições duradouras. As instituições internacionais seriam, na melhor das hipóteses, "tecnocracias distantes", cujas ações refletiriam a ideologia de uma pequena minoria de funcionários, e não a vontade do povo.

As considerações de Hazony alinham-se às críticas ao que muitos intelectuais, políticos e analistas da direita pós-liberal definem como "globalismo". O "globalismo" seria a "ideologia" que respalda a crescente internacionalização da política e a construção de um aparato burocrático internacional capaz de exercer poder[264]. Ao prescrever a internacionalização da política como solução para os problemas sociais, o "globalismo" resultaria na transferência do poder local para organismos supranacionais, que buscariam controlar, gerir e guiar os rumos políticos de diversas sociedades. O objetivo do "globalismo" seria, portanto, o advento de uma administração "global" dos assuntos da pólis.

O "globalismo" não deve ser confundido com "globalização". Ao passo que a globalização significa a ampliação de fluxos comerciais e financeiros por meio da redução das barreiras para o comércio e para os investimentos, o "globalismo" seria um processo de ampliação da "governança global" – do exercício da política por instituições internacionais, que, de acordo com seus críticos, suplantaria as soberanias nacionais e construiria sobre elas um onipotente aparato burocrático, orientado a impor agendas estranhas às comunidades[265]. Na acepção de alguns autores, o globalismo não seria apenas uma "ideologia", mas um "esquema de dominação mundial" que visa substituir as culturas tradicionais por uma moral secular, cosmopolita e *esquerdista*[266].

Na perspectiva de pensadores nacionalistas, como Hazony e Deneen, as instituições internacionais buscariam sobrepor-se ao estado-nação, à soberania, às comunidades, às tradições. O resultado seria a transferência de poder a uma elite distante das necessidades dos governados. Segundo esses intelectuais, o exercício primário do poder deveria ser circunstancial, limitado. Os agentes políticos deveriam atuar localmente, e não ter poder sobre vastos territórios, longe do povo representado. Eles dizem que as soluções para os problemas sociais não devem ser conduzidas por meio de "ambições universais".

Críticas "antiglobalistas", portanto, fundamentam-se em desacreditar a ampliação da estrutura institucional do pós-Segunda Guerra. Nessa perspectiva, as organizações internacionais teriam abocanhado parcelas cada vez maiores de poder perante as soberanias que delas participam. Para os novos movimentos nacionalistas, reagir a essa concentração de poder seria necessário. Tal reação ganhou fôlego nos Estados Unidos a partir de 2016 – mas as ideias que a balizam já haviam sido gestadas bem antes.

A história dos Estados Unidos é marcada por um forte ímpeto isolacionista, como visto nos debates sobre o envolvimento nas duas guerras mundiais – ou na adesão à Liga das Nações e às Nações Unidas. Esse ímpeto isolacionista, contudo, acabou perdendo espaço no século XX. Hoje ele voltou à tona, misturado com uma agitação nacionalista e impulsionado por meio das críticas aos arranjos institucionais criados após a Segunda Guerra.

Um dos críticos atuais mais ferrenhos do "globalismo" é John Bolton, ex-assessor de segurança nacional do presidente Donald Trump. Bolton não é um nome estranho aos círculos da diplomacia. Ele já havia trabalhado no governo de George W. Bush como subsecretário para o Controle de Armas e Segurança Internacional (2001-2005) e, ironicamente, como representante dos Estados Unidos junto às Nações Unidas (2005-2006). Em março de 2018, Bolton foi nomeado assessor de segurança nacional de Donald Trump, o terceiro a ocupar o posto durante o mandato do republicano. Ele, porém, deixou a Casa Branca em setembro de 2019[267]. Em junho de 2020, Bolton publicou um livro de memórias no qual critica Trump fortemente, revelando bastidores de negociações e opiniões do ex-presidente sobre temas como Coreia do Norte, China, Cuba, Ucrânia e Venezuela[268].

Apesar das desavenças com Trump, as credenciais nacionalistas de Bolton nunca foram questionadas. O diplomata denominava-se um "americanista" que priorizava os interesses nacionais e da soberania dos Estados Unidos sobre o que ele chamou de "obsessão com a promoção da democracia e dos direitos humanos"[269]. Bolton promoveu duras críticas ao que ele denominou de "globalismo", moldando as perspectivas do movimento conservador americano sobre o engajamento de Washington junto às instituições internacionais – que, décadas antes, o governo americano ajudou a criar.

Bolton usou seu tempo na diplomacia americana para orquestrar a retirada dos Estados Unidos de tratados sobre o controle de armas e de outros acordos internacionais. Antes de assumir cargos importantes no governo, já havia dado contribuições intelectuais ao movimento conservador americano. Em 2000, por exemplo, escreveu um artigo intitulado "Should We Take Global Governance Seriously?" ("Devemos levar a governança global a sério?"), em que busca resgatar os valores do nacionalismo contra os "globalistas"[270].

Nesse artigo, Bolton fez um alerta: goste-se ou não, os "globalistas" aproveitaram as oportunidades oferecidas pelo fim da Guerra Fria para avançar sua agenda, produzida "por anos de escrita, conferências, aprovação de resoluções e *networking*"[271]. Os nacionalistas haviam ficado para trás. De acordo com o ex-assessor de segurança nacional, em diversas áreas – direitos humanos, trabalho, saúde, meio ambiente e assuntos político-militares – os "globalistas têm avançado enquanto os nacionalistas dormem". O custo dessa falta de atenção seria o rebaixamento da soberania popular dos Estados Unidos, restringindo a flexibilidade da política externa do país.

Bolton afirma que, apesar do predomínio de nacionalistas na política doméstica americana, a política internacional do país ainda se encontrava definida "por pequenos exércitos de globalistas, cada um segurando firmemente um novo tratado ou proposta multilateral". A crítica ganhou tração e o alerta surtiu efeitos. A direita pós-liberal incorporou o termo e passou a travar uma luta contra o movimento "globalista" – e contra seus supostos patrocinadores: burocratas, banqueiros, investidores, intelectuais, políticos, representantes de ONGs e diplomatas, que atuariam para transferir poder e autonomia das soberanias nacionais, das comunidades locais, do povo, a organismos internacionais. Em setembro de 2018, por exemplo, Donald Trump discursou na Assembleia Geral das Nações Unidas e declarou "o fim da ideologia globalista" e deu boas-vindas à "doutrina do patriotismo"[272].

Outros autores da direita pós-liberal vão além: enxergam no "globalismo" a faceta de um projeto revolucionário de caráter marxista. Olavo de Carvalho, por exemplo, afirma que "[o globalismo] é o processo [revolucionário] mais vasto e ambicioso de todos"[273]. Carvalho disse que o "globalismo" abrange "a mutação radical não só das estruturas de poder, mas da sociedade, da educação, da moral, e até das reações mais íntimas da alma humana" – e que a "demanda de poder" dos globalistas seria "a mais alta e voraz que já se viu". Ainda de acordo com o autor, a ideia do livre comércio, por exemplo, "tem sido usada como instrumento para destruir as soberanias nacionais e construir sobre suas ruínas um onipotente Leviatã universal"[274].

A depender da definição, "globalismo" (faço questão das aspas) pode incorporar qualquer aspecto das relações internacionais. É um termo tão vasto e ineficaz que nele tudo se encaixa – a atuação internacional de ONGs e de partidos de esquerda, o trabalho de um relator independente das Nações Unidas sobre a situação de direitos humanos em prisões na América Latina, a coordenação de ações para combater o aquecimento global, a existência do Tribunal Penal Internacional, a estrutura regulatória da União Europeia. O "globalismo" serviria, afinal, não apenas para designar uma "ideologia" que atuaria em suposta oposição aos nacionalistas, mas como traço dos objetivos revolucionários da esquerda pós-moderna.

Jamais existiu, no entanto, uma corrente ou uma escola de pensamento autointitulada "globalista" nas relações internacionais. O "globalismo" é definido e delimitado pelos seus críticos. É fruto da análise do discurso, das batalhas de identidades, da oposição de nacionalistas ao avanço institucional da ordem liberal. A falta de precisão na definição do termo é proposital: serve para que nele sejam encaixados os inimigos que os nacionalistas supostamente devem combater.

O mais próximo que se chegou a uma formulação teórica "globalista" nas relações internacionais foi por meio do *liberal-institucionalismo*. É necessário, porém, separar os termos: enquanto "globalismo" é um conceito propositalmente vago e impreciso, para nele encaixar inimigos imaginários dos nacionalistas, o liberal-institucionalismo designa uma escola de pensamento das relações internacionais, partindo de uma interpretação específica sobre a natureza do sistema anárquico e sobre os arranjos que possibilitam a cooperação.

Como já descrito neste livro, a ordem internacional do pós-Segunda Guerra foi calcada no desenvolvimento de organizações e regimes internacionais – arranjos institucionais que servem para reduzir os *custos de transação* na política internacional. A teoria liberal-institucionalista se baseia, portanto, na *utilidade funcional das instituições internacionais*, que protegem os interesses soberanos dos estados ao facilitar a cooperação.

Esse aparato institucional não visa se sobrepor à soberania dos estados. De fato, ao se engajarem em políticas cooperativas e ao se tornarem membros de organizações internacionais, os estados podem ceder parte de sua soberania. Eles aceitam, por exemplo, regras acordadas em tratados, bem como se submetem ao escrutínio de seus pares, que checam se determinado Estado está ou não agindo de acordo com as normas. Mas a soberania não passa a ser um atributo das instituições internacionais. A soberania, na verdade, é guia da cooperação internacional. O diálogo multilateral pode ser orientado pela defesa de interesses soberanos dos estados.

Muitas organizações internacionais também contam com secretariados – um corpo técnico específico que lida com o dia a dia daquela organização e que atua para implementar os acordos já celebrados ou para facilitar a negociação de novos compromissos. Esses secretariados, porém, não são dotados de poder soberano próprio capaz de interferir nos assuntos domésticos dos estados. Funcionários, peritos e representantes dos secretariados podem emitir opiniões e pareceres, que muitas vezes são confundidos pela imprensa – ou por supostos "especialistas" – como opiniões das próprias organizações.

Não há nada que os integrantes de um secretariado possam fazer, sozinhos, contra a vontade de um Estado soberano. Na verdade, quem determina o escopo e a abrangência das políticas das organizações internacionais, bem como os cursos de ação a serem observados, são os representantes dos estados – muitas vezes diplomatas que obedecem às ordens de seus governos, não as do secretariado de uma organização. Não existe, portanto, uma teoria "globalista" das relações internacionais. O que existe é um movimento de autores, políticos e intelectuais nacionalistas que enxergam uma ameaça no crescente espaço ocupado por regimes e instituições internacionais no encaminhamento de temas políticos.

Cabe mencionar, ainda, uma ironia intrínseca na formulação das críticas ao "globalismo": políticos e intelectuais nacionalistas tendem a atribuir às instituições internacionais maior poder, efetividade e alcance do que os seus apoiadores. Os críticos enxergam tentáculos das organizações internacionais em diversos aspectos da vida política nacional, atribuindo a elas uma influência assustadora. Muitos liberais--institucionalistas, por sua vez, são céticos quanto ao poder real dessas organizações. Elas serviriam mais como um palco de debates e não como agentes que determinam cursos de ação. Em muitos casos, as organizações internacionais poderiam – e deveriam – fazer mais em prol dos objetivos que dizem defender.

Essa contradição já foi apontada por Hans Morgenthau em 1946, no prefácio do livro *Peace, Security, and the United Nations* ("Paz, segurança e as Nações Unidas"). Ao descrever as audiências no Comitê de Relações Exteriores do Senado americano, encarregadas de debater a adesão dos Estados Unidos às Nações Unidas em 1945, Morgenthau diz que "havia aqueles que esperavam muito das Nações Unidas; havia aqueles que esperavam pouco dela. Havia aqueles que pensavam que a nova organização iria, ou ao menos poderia, inaugurar uma nova era das relações internacionais, superando a era das soberanias nacionais; e havia aqueles que estavam convencidos de que ela não seria capaz de afetar a estrutura tradicional da política internacional. [...] No Comitê do Senado, os otimistas em relação à Carta eram os seus inimigos, enquanto os seus apoiadores minimizavam os efeitos dela"[275].

A maioria dos estudiosos não vê ameaça alguma nas organizações internacionais, mas oportunidades de diálogo e de coordenação. Essas instituições não são capazes de exercer atributos próprios da soberania dos estados. Elas atuam apenas em função dos espaços que os estados cedem a elas. Atuam, ainda, em resposta a um mundo mais globalizado e interdependente, com maior demanda pela coordenação de políticas e pela cooperação. Esses espaços institucionais oferecem meios para lidar com problemas que, por sua natureza, não podem ser resolvidos apenas por governos atuando localmente. Como lidar com os desafios impostos pelo comércio globalizado, pelo aquecimento global, por pandemias, por crises nos balanços de pagamentos, se não por meio de espaços de coordenação internacional?

Organizações internacionais não se sobrepõem, portanto, à soberania dos estados. Elas não têm capacidade de ação descolada da vontade de seus membros. Como afirma o embaixador Benoni Belli, em artigo para a revista *Estado da Arte* de abril de 2020, o reconhecimento de problemas globais não leva à necessidade automática de transferência do poder decisório para instituições internacionais[276]. Essas instituições são uma das ferramentas à disposição dos governos para ampliar a coordenação e promover soluções. Instituições internacionais também operam por meio do respeito à autonomia dos países na busca de soluções aos problemas que enfrentam.

Como descrito por Belli, "soberania hoje não é mais tida como uma prerrogativa descolada do povo, apta a justificar uma razão de estado que se basta a si própria, livre de quaisquer amarras e desprovida de controles". No âmbito interno, exige-se que a soberania reflita os interesses e valores de um povo; no âmbito internacional, exige-se que o exercício da soberania esteja alinhado ao respeito à sociedade de estados. Esse equilíbrio permite que governos e instituições internacionais construam sua legitimidade e busquem garantir benefícios a suas populações. Não se trata de um jogo de soma zero: a soberania pode estar alinhada à solidariedade internacional.

Faço novamente uso das palavras de Belli: "Os problemas globais requerem respostas locais e nacionais que, para serem eficazes, devem contar necessariamente com a cooperação internacional, a ser pilotada por meio de organismos multilaterais, de escopo regional ou global"[277]. Articular respostas internacionais por meio do diálogo multilateral pode ser, dessa forma, uma expressão do interesse nacional, traduzindo demandas domésticas em respostas externas.

Essa explicação serve para demonstrar que há claras limitações nas análises dos nacionalistas sobre o "globalismo". Mas essas limitações não são suficientes para reduzir a importância desse debate. A mensagem "antiglobalista" reflete um discurso político que encontra ressonância na população de diversos países – e que, por isso, não pode ser ignorado.

O discurso "antiglobalista" sustenta uma visão de mundo crítica sobre a ordem liberal. Na perspectiva dos nacionalistas no Ocidente, essa ordem deveria estar assentada não em valores e em premissas universais, mas na defesa da autoridade soberana dos estados; não em instituições e em regimes internacionais, mas no exercício local da autoridade política; não em princípios ou regras compartilhadas, mas na defesa dos interesses de cada nação. Em grande medida, é o que também defendem outros pensadores nacionalistas fora do Ocidente.

Tal discussão também serve como porta de entrada para entender, por exemplo, o que significou a saída do Reino Unido da União Europeia – processo que ficou conhecido como Brexit. Apesar da relevância dos debates teóricos, a análise sobre o Brexit requer uma discussão mais detalhada de suas particularidades. Houve muitas leituras sobre o assunto – e muita gente associando Boris Johnson a Donald Trump apenas por eles terem um corte de cabelo estranho.

De Bruges a Kiev - ou do Brexit ao "11 de Setembro" da Europa

Desde o fim da Segunda Guerra Mundial, os países europeus têm buscado aprofundar sua integração em busca de segurança e crescimento econômico. A integração europeia começou a tomar forma na década de 1950, mas o que conhecemos hoje como União Europeia (UE) é mais recente: foi fundada em 1992, com o Tratado de Maastricht, e recebeu sua estrutura e seus poderes atuais em 2007, com o Tratado de Lisboa. Sob esses tratados, os vinte e sete membros do bloco concordam em renunciar a parte de sua soberania e delegar muitos poderes de tomada de decisão à União, representada também por uma comissão e por um Parlamento em Bruxelas.

Nos últimos anos, a União Europeia foi atingida por diversas crises que testaram sua coesão – a crise financeira global de 2009, influxo de migrantes da África e do Oriente Médio, negociações do *Brexit* e as consequências econômicas da pandemia de covid-19. Mais recentemente, a invasão da Ucrânia pela Rússia foi um divisor de águas na atuação do bloco: além de impor sanções sincronizadas contra Moscou, os países--membros da União ampliaram a coordenação em segurança e em defesa militar. Hoje, a UE é um ator poderoso no cenário global, mas a complexidade de suas instituições – e de seu papel político – muitas vezes pode confundir a dimensão do seu poder e da sua influência.

O *Brexit* foi um momento marcante para o futuro da União Europeia. A saída do Reino Unido revelou um conjunto de fraturas políticas que colocou em questionamento a viabilidade do bloco. O *Brexit* passou também a ser conhecido como o resultado de uma combinação tóxica de nacionalismo, racismo, xenofobia e nostalgia imperialista dos britânicos[278]. Mas a saída do Reino Unido da UE não foi fruto do acaso – muito menos de um surto coletivo ou do sucesso de análises "antiglobalistas". Foi, sim, resultado de quase três décadas de ativismo acirrado de britânicos "eurocéticos", durante o qual o *Brexit* cresceu lenta e metodicamente – de uma obsessão de alguns nichos do Partido Conservador para a linha de frente na política do Reino Unido.

A campanha do *Brexit* passou de uma excentricidade para uma discussão sobre identidade. No referendo de 2016, proponentes da retirada do Reino Unido da União Europeia recorreram não apenas a sentimentos nativistas, mas também a argumentos com bases históricas, constitucionais e até em defesa de minorias[279]. Mais importante: havia visões contrastantes dentro do campo dos defensores da saída (*Leave*). Essa sutil guerra civil opôs dois indivíduos que foram fundamentais para tornar o *Brexit* possível: Nigel Farage e Dominic Cummings – que, apesar de terem atuado em prol do mesmo objetivo, representavam visões distintas do movimento eurocético britânico.

***

O Reino Unido sempre abrigou um vigoroso senso de identidade que o separa do continente europeu, devido tanto à separação geográfica quanto a uma valorização cultural e política da *Commonwealth*. O país já havia rejeitado a oportunidade de se tornar membro fundador da Comunidade Econômica Europeia, predecessora da UE, em 1957 – ingressando apenas dezesseis anos depois, em 1973, em um cenário de declínio econômico doméstico[280]. Em 1975, o governo pró-Europa do primeiro-ministro Harold Wilson realizou um referendo sobre a permanência do Reino Unido na Comunidade, no qual os eleitores optaram por permanecer no bloco, com 67,2% dos votos[281]. O resultado exilou o euroceticismo para as periferias do debate político por muitos anos, mas não o enterrou por completo.

Depois de longa hibernação, as visões eurocéticas ganharam força, com a eleição da primeira-ministra conservadora Margaret Thatcher[282]. Embora Thatcher tenha apoiado o Ato Único para a Europa de 1986, que pavimentou o caminho para a fundação da UE, em 1992, ela ficou cada vez mais preocupada com os objetivos políticos do projeto europeu – especificamente os planos da Comunidade Europeia de forjar uma união mais vigorosa.

Em 1988, Thatcher fez o famoso "discurso de Bruges" no Colégio da Europa, na Bélgica[283]. A primeira-ministra passou a ver o projeto da União Europeia como uma ameaça burocrática ao consenso pró-mercado que ela buscava estabelecer no Reino Unido. Naquela ocasião, disse que "não podemos retroceder com sucesso as fronteiras do Estado na Grã-Bretanha, apenas para vê-las reimpostas em nível continental como um superestado europeu".

O discurso revigorou o movimento eurocético no Partido

Conservador britânico, movido pelo receio de que a UE pudesse impor uma pesada estrutura burocrática aos países-membros, retirando do Reino Unido sua soberania política e autonomia econômica[284]. Os chamados "rebeldes de Maastricht" no Parlamento britânico, por exemplo, sabotaram repetidamente as tentativas do sucessor de Thatcher, John Major, de ratificar o tratado de 1992, que criou a União Europeia. Embora o Reino Unido tenha ratificado o texto fundador da UE em 1993, o país nunca adotou a moeda comum – o euro – nem aderiu ao Espaço Schengen – que permitia que cidadãos de países da União Europeia viajassem sem controles de fronteira dentro do bloco.

Nos anos 2000, o movimento eurocético britânico sofreu algumas mutações, tornando-se mais abertamente nacionalista. Essa virada pode ser amplamente atribuída ao sucesso político de Nigel Farage e do Partido de Independência do Reino Unido, ou UKIP[285]. Com um sorriso largo e caricatural, Farage gostava de ser fotografado em *pubs*, segurando um copo de cerveja em uma das mãos e um cigarro na outra. Apesar de suas origens como negociante de *commodities* em Londres na década de 1980, ele se autodenominou um "antipolítico" e "a voz dos subúrbios conservadores do sul da Inglaterra", que representava no Parlamento Europeu desde 1999. Farage deixou o Partido Conservador em 1992, ajudando a fundar o UKIP, depois da assinatura do Tratado de Maastricht.

Farage tornou-se uma das principais vozes do euroceticismo britânico, ao falar em termos simples, que o eleitor médio podia entender. Em vez de se referir a abstrações tecnocráticas como "o federalismo da UE", Farage pintou a União Europeia como uma "conspiração não eleita e antidemocrática empenhada em minar a identidade nacional da Inglaterra"[286]. Em sua luta em defesa do nacionalismo, Farage não priorizou argumentos econômicos ou tecnocráticos, preferindo recorrer ao nativismo latente dos eleitores britânicos preocupados com o aumento da imigração. Ele conseguiu guiar esse sentimento contra Bruxelas – ignorando o fato de que o Reino Unido nunca aderiu ao Espaço Schengen e que o Canal da Mancha pode ser considerado uma barreira natural à livre circulação de refugiados e migrantes de outros países.

O sucesso de Farage, todavia, não foi puramente o resultado de suas habilidades políticas, mas de crises que ajudaram a ecoar sua mensagem. Entre 2006 e 2016, as sucessivas crises da dívida da zona do euro e o aumento da imigração afetaram o apoio à UE no Reino Unido. As consequências da crise financeira global de 2009 também alimentaram a insatisfação política e fomentaram o sentimento *anti-establishment*. Como um partido marginal, o UKIP foi capaz de capitalizar a insatisfação britânica com o *status quo*, que ajudou a transformar o referendo de 2016 em um voto de protesto abrangente. Mas o sucesso da campanha pela saída da União Europeia é frequentemente atribuído a outro homem: Dominic Cummings, que se tornou conselheiro-sênior de Boris Johnson, primeiro-ministro britânico – de 2019 a 2022.

Cummings era um estrategista político que beirava os 50 anos, com uma careca pronunciada. Em 2015, foi indicado para o cargo de estrategista-chefe da campanha pelo *Brexit*. Tendo obtido sucesso, Cummings passou a ser amplamente creditado por mudar, sozinho, o resultado do referendo – e, com isso, o curso da história britânica. Para garantir o bom desempenho eleitoral, ele implementou uma abordagem radicalmente diferente daquela empregada pela maioria dos eurocéticos nas décadas anteriores.

A estratégia da campanha arquitetada por Cummings buscou abordar temas que afetavam os eleitores comuns de forma mais palatável. Durante anos, os eurocéticos argumentaram que o Reino Unido poderia avançar sua agenda de livre comércio sem se submeter à supervisão regulatória de Bruxelas, deixando a União Europeia e ingressando na Área de Livre Comércio Europeia – um bloco que compreende a Suíça, Noruega, Lichtenstein e Islândia[287]. Essa manobra daria aos britânicos maior liberdade para fechar acordos comerciais com terceiros países, preservando sua autonomia política em outras áreas. Mas esses argumentos técnicos limitaram o apelo a um eleitorado que pouco conhecia tarifas aduaneiras e estruturas regulatórias (ou não se importava com elas).

Cummings preferiu abordar outras questões, como a falta de recursos públicos disponíveis para os britânicos, ao mesmo tempo que oferecia a eles um ideal mais elevado em que acreditar – a defesa da soberania[288]. Em grande medida, a campanha arquitetada por Cummings foi bem--sucedida em tornar o referendo de 2016 uma resposta à seguinte pergunta: em quem os britânicos mais confiavam para garantir o controle político do país – no Parlamento em Londres ou no Parlamento em Bruxelas? A campanha pela permanência na União (*Remain*), por sua vez, priorizou argumentos técnicos sobre a economia para dissuadir as pessoas de abandonar a UE.

Cummings também procurou distanciar os proponentes do *Brexit* da retórica populista de Farage, que enxergava como uma influência negativa capaz de afastar as pessoas do resultado pretendido. A imagem pública anti-imigrante do líder do UKIP fazia com que deixar a UE parecesse uma causa nativista e xenófoba – e a maioria dos britânicos não queria se autodescrever como nativistas e xenófobos.

Em seu blog, Cummings afirma que, se Farage tivesse sido a maior presença na TV, em vez de Boris Johnson, "é extremamente plausível que teríamos perdido mais de 600 mil votos"[289]. Cummings achava que temas espinhosos, como a imigração, deveriam ser apresentados de maneira respeitável. Em vez de ficar ao lado de cartazes mostrando filas de imigrantes não brancos e refugiados, Cummings preferiu adotar o *slogan* "retomar o controle" (*take back control*) – uma metáfora engenhosa para refletir o sentimento de perda de controle da política migratória, e não um *slogan* a favor da homogeneidade cultural. Em vez de focar a *redução* da imigração, Cummings preferiu focar a *retomada do controle das fronteiras*. Ele observou: "A imigração era um taco de beisebol que precisava ser levantado na hora e da maneira certas"[290].

Em uma conferência em Folkestone, na Inglaterra, em 2017, um ano após o referendo, perguntaram a Cummings se ele se sentia culpado pelo que havia feito. Ele respondeu: "para mim, [...] o pior cenário para a Europa é um retorno ao protecionismo e ao extremismo ao estilo dos anos 1930. E o projeto da UE, o projeto da zona do euro, está impulsionando o crescimento do extremismo. [...] A razão mais importante, na verdade, pela qual eu queria sair da UE é que acho que isso drenará o veneno de muitos debates políticos [...]. O UKIP e Nigel Farage estão com os dias contados. [...] Assim que houver controle democrático da política migratória, o tema voltará a ser uma questão de segunda ou de terceira ordem"[291].

***

Passado o choque com a vitória do *Leave* no referendo de 2016, as atenções voltaram-se para as negociações entre Londres e Bruxelas, que ocorreram a partir de março de 2017, quando a primeira-ministra Theresa May invocou o artigo 50 do Tratado de Lisboa, dando início oficial ao cronograma da saída do Reino Unido da União Europeia. O processo de negociação desse acordo foi tortuoso, com o Parlamento britânico rejeitando versões iniciais do texto em três ocasiões, levando à renúncia da primeira-ministra May, em julho de 2019. Apenas em janeiro de 2020 o Parlamento sancionou um texto proposto pelo então primeiro-ministro Boris Johnson.

As negociações do *Brexit* tiveram como pano de fundo uma União Europeia enfrentando várias crises, de disputas sobre a dívida pública italiana ao ressentimento contínuo em relação à livre circulação de pessoas[292]. Essas crises, como outras, foram resultado de linhas de falha estruturais que afligem a União: divisões entre os membros do norte e do sul, bem como a dificuldade de unir membros do euro e não membros em um único órgão jurídico e político.

Para diversos movimentos políticos nacionalistas, o *Brexit* tornou-se um símbolo da reação contra o avanço do "globalismo". Passados alguns anos, o legado da saída do Reino Unido da União Europeia tem sido revisto – e fortemente criticado. É possível afirmar, por exemplo, que a participação no bloco jamais significou que o Reino Unido tivesse renunciado à sua soberania e ao controle de suas fronteiras. Não era apenas a União Europeia a definir os rumos políticos do Reino Unido – participando da UE, o Reino Unido ajudava a definir os rumos da União Europeia.

A União Europeia tampouco se resume a um "superestado" ou a uma burocracia engessada. Ao contrário, a formação do bloco possibilitou uma harmonização de regras comerciais e econômicas na Europa, tornando-as mais simples e coesas. Ao integrar o continente em um mercado comum, a União permitiu ampliar trocas comerciais e financeiras, uniformizando normas, reduzindo os custos das transações econômicas no continente. Caso cada país continuasse a criar suas próprias regras comerciais, o resultado seria um mosaico de diferentes legislações, entre 27 estados distintos, representando obstáculos ao fortalecimento das economias nacionais.

Desde que deixou a UE, o Reino Unido tampouco experimentou um recuo das fronteiras do Estado – como alguns proponentes da saída acreditavam ser possível, afiançando ao *Brexit* a possibilidade de montar um palco para novas políticas liberalizantes ao estilo de Margaret Thatcher. A primeira-ministra conservadora Liz Truss, por exemplo, que sucedeu a Boris Johnson em 2022, prometeu um corte amplo de impostos, ao mesmo tempo que propôs mais subsídios estatais para conter o aumento dos custos de energia devido ao conflito na Ucrânia.

Os mercados financeiros foram cruéis com o plano de Truss, rebaixando os rendimentos dos títulos públicos britânicos e desvalorizando a libra esterlina. Ela ficou apenas 45 dias no poder. Rishi Sunak, que sucedeu a Truss, impôs uma dose de realismo econômico: os custos dos subsídios à energia e do apoio fiscal para conter os efeitos recessivos da pandemia deveriam ser financiados também por meio do aumento de impostos. O resultado é que, tendo perdido algum crescimento econômico ao obstruir o comércio com seu maior e mais próximo mercado (a Europa continental), o Reino Unido tem sido obrigado a tributar mais para financiar o mesmo nível de provisão de serviços públicos[293].

Houve também uma ironia gigante no *Brexit*: o número líquido de imigrantes aumentou significativamente desde a saída do Reino Unido da UE. Em 1992, ingressaram no país 49 mil pessoas a mais do que partiram[294]. Em 2004, essa migração líquida aumentou para 349 mil. No ano anterior ao *Brexit*, em 2015, foram 379 mil. Depois da saída da UE, a onda de migração europeia transformou-se num tsunâmi global. Em 2022, ingressaram no Reino Unido 745 mil pessoas a mais do que saíram – um recorde. Em 2023, o número foi no mesmo patamar – 672 mil. O *Brexit* foi um golpe poderoso que restringiu a liberdade de movimentação dos britânicos na Europa, mas não significou uma redução imediata na imigração[295]. Apesar dos apelos pela "retomada de controle" das fronteiras, o *Brexit* não representou um fechamento delas – o que pode ser visto como um alento.

Fora da União Europeia, o Reino Unido também teve que enfrentar desafios em relação à sua posição estratégica em temas de segurança. A relevância do bloco para tais temas já era evidente: desde a formação da UE, a Europa Ocidental nunca conheceu um período tão longo sem guerra. A União Europeia é o projeto de paz de maior sucesso na história[296]. O peso estratégico do bloco ficou ainda mais evidente com a invasão da Ucrânia, em 2022. O ataque russo ao país vizinho foi descrito como o "11 de Setembro da Europa"[297]. Diante do conflito, a UE mostrou-se pronta para usar seu poder econômico para fins de segurança, impondo fortes sanções a Moscou.

A invasão russa não deixou alternativas a Londres, a não ser estreitar os laços políticos com Bruxelas. Diante de desafios estratégicos e de ameaças à segurança do continente, disputas sobre regras comerciais ou sobre cotas de pesca certamente adquiriram menor relevância. Como afirmou o professor de Relações Internacionais Oliver Stuenkel, "a invasão russa ativou um mecanismo que muitos europeus haviam esquecido: quando questões de segurança nacional entram em jogo, interesses econômicos ficam em segundo plano"[298]. Esse exemplo serve para ilustrar que, hoje, economia e segurança andam lado a lado – uma junção que decorre de outras fraturas no sistema internacional.

Fraturas na globalização

Economistas – desde pelo menos Adam Smith – tendem a acreditar que liberdade econômica e liberdade política são dois lados da mesma moeda. Quando a União Soviética entrou em colapso, cresceu a esperança de que a globalização pudesse unir o mundo. Na década de 1990, a China estava mais aberta ao comércio e ao investimento internacional. A Índia havia abandonado a autarquia. As ex-repúblicas soviéticas estavam interessadas em copiar o modelo das democracias de mercado. A abertura da primeira filial do McDonald's na Rússia, em 1990, parecia confirmar que as forças de mercado estavam aproximando um mundo antes dividido por uma cortina de ferro.

A entrada da China na OMC em 2001 e a da Rússia em 2012 marcaram essas tendências. Fluxos comerciais e de investimentos aumentaram a interdependência entre diversos países. Acreditava-se que a abertura comercial levaria a uma abertura política. Havia a expectativa de que, mais dia, menos dia, Pequim e Moscou seriam alinhadas às democracias de mercado – ou, pelo menos, seriam parceiras econômicas importantes e não fariam nada que pudesse desestabilizar a ordem liberal, que também as beneficiava.

Olhando em retrospecto, a perspectiva de que o mundo integrado pela globalização seria um lugar de relativa paz soa bastante ingênua. Mas convém lembrar: os últimos trinta anos de globalização foram, em muitos sentidos, um sucesso estrondoso. A pobreza extrema caiu drasticamente no mundo, muito em função do crescimento econômico de países asiáticos. Construiu-se uma simbiose econômica rara entre as principais economias globais. Nesse mundo globalizado, a interdependência parecia estar blindada de tensões geopolíticas sérias: mesmo a existência de conflitos – como os ataques terroristas no início do século, as crises no Oriente Médio e na África – não foi suficiente para barrar a integração econômica do planeta.

A aposta da década de 1990 de que a interdependência econômica pudesse garantir harmonia de interesses políticos, porém, não se concretizou. Nos Estados Unidos, a mudança de tom em relação à China – evidente na gestão de Donald Trump – já havia adquirido seus primeiros contornos em 2012, ainda na gestão de Barack Obama. Os primeiros sinais de rompimento do casamento econômico batizado de *Chimérica* foram dados por meio de algumas disputas comerciais; depois, ganharam a dimensão de um "descolamento econômico". Mais recentemente, a relação entre Washington e Pequim passou a ser pautada pelo entendimento de que os dois países são adversários sistêmicos um do outro.

Em 2014, a invasão russa da Crimeia soou o alerta em relação às diferenças estratégicas da Europa Ocidental com Moscou. Os primeiros avanços militares da Rússia contra a Ucrânia levaram à imposição de sanções – que, a princípio, foram cuidadosamente elaboradas, para não ferir de morte os interesses econômicos do Ocidente com o gigante euroasiático. Esse quadro mudou com a invasão em larga escala da Ucrânia, em 2022. Os Estados Unidos suspenderam o comércio do petróleo russo. Junto com a União Europeia, bloquearam as reservas do Banco Central da Rússia em moedas, como dólar, euro e libra esterlina. Bancos russos foram excluídos do sistema interbancário SWIFT. O Ocidente adotou uma estratégia antes impensável: punir e isolar, por motivos de segurança, uma economia de grande porte, bem integrada ao sistema econômico e financeiro internacional, produzindo um choque de "desglobalização econômica"[299].

MUNDO FRATURADO

A ordem liberal do pós-Guerra Fria tem cedido espaço para um mundo menos coeso e mais fraturado – caracterizado por maior competição geopolítica; maior grau de convergência entre segurança e economia nas relações internacionais; maior foco em ganhos econômicos relativos; e pela emergência de um capitalismo estratégico. Hoje, segurança e economia andam lado a lado. Mas as disputas geopolíticas não foram o único fator a causar fraturas no processo de globalização nos últimos trinta anos.

Décadas atrás, preocupações com a desigualdade e com o impacto da abertura comercial no emprego e na renda surgiram como reações ao processo globalizador. Conforme a integração econômica global se ampliava, ela deixava um rastro de efeitos adversos: na desigualdade crescente, em custos econômicos, na perda de autonomia, na demanda por energia e nos efeitos no clima.

***

Em novembro de 1999, a OMC havia agendado uma conferência ministerial nos Estados Unidos, na cidade de Seattle, para discutir uma nova rodada de negociações comerciais. O que era para ser uma negociação técnica sobre redução de tarifas aduaneiras e de outras barreiras não tarifárias ao comércio tornou-se um campo de batalha – em sentido literal.

As negociações foram ofuscadas por protestos em frente aos hotéis e ao centro de convenções onde a reunião se realizava. Ao longo de três dias, mais de 40 mil pessoas tomaram as ruas da cidade – superando qualquer manifestação anterior nos Estados Unidos contra um encontro governamental. Lojas foram saqueadas e partes do município ficaram sitiadas. Houve diversos confrontos com a polícia, que buscava dispersar os manifestantes com balas de borracha e bombas de efeito moral.

A conferência foi cancelada depois de três dias. Temia-se pela segurança e pela vida de seus participantes. Os eventos ficaram conhecidos como "a batalha de Seattle". Mas por que travar uma batalha – com elevado grau de violência – contra uma reunião técnica sobre direito comercial? Estavam os manifestantes preocupados com investigações *antidumping* ou sobre regras fitossanitárias para a exportação de proteína animal?

A OMC era, sobretudo, um símbolo. Seattle foi evidência das fraturas que a globalização começava a despertar. Os manifestantes acusavam a Organização de representar os interesses das corporações transnacionais, de promover o desrespeito aos direitos humanos e trabalhistas, de incentivar práticas econômicas ambientalmente danosas, além de provocar o desemprego e flagelos sociais variados. Na virada do milênio, essas críticas espalhavam-se em passo acelerado, formando um movimento "antiglobalização" que influenciou políticos e governos.

Os ataques e críticas à globalização também se imiscuíam com ataques à ideologia que supostamente a respaldava: o neoliberalismo. É necessário, porém, separar o termo do seu irmão mais velho – o liberalismo. Tal como o "globalismo", o neoliberalismo tem sido um termo definido e delimitado pelos seus críticos: o conceito é frequentemente deixado sem definição e é empregado de maneiras muito distintas, de modo que sua utilização oferece poucas pistas sobre o que realmente significa[300]. É possível inserir na "lógica neoliberal" qualquer ação, qualquer ato que seja entendido como socialmente ou ambientalmente danoso[301]. Apesar de o termo "neoliberalismo" ser desprovido de utilidade analítica, é evidente que boa parte da crítica a ele dirigida é uma crítica também à filosofia liberal e, especialmente, à economia de mercado que dela deriva.

Mais de vinte anos após a batalha de Seattle, as críticas ao neoliberalismo ganharam novos contornos. Críticas sobre a crescente desigualdade nas economias de mercado ressurgiram com força, especialmente depois de crises financeiras que deixaram sequelas econômicas, políticas e sociais. Os efeitos nefastos de uma desigualdade de renda crescente têm movimentado debates políticos, bem como uma reavaliação sobre os benefícios da abertura comercial e financeira.

A desigualdade de renda: por que importa

A preocupação com a desigualdade não é nova. A Revolução Industrial, embora tenha ampliado a riqueza disponível no mundo, elevou a disparidade de renda entre os donos dos meios de produção e os trabalhadores assalariados. A análise de Karl Marx sobre as dinâmicas da sociedade industrial destacou – e criticou – a desigualdade que resultava dessa dinâmica de acumulação.

O tempo, porém, encarregou-se de desmistificar a visão determinista de Marx – a perspectiva de que a exploração e a concentração de riqueza seriam aspectos inescapáveis do sistema capitalista, a ponto de levá-lo a uma ruptura social. Ao longo do século XX, distintos países adotaram políticas de bem-estar social e programas de redistribuição de renda para mitigar as disparidades econômicas, melhorando as condições de vida da classe trabalhadora, sem a necessidade de uma revolução.

Apesar dos avanços, o problema da desigualdade não se dissipou. É um tema presente no debate público e nas discussões políticas em diversas sociedades. No Brasil, por exemplo, o assunto é presente e visível: basta olhar nas ruas e ver o número de miseráveis, as favelas, as crianças em lixões, os pedintes, os idosos desamparados e todo o sofrimento que os acompanha. Enquanto isso, há ricos com seus apartamentos luxuosos, grandes carros, casas cercadas com muros altos e toda a bonança de bens e serviços à disposição porque têm dinheiro. A conclusão? As desigualdades estão na raiz dos problemas sociais. Superá-las é nosso dever e nossa obrigação moral, se quisermos um mundo mais justo. E um mundo justo, sem divisões de classes, sem pobreza e sem sofrimentos desnecessários é um sonho pelo qual vale lutar. Ou não?

Sim. É possível superar a pobreza absoluta e as desigualdades latentes. É possível ampliar o acesso a bens e serviços. É possível promover a inclusão social por meio de transferência de renda. É possível – e desejável – desenvolver políticas públicas que redistribuam recursos. Diversos países conquistaram esses objetivos. As ferramentas à disposição dos governos são inúmeras. Mas, para aliviar a desigualdade e superar a pobreza, é necessário implementar políticas públicas baseadas em evidências. E uma das evidências atuais é que um dos melhores, maiores e mais bem testados programas de redução da pobreza extrema é o crescimento econômico.

Não se trata de "primeiro fazer o bolo crescer, para depois distribuir". Nessa discussão, é necessário diferenciar *pobreza absoluta* de *pobreza relativa*. A pobreza extrema é uma condição na qual uma pessoa ou família vive com recursos extremamente limitados, sem acesso a itens básicos para sobrevivência, como alimentação adequada, água potável, moradia, saneamento básico, assistência médica e educação. A pobreza extrema é frequentemente medida em termos de renda, com linhas de pobreza estabelecidas a partir de critérios específicos, como o valor necessário para adquirir uma dieta mínima de calorias diárias e atender outras necessidades básicas.

Já a pobreza relativa refere-se à condição que uma pessoa ou família tem em relação ao restante da sociedade em que vive. Está relacionada ao acesso a oportunidades educacionais, a emprego digno, a habitação adequada, aos cuidados com saúde e à participação plena na vida social e política. Indicadores de pobreza relativa frequentemente incluem medidas como o índice de Gini (indicador que reflete a desigualdade socioeconômica dos países e territórios, mensurando a distribuição de renda entre as populações), taxas de desemprego, disparidades educacionais e outras formas de exclusão social. Embora pobreza extrema e pobreza relativa sejam conceitos distintos, muitas vezes estão interconectados, com a pobreza extrema frequentemente ocorrendo em contextos de desigualdade social e econômica mais ampla.

Hoje, é possível afirmar que qualquer país que vive uma ou duas décadas de altas consecutivas do PIB vê massas humanas deixarem a miséria absoluta. Com a globalização dos últimos trinta anos, a pobreza extrema – medida pelo número de pessoas que vivem com renda inferior a US$ 2,15 (R$ 10,75) por dia em valores de 2017, pela paridade do poder de compra, segundo padrão estabelecido pelo Banco Mundial – foi cortada em mais da metade, enquanto a expectativa de vida aumentou significativamente. De 1990 a 2022, a população no planeta que vive abaixo dessa linha de pobreza caiu significativamente: de 2 bilhões de pessoas para menos de 700 milhões[302].

A Ásia é a grande testemunha dessa fantástica história de redução da miséria. Do começo do século para cá, mais de 1 bilhão de pessoas deixaram a pobreza extrema nesse continente. Uma série de reportagens do jornal *O Estado de S. Paulo*, publicada no início de 2024, trouxe dados impressionantes sobre a transformação econômica e social do continente asiático: "A população vivendo abaixo da linha de pobreza na Ásia Meridional e Oriental e na região do Pacífico, que representava 70,5% do total global em 2002, agora corresponde a 24,4%. Tal queda aconteceu mesmo num período em que o número de habitantes da região teve um aumento de 46,4% – de 3,2 bilhões para 4,7 bilhões"[303].

As reportagens traçam um panorama histórico: o processo de

redução da pobreza no continente asiático já havia sido deflagrado pelo Japão a partir de 1960 e pelos chamados Tigres Asiáticos (República da Coreia, Taiwan, Hong Kong e Singapura) a partir dos anos 1970 e 1980. Recentemente, os grandes motores que influenciaram a redução da pobreza extrema naquele continente foram China e Índia – os dois países com a maior população do mundo. Desde 1990, a China cortou o nível de pobreza extrema de 72% para um impressionante 0,1%. Já a Índia cortou de 47,6% para 11,9%. Em 2021, a China declarou que erradicou a pobreza extrema de acordo com o seu próprio limiar nacional, de US$ 1,90 (abaixo dos US$ 2,15 estabelecidos pelo Banco Mundial), tirando 770 milhões de pessoas da miséria desde 1978[304].

Outros exemplos são citados: Bangladesh cortou a taxa de pobreza extrema de 43% para 9,6% de sua população, desde 2000. A Indonésia, país com a maior população islâmica do planeta, diminuiu o número de pessoas vivendo abaixo da linha de pobreza de 62,8% para 2,5%, de 1990 a 2022. O Vietnã, que seguiu o caminho da China e abriu sua economia, reduziu a taxa da miséria absoluta de 45,1% em 1990 para 0,7% em 2022[305]. O economista Dani Rodrik, professor da Universidade de Harvard, ajuda a explicar as causas desse fenômeno: "Historicamente, nada funciona mais que o crescimento econômico para as sociedades melhorarem as condições de vida de seus integrantes, incluindo as mais desfavorecidas"[306].

Outros dados comparativos confirmam a análise de Rodrik: a Ásia Meridional teve um crescimento médio de 5,6% ao ano entre 1982 e 2021. Na Ásia Oriental e na região do Pacífico, essa taxa foi de 4,9%. No mesmo período, a África Subsaariana cresceu 3% ao ano; o Oriente Médio e o norte da África, 2,9%; e a América Latina e o Caribe, 2,3%. Entre 1965 e 2016, apenas sete economias emergentes com mais de cinco milhões de habitantes tiveram um aumento do PIB *per capita* de mais de 3,5% ao ano, todos asiáticos – China, Hong Kong, Indonésia, Malásia, Singapura, República da Coreia e Tailândia[307].

No entanto, crescimento econômico não basta para reduzir a miséria. Redes de proteção social são indispensáveis nesse processo. O jornal lembra que, embora o sistema de proteção social seja pouco desenvolvido na maioria dos países asiáticos, vários deles lançaram programas de apoio à população mais vulnerável nos últimos anos. Citando o livro *Asia's*

Journey to Prosperity ("A viagem da Ásia para a prosperidade"), publicado pelo Banco Asiático de Desenvolvimento em 2020, a série de reportagens menciona o caso das Filipinas, que implementaram um programa nacional de transferência de renda similar ao Bolsa Família[308]. A obra faz referência também aos casos da Malásia e da Tailândia, que implementaram medidas destinadas a ajudar os mais pobres. Na Índia, existe um programa que combina transferências de renda com apoio ao emprego. E mesmo na China, onde a rede de proteção social é limitada, foi implementado um programa de renda mínima, o *Dibao*, e foram concedidos aumentos no salário mínimo e na ajuda governamental nas áreas rurais[309].

O crescimento econômico da Ásia, impulsionado pelos diferentes processos de abertura comercial e de integração dos países desse continente às cadeias globais de produção, demonstra que a redução da pobreza extrema – em todo o planeta – é uma realidade possível. As ferramentas econômicas à disposição são conhecidas. Mas o problema da desigualdade vai além da redução da pobreza absoluta por meio do crescimento econômico.

***

Desde 1990, ao mesmo tempo que a pobreza extrema tem caído, muito em razão da globalização, as diferenças de renda relativa têm aumentado, também por causa da globalização. Quem conta essa história, com excelente análise de dados, é o economista sérvio-americano Branko Milanovic[310]. Ele cresceu na Iugoslávia comunista, passou algumas décadas no Banco Mundial e hoje é professor de Economia em Nova York. No final dos anos 1990, Milanovic analisou um gigantesco banco de dados do Banco Mundial sobre renda familiar, demonstrando como os benefícios da globalização foram distribuídos de forma desigual[311].

De acordo com o professor, ao mesmo tempo que a globalização trouxe benefícios difusos à população mundial, também foi a causa de perdas concentradas. Segundo ele, os grandes vencedores foram os "plutocratas globais" – cujos retornos sobre o capital dispararam – e a nova classe média de mercados emergentes, principalmente no Leste Asiático, na China e na Índia. Os grandes perdedores foram os trabalhadores da classe média no Ocidente, cuja renda estagnou na medida em que as indústrias nas quais trabalhavam foram transferidas ou afetadas pela concorrência estrangeira[312].

Quando diversas economias abriram seus mercados, nas décadas de 1980 e 1990, o capital tendeu a fluir para lugares que ofereciam maior retorno – muitas vezes, para países onde os impostos eram mais baixos e a regulamentação, menos onerosa. Para atrair esse capital, diversos governos se viram forçados a seguir políticas de liberalização financeira. Hoje, há ampla evidência de que essa liberalização levou a distribuições de renda desiguais[313].

Nos Estados Unidos, por exemplo, desde 1980, houve um salto dramático na desigualdade – a parcela da renda que vai para o 1% mais rico da população disparou de 8%, no início dos anos 1980, para quase 20% hoje[314]. A desigualdade também aumentou na Austrália, no Canadá, no Reino Unido, em grande parte da Europa e até no Japão, sugerindo que há causas sistêmicas. Ao mesmo tempo, a disparidade de renda quase não mudou em outros países ricos, que possuem um estado de bem-estar social mais robusto – principalmente na França e nos Países Baixos.

No mundo desenvolvido, a desigualdade tende a se perpetuar por meio de diferentes formas de acúmulo de capital. Os ricos são capazes de economizar mais do que os pobres e, portanto, passam a possuir uma parcela desproporcional do capital e da riqueza disponível. O economista francês Thomas Piketty, no livro O *Capital no Século XXI*, de 2014, descreveu parte dessa dinâmica: ele buscou demonstrar que os rendimentos provenientes da posse de bens de capital (imóveis, ações, máquinas, títulos de dívida, contas de investimentos etc.), chamados por ele de "r", tendem a ser maiores do que o crescimento da produtividade dos trabalhadores, chamado de "g". Quando "r" é maior que "g" (r > g), a renda dos donos de capital aumenta mais do que a renda do resto da população[315]. Uma vez que o retorno sobre o capital (importante fonte de renda dos ricos) tende a ser maior do que o crescimento dos salários e da produtividade do trabalhador comum, a desigualdade tende a aumentar.

Há quem não veja problema nessa dinâmica[316]. Há quem veja certa desigualdade de renda relativa como consequência natural do fato de que pessoas investem o capital de maneiras distintas – e obtêm retornos variados. O lucro, quando era oriundo do roubo ou do dolo (da fraude, do engano, do ludíbrio), era visto como um pecado. Mas, em uma economia de mercado, o lucro passou a ser oriundo da oferta de produtos ou da prestação de serviços aos consumidores, à população – e, portanto, visto por muitos como algo a ser celebrado, almejado e incentivado.

Pense no caso de Bill Gates, de Steven Jobs, de Jeff Bezos ou de Elon Musk. A Microsoft, a Apple, a Amazon e a Tesla renderam centenas de bilhões de dólares a seus fundadores e aos principais acionistas. Esses retornos elevados foram possíveis porque essas empresas criaram produtos e serviços que beneficiam inúmeros consumidores mundo afora. Em outras palavras, criaram valor. O valor atribuído aos produtos e serviços oferecidos por essas empresas não foi imposto, mas conquistado – isto é, validado pelos consumidores, por centenas de milhões de indivíduos que fazem escolhas diárias sobre o que comprar, que produtos consumir, como investir seu salário e sua poupança. Além disso, o capital acumulado por esses bilionários não ficou "parado" – para render, precisou ser investido (e reinvestido) em algo produtivo.

Gates, Jobs, Bezos e Musk podem ter bilhões a mais do que a maior parte da humanidade, mas eles não vivem bilhões de anos a mais, não comem bilhões de vezes mais, não dormem bilhões de vezes mais do que um entregador dos produtos da Amazon ou um dos operários das fábricas de microchips para a Apple na Ásia. Embora exista uma diferença de renda abissal entre eles e o resto da população, os produtos criados por Gates, Jobs, Bezos ou Musk melhoraram a vida de milhões de consumidores e trabalhadores. Sob essa ótica, pouco importaria a desigualdade de renda relativa, desde que a pobreza absoluta estivesse em queda.

Essa narrativa, porém, não conta toda a história. Os ricos são capazes de obter retornos mais elevados sobre seu capital, pois sua riqueza lhes dá maior tolerância à iliquidez e ao risco. Igualmente importante é a maneira como os benefícios da educação são distribuídos: os ricos tendem a ser mais bem treinados e podem ganhar salários mais altos. Além disso, os ricos tendem a se casar com pessoas ricas e instruídas, mantendo o controle do capital, perpetuando, assim, as desigualdades de uma geração para a outra.

A abissal desigualdade de renda pode gerar também consequências políticas e sociais nefastas. A principal consequência econômica da desigualdade para as classes média e baixa é um salário estagnado, bem como uma crescente insegurança econômica. Sem acesso a grande parte dos recursos financeiros disponíveis, as classes mais baixas sentem-se inseguras quanto aos ciclos de crescimento e de recessão da economia. Sentem-se à mercê de ventos que não controlam. Essa sensação de insegurança é, inevitavelmente, transportada para a política.

Em diversos países em desenvolvimento, o problema da desigualdade tende a se agravar por outras dinâmicas. Seja na Ásia ou na América Latina, a desigualdade perpetua-se também por meio de uma sociedade estamental – na qual, para acumular capital, as conexões e os laços políticos importam mais do que os produtos ou serviços oferecidos nos mercados. Nessas sociedades, o estado de direito é enfraquecido, a tomada de decisões pode ser arbitrária, os direitos de propriedade não são garantidos e a corrupção é endêmica. Indivíduos enriquecem não por meio da criação de valor para os outros, mas, sim, por meio dos contatos, de laços políticos, de acesso aos tomadores de decisão e de privilégios que obtêm junto aos poderosos, em uma espécie de *capitalismo de compadrio*.

No mundo globalizado, apesar da queda da pobreza extrema, a desigualdade de renda relativa cresceu dentro dos países, gerando perdedores e vencedores – o que tem causado uma reação à distribuição desigual dos custos e dos benefícios da globalização. Seja em países desenvolvidos, seja naqueles em desenvolvimento, as inquietações políticas geradas pela desigualdade crescente não podem ser menosprezadas. O risco é a elevação das demandas por fechamento comercial, por intervenções variadas, e do ressentimento em relação ao *status quo*.

A desigualdade não pode ser completamente erradicada, sob o risco de igualar a todos na pobreza e reduzir o dinamismo inerente a uma economia de mercado; mas ela tampouco pode ser ignorada – especialmente pelos malefícios sociais que traz. A globalização resultou em ganhos difusos, mas também em perdas relativas – que ficam mais aparentes quando olhamos para o comércio internacional.

Chutando Ricardo: os ganhos e as perdas relativas da abertura comercial

No dia em que o Nafta – o antigo acordo de livre comércio entre os Estados Unidos, o Canadá e o México – entrou em vigor, em 1994, um pequeno grupo de revolucionários armados liderou um levante em San Cristóbal de Las Casas, no sul do México. Nomeado em homenagem a Emiliano Zapata, um revolucionário mexicano do início do século XX, o grupo de zapatistas carregava armas, mas não em busca de tomar o controle de uma região do país. Em vez disso, eles procuraram "dar voz aos povos" contra a ganância da "globalização corporativa"[317].

O levante armado durou apenas doze dias. De volta a suas comunidades, os zapatistas começaram a difundir sua mensagem de uma "rebelião transnacional" contra o domínio dos interesses corporativos por meio de uma conexão rudimentar à Internet. Emitiam regularmente "declarações da Selva Lacandona", que se dirigiam não apenas aos seus compatriotas no México, mas "aos povos e governos do mundo". Esses grupos falaram pelas pessoas deixadas para trás pelo neoliberalismo. Eles se tornariam conhecidos como o movimento "alterglobalização" – convocado não para fazer retroceder completamente a globalização, mas para promover "um tipo diferente de globalização, na qual eles também teriam voz"[318].

O Nafta foi finalmente modificado, em 2017. Mas não foram os herdeiros do zapatismo – ou a população mais vulnerável do México – que ajudaram a promover mudanças no acordo comercial. Quem impôs uma renegociação do tratado foi o governo dos Estados Unidos, a economia mais forte do bloco, liderado por um bilionário nova--iorquino, alegando preocupação com as consequências do tratado para os trabalhadores americanos.

Desde a Segunda Guerra Mundial, os Estados Unidos apresentaram-se como um dos principais defensores e promotores do livre comércio. Apesar de episódios esporádicos de elevação tarifária, parecia imperar na política americana a ideia de que a abertura comercial era uma força motriz do crescimento econômico global, da paz e da estabilidade da ordem internacional.

Esse consenso mudou. Em sua cerimônia de posse, em 20 de janeiro de 2017, Donald Trump prometeu que o nacionalismo econômico seria a marca registrada de sua política comercial. Na ocasião, Trump disse que "devemos proteger nossas fronteiras da devastação de outros países que fabricam nossos produtos, roubam nossas empresas e destroem nossos empregos"[319]. Em poucos dias na presidência, Trump retirou os Estados Unidos da Parceria Transpacífico (TPP), anunciou que renegociaria o Nafta e ameaçou impor um imposto especial sobre as empresas americanas que mudam suas fábricas para o exterior.

Durante sua presidência, Trump impôs unilateralmente tarifas sobre quase US$ 350 bilhões em importações provenientes de países como China – e até de aliados, como Canadá e União Europeia. O principal objetivo era impulsionar a manufatura e a indústria domésticas, bem como diminuir o déficit comercial do país.

No início de seu governo, Joe Biden substituiu as tarifas sobre aço e alumínio europeus por um sistema de cotas, mas manteve as tarifas para a maioria dos outros países, incluindo a China[320]. Depois, foi além: em maio de 2024, por exemplo, a Casa Branca decidiu aumentar as tarifas sobre semicondutores e células solares produzidas na China, de 25% para 50%. Aumentou também as tarifas sobre outros produtos chineses, como baterias de lítio, de 7,5% para 25%. O maior aumento, contudo, foi sobre veículos elétricos: as tarifas saíram de 25% para 100%[321].

Essas elevações tarifárias demonstraram que o governo americano se tornou, cada vez mais, confortável com o uso de barreiras comerciais – tarifárias e não tarifárias – na disputa comercial com a China. No início da década de 2020, o protecionismo tornou-se um consenso bipartidário nos Estados Unidos. Esse consenso também exerceu pressão sobre outros países para que seguissem o exemplo do governo americano. É provável que o protecionismo se torne a nova abordagem padrão do mundo ao comércio, pelo menos no que diz respeito à China.

Economistas há muito argumentam que o livre comércio torna todos os países mais prósperos – países desenvolvidos ou em desenvolvimento. Não se trata apenas de opinião. Há muita evidência empírica demonstrando que maior abertura comercial está associada a maiores taxas de crescimento e de bem-estar. Os economistas Romain Wacziarg e Karen Welch, do Banco Mundial, por exemplo, publicaram um estudo em 2008 em que analisam quase cinquenta anos de dados, demonstrando que países que se abriram comercialmente experimentaram taxas médias de crescimento anual cerca de 1,5 ponto percentual mais altas do que antes da abertura[322]. Nos países avaliados, os investimentos no período pós-abertura aumentaram de 1,5 a 2 pontos percentuais, confirmando que um comércio mais livre promove o crescimento também por meio da acumulação de capital.

Outro estudo do Banco Mundial mais recente, de novembro de 2021, intitulado "The Macroeconomy after Tariffs" ("A macroeconomia depois das tarifas"), analisa os efeitos de elevações e reduções de tarifas a partir de uma base de dados de 151 países (34 desenvolvidos e 117 em desenvolvimento), cobrindo o período de 1963 a 2014[323]. Os autores demonstram que aumento de tarifas aduaneiras está associado a declínios persistentes no PIB e na produtividade. A elevação das tarifas também leva a maior desemprego e maior desigualdade.

No caso dos Estados Unidos, outros estudos demonstram que as elevações tarifárias do governo de Donald Trump, entre 2017 e 2019, podem ter causado mais prejuízos do que benefícios à economia do país, ao encarecer insumos importados e ao levar outros governos a retaliar produtores americanos[324]. De acordo com dados do próprio governo americano, o emprego na indústria manufatureira – que emprega apenas 8,5% dos trabalhadores do país – cresceu apenas cerca de 1% em 2019 em relação a 2018. Ao mesmo tempo, as tarifas aumentaram os preços para *todos* os consumidores nos Estados Unidos em cerca de 0,5% – aumento suficiente para reduzir a renda média real das famílias americanas em quase US$ 1.300.

O que esses números demonstram já era do conhecimento de David Ricardo no início do século XIX. Em seu livro *Princípios de Economia Política*, de 1817, Ricardo desenvolveu a teoria das vantagens comparativas, ampliando a ideia das vantagens absolutas de Adam Smith, que já havia cantado a bola: a especialização é boa para o comércio. Se um indivíduo é mais eficiente na produção de um bem, é melhor que ele se concentre na produção desse bem – e realize trocas com outros indivíduos para adquirir o que mais precisa. A lógica também era válida para os países: eles deveriam se especializar nos bens e serviços que conseguem produzir com mais eficiência – e adquirir de outros aquilo que produzem com menos eficiência.

Ricardo deu um salto em relação à teoria de Adam Smith: demonstrou que os benefícios do comércio não dependem apenas de alguém ter uma vantagem *absoluta* sobre seus rivais. Ele provou que a especialização é boa mesmo quando um produtor é mais eficiente na produção de todos os bens. O que importa é ter custos *relativamente* mais baixos em comparação com os demais. O postulado básico da teoria ricardiana é que, mesmo que um produtor tenha vantagem absoluta na produção de todos os bens, será conveniente para ele se especializar naqueles bens para os quais sua vantagem é comparativamente mais alta – ou em que sua desvantagem seja relativamente menor. Para Ricardo, o que é decisivo no comércio não seriam os custos absolutos de produção, mas os custos relativos.

O economista Paul Krugman escreveu, em 1993, que uma das principais lições de Ricardo é entender que são as importações, e não as exportações, o objetivo do comércio internacional[325]. O que um país ganha ao comercializar com outros é a capacidade de importar o que deseja. Convém lembrar que toda transação internacional é uma troca – de um produto ou de um serviço por um meio de pagamento. Quando um vendedor de um país (exportador) entrega um bem ou um serviço ao comprador de outro país (importador), esse comprador entrega ao vendedor um ativo para pagar pelo bem ou pelo serviço consumido. Esse ativo geralmente corresponde a uma divisa (moeda) estrangeira.

A moeda estrangeira geralmente não tem valor, ou não serve como meio de troca no mercado doméstico. O que, então, o exportador, na posse da moeda estrangeira, pode fazer? Só lhe resta uma opção: ofertar aquela moeda a quem quer adquiri-la, no seu país, para comprar bens ou serviços de fora. Krugman, portanto, afirma que "as exportações não são um objetivo em si mesmas: a necessidade de exportar é um fardo que um país deve suportar, porque seus fornecedores de importação são grosseiros o suficiente para exigir o pagamento em moeda estrangeira"[326].

A discussão política sobre comércio, todavia, está hoje um pouco dissociada das evidências e das teorias. Elas sugerem que a especialização por meio de vantagens comparativas leva ao aumento do bem-estar. Dois séculos de evidências empíricas e uma vastidão de dados econômicos corroboram isso. Mas se o livre comércio é tão bom assim, como ele pode ser tão vilipendiado? Por que há uma reação tão forte a ele? Por que o protecionismo comercial está em voga? A resposta está nos *custos distributivos* do livre comércio.

É fato que o livre comércio gera crescimento. Não há como refutar os dados. Mas também é fato que os ganhos do comércio podem ser distribuídos de forma desigual. Imagine que um país decida abrir o seu mercado de calçados, eliminando tarifas impostas a sapatos importados. Os benefícios econômicos dessa medida serão óbvios: os consumidores terão acesso a sapatos mais baratos e de melhor qualidade, produzidos mundo afora, ampliando a oferta e reduzindo o preço. Mas e o setor calçadista nacional, e seus empregados e empresários, que perderão com a abertura? Bastaria ignorá-los? E as famílias que trabalham nos setores que fornecem bens e serviços às fábricas de calçados, como o couro? Parte delas também perderá seu emprego e sua fonte de renda. Como realocá-los? Será que suas demandas não contam?

A economista brasileira Mayara Felix, professora da universidade de Yale, defendeu, em 2021, sua tese de doutorado na qual analisou os efeitos da abertura comercial nos anos 1990 no Brasil sobre o mercado de trabalho do país[327]. Segundo a pesquisa de Felix, a abertura comercial levou a uma diminuição dos preços dos produtos submetidos à competição estrangeira. Ótimo para os consumidores, portanto. Mas a abertura também reduziu significativamente os salários dos trabalhadores dos setores afetados, especialmente devido à perda de receitas das empresas nacionais – que, com a abertura, já não podiam competir com suas concorrentes estrangeiras[328].

Sempre que as regras mudam para permitir maior liberalização econômica, alguém ou algum grupo perde, ainda que a maior parte da população se beneficie. Os perdedores podem ser os pequenos proprietários nas áreas rurais – que repentinamente se encontram competindo em um mercado "livre" dominado por corporações multinacionais do agronegócio – ou podem ser os trabalhadores de regiões industriais cujas empresas estão repentinamente "livres" para levar suas fábricas a outros lugares do mundo, onde o custo de mão de obra é mais barato. O livre comércio, portanto, gera custos distributivos diferenciados – um termo mais educado para dizer que há ganhadores e perdedores. O fato é que quem perde enxerga na abertura comercial a fonte de anseios e inseguranças. E esses anseios e inseguranças, por sua vez, geram repercussões políticas e sociais.

Os economistas David Autor, David Dorn e Gordon Hanson, por exemplo, em um famoso artigo de 2016, cunharam o termo "choque da China" para falar das perdas relativas causadas na força de trabalho industrial americana por meio do comércio com o gigante asiático durante a década de 2000[329]. Choques dessa natureza não eram necessariamente novos: em décadas anteriores, trabalhadores da indústria americana tinham sido afetados pela concorrência com as importações alemãs ou japonesas, mas geralmente conseguiam realocar-se para outros setores. Os autores argumentam que o choque da China na década de 2000 foi completamente diferente. A competição foi tão intensa e tão abrangente, perpassando diversos setores, que os trabalhadores fabris americanos se viram sem opções viáveis. Muitos acabaram migrando permanentemente para empregos no setor de serviços, que ofereciam salários mais baixos, enquanto outros tiveram que recorrer à assistência social[330].

Não é à toa que estudos recentes vinculam as perdas de emprego relacionadas ao comércio com a China aos resultados das eleições presidenciais dos Estados Unidos em 2016[331]. Nesse ano, estados do chamado "Cinturão da Ferrugem" – Pensilvânia, Ohio, Michigan, Indiana e Wisconsin – foram decisivos para a vitória de Donald Trump. Esses estados, antigos centros industriais, sofreram forte desaceleração econômica no início do século, em grande medida devido à realocação de atividades manufatureiras para países com mão de obra mais barata, especialmente na Ásia. Tradicionalmente democratas, os eleitores desses estados votaram em Trump – seduzidos, em grande medida, pela retórica protecionista do então candidato republicano.

O representante comercial dos Estados Unidos durante a administração de Donald Trump, Robert Lighthizer, foi um forte crítico da abertura comercial irrestrita. Em 2020, ele escreveu contra uma suposta "obsessão dos economistas por eficiência", que deixaria de lado uma análise mais atenta sobre os custos distributivos do livre comércio[332]. Lighthizer notou que era preciso reconhecer o "lado bom" da abertura comercial: benefícios para o crescimento de empresas multinacionais americanas, o barateamento dos bens de consumo, a revitalização de centros urbanos e a redução da pobreza no mundo. Mas também seria necessário reconhecer o "lado ruim": a perda de milhões de empregos, a estagnação da renda média e a "ruptura do tecido social" nos lugares onde a prosperidade "ficou para trás"[333].

Para corrigir esses desequilíbrios, Lighthizer afirmou que tarifas devem ser calibradas para ajudar a sociedade a melhor controlar os efeitos nefastos da abertura. De acordo com ele, os economistas tradicionalmente partiriam do pressuposto de que o livre comércio, por promover alocação econômica mais eficiente, teria um valor em si, cabendo à sociedade ajustar-se e acomodar os custos distributivos. Em vez disso, Lighthizer diz que os economistas deveriam pensar em como "o comércio poderia contribuir para a construção de uma sociedade mais justa e igualitária".

***

As preocupações com os custos distributivos do livre comércio não surgiram nas décadas recentes. A grande novidade, hoje, é que a direita pós-liberal em países desenvolvidos, especialmente nos Estados Unidos, passou a incorporar uma retórica protecionista, ganhando projeção política como defensora dos trabalhadores contra os malefícios do livre comércio. Donald Trump e Robert Lighthizer articularam uma retórica nacionalista sobre o comércio internacional, mas não inovaram nessas análises.

Outros economistas, como o sul-coreano Ha-Joon Chang, por exemplo, já haviam defendido a tese de que a proteção tarifária pode impulsionar a indústria nacional[334]. No livro *Chutando a Escada*, de 2002, Chang argumenta que a evolução econômica dos países hoje desenvolvidos difere dramaticamente das medidas de abertura comercial que eles passaram a recomendar às nações menos desenvolvidas no auge da globalização econômica. Ele demonstra, por exemplo, como a Alemanha, os Estados Unidos e o Reino Unido adotaram, nos séculos XV a XIX, medidas protecionistas que contrariam o discurso neoliberal do fim do século XX.

Chang contrasta Adam Smith (ortodoxia do mercado livre) com Friedrich List (heterodoxia de intervenção gerenciada), colocando-se ao lado de List. Na opinião do sul-coreano, os países desenvolvidos promoviam as políticas de Smith, mas seguiram as políticas de List no passado. Os países desenvolvidos estariam, portanto, chutando a escada que usaram para se tornar ricos. Essa escada era o protecionismo comercial. O livro de Chang alcançou *status* como uma crítica iconoclasta do fundamentalismo de mercado neoliberal.

O argumento de Ha-Joon Chang, porém, tem graves lacunas: a principal delas é deixar de estabelecer uma *relação causal* entre protecionismo e desenvolvimento econômico. Embora países hoje desenvolvidos tenham adotado políticas protecionistas no passado, isso não significa que eles se desenvolveram por causa dessas práticas. É bem possível que eles tenham crescido a despeito delas[335]. Na Europa e nos Estados Unidos do século XIX, o crescimento econômico estava mais relacionado à transferência de recursos da agricultura para a indústria e para os serviços[336]. As políticas comerciais protecionistas podem muito bem ter retardado esses canais de transmissão, atrasando o desenvolvimento.

Outro problema no livro de Chang é o viés de seleção de amostra. O professor sul-coreano olha apenas para um pequeno número das políticas comerciais em países que se desenvolveram durante o século XIX. Ele não examinou os países que não se desenvolveram naquele século – tampouco verificou se eles perseguiam políticas protecionistas similares, com mais ou menos intensidade. De modo geral, listar uma série de medidas protecionistas sem estabelecer uma relação causal entre elas e o desenvolvimento é um método de análise pobre. A história de políticas de substituição de importações na América Latina, por exemplo, demonstra que, se houvesse uma relação causal entre protecionismo e crescimento econômico, diversos países da região teriam dado saltos de crescimento imensos desde a década de 1950.

O protecionismo não tem se configurado apenas como uma reação aos custos distributivos da abertura comercial. Ele também tem ganhado destaque como uma ferramenta para aprimorar a competição entre países no comércio global. A visão do comércio como uma disputa é bastante disseminada entre políticos nacionalistas, líderes empresariais e intelectuais influentes. Não é uma concepção nova. Já era presente nos anos 1990, quando se acreditava que os Estados Unidos competiriam com o Japão na criação de produtos manufaturados e no setor de tecnologia. Hoje, essa narrativa adquiriu impulso renovado e audiência ampla com a ascensão econômica da China.

Uma ordem geoeconômica

O historiador Niall Ferguson e o economista Moritz Schularick cunharam, em 2009, o conceito de *Chimérica* para descrever a dinâmica que moldava, então, a economia mundial – o crescimento liderado pelas exportações chinesas e pelo superconsumo norte-americano. A *Chimérica* teria surgido em 2001, quando a China ingressou na OMC, integrando sua força de trabalho maciça e seu excedente de poupança aos fluxos da globalização – o que Bill Clinton descreveu como "um dos desenvolvimentos de política externa mais importantes de sua presidência"[337].

O objetivo era aproximar, ainda mais, uma China em rápido crescimento das democracias de mercado. Essa aproximação abriria o mercado chinês para investimentos externos e apoiaria o crescimento econômico global. A interdependência e o engajamento promoveriam uma convergência de interesses que reduziria os riscos de conflito. Apesar das críticas da época, não parecia haver nenhuma alternativa óbvia diante do crescente poder político e econômico da China.

Em diversas medidas, a estratégia rendeu frutos. Ferguson descreveu a *Chimérica*, em 2009, como uma economia que "responde por cerca de 13% da superfície terrestre do globo, um quarto de sua população, cerca de um terço de seu produto interno bruto e algo em torno de metade do crescimento econômico mundial dos últimos seis anos"[338]. A interdependência comercial, financeira e econômica que caracterizava a *Chimérica*, no entanto, estava assentada em frágil equilíbrio, que resvalou para uma guerra comercial e uma disputa sistêmica.

A crise financeira de 2008 foi um divisor de águas[339]. O epicentro dessa crise foi o estouro de uma bolha financeira no mercado imobiliário dos Estados Unidos. Uma bolha financeira significa um aumento significativo no preço de um ativo que não reflete um aumento em seu valor real. As bolhas são baseadas na crença de que o preço do ativo continuará subindo. As pessoas compram esse ativo por um preço elevado e esperam vendê-lo por valores ainda mais altos. Em algum momento, não encontram compradores dispostos a pagar tão caro – e a bolha estoura.

As dinâmicas que possibilitaram a formação da bolha no mercado imobiliário dos Estados Unidos eram complexas – e estavam relacionadas, por exemplo, aos padrões de comércio e de acúmulo de reservas internacionais no início dos anos 2000. Essa história começa com as crises financeiras nas décadas de 1980 e 1990 – no México, nos Tigres Asiáticos, na Rússia e em outros países da América Latina. Em resposta a elas, distintos países em desenvolvimento passaram a apostar nas exportações como eixo de promoção do crescimento – e no aumento de suas reservas internacionais como proteção contra choques externos. Essa estratégia, porém, dependia da existência de mercados consumidores dispostos a acumular elevados déficits comerciais. A *Chimérica* surgiu dessa dinâmica.

Para um país exportar mais, algum outro precisa importar mais. Nos anos 2000, houve um encontro de almas – ou como um *match* no Tinder: a China despontou como o principal país exportador (superavitário), ao passo que os Estados Unidos eram o principal país importador (deficitário). O superávit comercial chinês passou de US$ 17,4 bilhões em 2001 para US$ 420,5 bilhões em 2008. Nos Estados Unidos, o déficit comercial passou de US$ 389,69 bilhões em 2001 para US$ 681,39 bilhões em 2008[340].

Esse *match* ocorria também pelo lado financeiro. Com o aumento das exportações, a China e outros países com elevados superávits comerciais acumularam grandes reservas monetárias em dólares. Essa poupança precisava ser investida em algum lugar. Em diversos casos, as reservas internacionais de países superavitários foram reinvestidas nos Estados Unidos – por exemplo, em títulos da dívida pública do governo americano, considerados investimentos seguros.

Por serem o emissor da moeda de reserva internacional (o dólar), os Estados Unidos são capazes de tomar, mundo afora, empréstimos na sua própria moeda. Ao aproveitar a oferta de poupança que outros países acumulavam em dólares, as taxas de juros americanas puderam permanecer artificialmente baixas. Os juros baixos também estimulavam maior endividamento das famílias americanas, que passaram a ter acesso cada vez mais facilitado ao crédito, especialmente o imobiliário. Nesse contexto, as instituições financeiras dos Estados Unidos ficaram mais livres para ofertar financiamentos à população, ampliando os meios de empréstimos, como as hipotecas *subprime* – isto é, financiamentos imobiliários destinados às pessoas com histórico de crédito mais baixo. O que tornava atraente conceder esses empréstimos *subprime* eram os imóveis, que poderiam ser retomados pelos bancos em caso de não pagamento.

Essa dinâmica resultou na formação de uma bolha financeira, decorrente da elevação desproporcional do valor de títulos de dívidas lastreados em hipotecas. Enquanto o preço dos imóveis subia nos Estados Unidos, as instituições financeiras ampliaram a oferta de financiamentos imobiliários. Elas, então, comercializavam entre si esses papéis. Em 2007, a elevada oferta de imóveis começou a dar sinais de que esse mercado poderia estar saturado. Quando os juros começaram a subir, várias casas ficaram sem compradores e os preços dos imóveis caíram. Algumas instituições financeiras americanas, como o Banco Lehman Brothers, viram-se na posse de um estoque excessivo de títulos lastreados em hipotecas *subprime*, cujo valor não mais correspondia ao valor real dos imóveis. A bolha estourou em 2008 – e, com ela, a dinâmica que havia possibilitado seu crescimento.

Com a crise financeira de 2008 e a recessão que a seguiu, em 2009, os desafios de superação do desemprego e de retomada do crescimento demandaram uma revisão dos padrões de consumo, do endividamento e, consequentemente, do déficit comercial nos Estados Unidos. Na década pós-crise, o déficit comercial americano caiu de quase 6% do PIB em 2006 para 2,4% em 2018, enquanto o saldo positivo chinês recuou de 10,1% do PIB em 2007 para 0,4% em 2018. A crise de 2008 ainda impulsionou visões mais otimistas na China sobre seu modelo econômico, que se reorientou para o consumo interno. Diversos autores e intelectuais chineses trataram a crise financeira como "um divisor de águas", que estava "obrigando os Estados Unidos a tratar a China como igual"[341].

***

Washington buscou dar respostas ao crescimento político e econômico da China. Em um primeiro momento, buscou preservar seu sistema de alianças na Ásia (com destaque para Japão, Austrália e Coreia do Sul) e procurou trazer para sua órbita de influência atores de peso, como a Índia e outras nações do Sudeste Asiático. Os Estados

Unidos também têm questionado os propósitos políticos da iniciativa chinesa *Belt and Road* (também conhecida como "Um Cinturão, Uma Rota") e procurado se apresentar como alternativa sustentável aos investimentos chineses em países em desenvolvimento.

A dinâmica competitiva reflete-se, ainda, em questões politicamente sensíveis, como a situação de Taiwan, violações domésticas de direitos humanos e a presença militar chinesa em ilhas artificiais no Mar do Sul. Em 2016, por exemplo, o Departamento de Defesa dos Estados Unidos, em sua *Estratégia de Defesa Nacional*, declarou que a China "é um concorrente estratégico que usa a economia predatória para intimidar seus vizinhos enquanto militariza recursos" no Pacífico[342].

Em 2018, Pequim publicou sua própria estratégia pública de defesa, intitulada *Defesa Nacional da China na Nova Era*. Embora mais moderado em algumas partes – o documento menciona áreas de cooperação com os Estados Unidos, incluindo seus respectivos aparatos militares –, o governo chinês definiu a "Nova Era" como sendo de "competição estratégica" com Washington. Na versão de Pequim, a culpa desse confronto está no "crescente hegemonismo, na política de poder e no unilateralismo" dos Estados Unidos[343]. O documento também indicou que "forças externas" alimentavam "movimentos de independência de Taiwan"[344]. Juntas, a estratégia de defesa americana de 2016 e a estratégia chinesa de 2018 forneceram um aviso claro da rivalidade entre os dois países. Outras versões posteriores desses documentos deixaram claro que essa rivalidade moldará a ordem internacional nas próximas décadas.

A pandemia de covid-19 e suas origens em Wuhan causaram outros constrangimentos às relações bilaterais, bem como as medidas de Pequim para impor controle político sobre Hong Kong e as demonstrações de apoio dos Estados Unidos à autonomia política de Taiwan. A ex-presidente da Câmara dos Deputados dos Estados Unidos Nancy Pelosi, do Partido Democrata, por exemplo, visitou a ilha em agosto de 2022. Em artigo publicado no jornal *The Washington Post*, Pelosi afirmou que a visita constituía uma "declaração inequívoca de que os Estados Unidos estão ao lado de Taiwan". Ela ponderou, no entanto, que a viagem "não contradiz de maneira alguma a política duradoura de uma só China"[345].

Após a visita de Nancy Pelosi, o governo chinês publicou outro documento, intitulado *A Questão de Taiwan e a Reunificação da China na Nova Era*, que reitera o compromisso do Partido Comunista Chinês em prol do projeto de reunificação nacional por meios pacíficos, mas sem abdicar de possível recurso à força[346]. Convém recordar que a visita de Pelosi ocorreu em um momento delicado da situação doméstica na China. Após décadas de alto crescimento, o gigante asiático atravessou um período de desaceleração econômica, agravado pelas medidas rígidas de controle da pandemia de covid-19 e pela crise no seu próprio mercado imobiliário.

Essas cisões demonstram que o relacionamento entre os Estados Unidos e a China tem sido marcado por níveis crescentes de desconfiança e atritos. A *Estratégia de Segurança Nacional* de Joe Biden, divulgada em outubro de 2022, classificou a China como o "desafio geopolítico de maior importância" dos Estados Unidos, proclamando que os americanos estão "no meio de uma competição estratégica para moldar o futuro da ordem internacional"[347]. De acordo com o documento, "a República Popular da China é o único concorrente com a intenção de remodelar a ordem internacional e, cada vez mais, o único com poder econômico, diplomático, militar e tecnológico para fazê-lo".

Há pouca diferença entre a estratégia de segurança nacional de Donald Trump e a estratégia de Joe Biden quando se trata de descrever a China como um "adversário estratégico". Não é à toa que se fala que ambos os países estariam envolvidos em uma "nova Guerra Fria", em um novo contexto de competição gerenciada, inclusive por meio de confrontos indiretos. A guerra na Ucrânia, por exemplo, é vista por alguns analistas como uma "guerra por procuração" (*proxy war*), na qual os ucranianos (*proxy* dos Estados Unidos) lutam contra os russos (*proxy* da China)[348]. No entanto, o principal campo de batalha entre os Estados Unidos e a China não tem sido o campo militar, e sim a economia.

***

Nos Estados Unidos, a Seção 232 da Lei Comercial de 1962 autoriza o presidente americano a impor tarifas adicionais às importações de determinados bens se considerar que a quantidade – ou as circunstâncias que cercam essas importações – ameaça a segurança nacional do país. Em 2018, o Departamento de Comércio dos Estados Unidos determinou que as importações de aço e de alumínio – inclusive de aliados, como Canadá e União Europeia – eram ameaças à segurança nacional. Usar a segurança nacional como justificativa para o protecionismo é uma das alternativas legais disponíveis para a imposição de sobretaxas à importação de produtos considerados "estratégicos".

Nas disputas geopolíticas atuais, comércio e finanças têm sido usados como instrumentos de combate. O uso da Seção 232 pelo governo americano demonstra como economia e segurança nacional podem andar juntas. Nas últimas duas décadas, os Estados Unidos buscaram aprimorar o uso de instrumentos econômicos para atingir objetivos políticos. Sanções financeiras e comerciais tornaram-se elementos centrais da doutrina de segurança nacional do país.

Além de embargos comerciais (como aquele imposto a Cuba na década de 1960) ou de restrições de acesso ao mercado americano, os Estados Unidos passaram a usar o acesso ao dólar como instrumento para penalizar adversários. Parte dessa tática envolve, por exemplo, a elaboração de listas de pessoas e entidades sancionadas (*Nacionais Especialmente Designados*, ou SDNs na sigla em inglês). Quando inseridos na lista de SDNs, indivíduos ou empresas têm seus ativos bloqueados nos Estados Unidos – e quaisquer instituições financeiras com presença no país estão proibidas de transacionar com eles, sob o risco de sofrerem, elas próprias, sanções do governo americano.

Os Estados Unidos contam, afinal, com vantagens estruturais que potencializam o uso de sanções econômicas. No âmbito comercial, são o maior país importador, tornando o acesso ao mercado americano fundamental para a grande maioria das empresas globais. No caso de instituições financeiras, o fato de o dólar ser moeda de reserva global permite ao governo americano restringir o acesso a transações internacionais e à captação de recursos externos lastreados na moeda americana. Não à toa, os governos da China e da Rússia, mais recentemente, buscaram desenvolver mecanismos alternativos de pagamento internacionais, menos dependentes do dólar. Esses países estariam buscando reforço da autonomia mediante a criação de canais de pagamento autônomos, usando moedas locais no comércio bilateral – ou uma cesta de moedas.

Outro instrumento utilizado pelo governo americano é o controle de exportações de produtos considerados "sensíveis" ou "estratégicos". Esse tipo de controle é comum – e historicamente utilizado – em relação a armamento militar, mas tem sido gradativamente expandido para abranger itens que possuem relevância para o desenvolvimento de tecnologias de ponta.

No início de outubro de 2022, por exemplo, o governo de Joe Biden anunciou uma série de restrições à exportação de produtos de alta tecnologia – especialmente semicondutores avançados, bem como os equipamentos usados para fabricar *chips* – para a China e para outros países (Cuba, Irã, Coreia do Norte, Rússia, Bielorrússia, Crimeia e áreas ocupadas na Ucrânia)[349]. Semicondutores são os cérebros da eletrônica contemporânea. Esses produtos são componentes essenciais de diversos dispositivos eletrônicos, de iPhones a mísseis, permitindo processamento rápido. Semicondutores possibilitaram avanços extraordinários nas tecnologias de comunicação, computação, saúde, sistemas militares, transporte, energia e em inúmeras outras aplicações.

As medidas restritivas anunciadas para a exportação de semicondutores foram justificadas, pelo governo dos Estados Unidos, em função do uso dessas tecnologias, por parte do governo chinês, em sistemas militares, incluindo armas de destruição em massa; aprimoramento do planejamento e da logística do complexo militar; e até pelas violações de direitos humanos em algumas províncias. As restrições proibiram empresas americanas de exportar, para a China, equipamentos para a produção de semicondutores, circuitos integrados de alto desempenho, bem como *softwares* e tecnologias associadas a esses circuitos.

As restrições ao comércio e à produção de semicondutores foram além de qualquer tentativa anterior de restringir o progresso e as ambições tecnológicas da China. Com a imposição desses controles de exportações, o governo americano não somente buscou restringir o acesso da China a tais componentes, mas também bloquear o acesso a insumos que possam permitir o desenvolvimento dessas tecnologias pelos chineses.

Essas restrições atingiram não somente empresas dos Estados Unidos, mas também de outros países. Em 2020, a Taiwan Semiconductor

Manufacturing Co. (TSMC), por exemplo, foi responsável, sozinha, por cerca de 24% da produção mundial de semicondutores. Para fabricar o produto, a TSMC usa insumos e tecnologias da Coreia do Sul, dos Países Baixos e do Japão, bem como *commodities* extraídas no Chile ou na Indonésia.

Essas limitações impostas pelo governo americano abrangem, portanto, fabricantes estrangeiros – no que ficou conhecido como sanções secundárias. Embora indivíduos e empresas de outros países não estejam formalmente sujeitos às regulações e às leis dos Estados Unidos, qualquer estrangeiro que viole os controles de exportação ou as sanções financeiras impostas pelo governo americano pode estar sujeito a responsabilidade civil – ou mesmo criminal – naquele país, tendo seu acesso ao mercado americano restringido ou bloqueado. A abrangência das sanções secundárias pode ser um problema para qualquer estrangeiro que queira ter negócios com empresas dos Estados Unidos, manter uma conta em dólar ou passar férias na Disney, em Orlando.

Com as novas medidas restritivas voltadas à China, os Estados Unidos mergulharam fundo na "guerra dos *chips*"[350]. O setor de semicondutores, pela sua importância estratégica, sempre esteve marcado por fluxos e refluxos de competição. Embora a competição tenha sido marca registrada dessa área, o intrincado desenvolvimento de cadeias de produção possibilitou avanços no desenvolvimento e na oferta dessa tecnologia. Na época do auge da *Chimérica*, iPhones eram desenhados na Califórnia, montados em fábricas na China, usando *chips* e semicondutores fabricados em Taiwan.

No mundo fraturado de hoje, a "guerra dos *chips*" significou um ataque frontal a essas cadeias de produção interligadas. A China buscou aproveitar a expansão dessa rede produtiva para desenvolver a produção de insumos tecnológicos, colocando as novas tecnologias a serviço de suas ambições políticas. Quase todas as empresas de *chips* da China, afinal, dependem do apoio do governo, de modo que são orientadas tanto para objetivos políticos nacionais quanto para objetivos comerciais.

Já os Estados Unidos romperam gradativamente com a lógica de desenvolvimento de cadeias globais de produção, usando a centralidade de sua economia para obter ganhos estratégicos. Visando limitar o desenvolvimento tecnológico chinês, o governo americano tem praticado atos de intimidação tecnológica, provocando distorções nas regras de mercado e nas cadeias globais de suprimento. Washington passou a desenvolver uma estratégia de contenção econômica da China – uma alusão à estratégia de contenção militar contra a União Soviética desenvolvida por George Kennan durante a Guerra Fria.

Com a configuração desse novo espaço de disputas nas relações internacionais, pode ser útil descrever o conceito de "ordem geoeconômica". Esse termo foi originalmente cunhado pelo estrategista americano Edward Luttwak em 1990, quando argumentou que o fim da Guerra Fria levou à substituição da disputa de poder por meio dos tradicionais métodos militares pela economia. De acordo com Luttwak, "geoeconomia" foi o melhor termo em que ele pôde pensar para descrever a mistura da lógica da segurança nacional com objetivos econômicos.

O colega diplomata brasileiro Henrique Choer Moraes, junto com os professores Anthea Roberts e Victor Ferguson, da Universidade Nacional da Austrália, escreveu interessante artigo, no final de 2018, no qual avalia a emergência dessa "ordem geoeconômica"[351]. De acordo com os autores, o período imediato do pós-Guerra Fria caracterizou-se por uma separação relativa dos domínios da segurança e da economia. A *época de ouro* da ordem liberal pautou-se pelo foco na maximização de ganhos econômicos; no entendimento de que a interdependência gerava ganhos compartilhados; no recurso às instituições e aos regimes internacionais para resolver eventuais desavenças.

Esse entendimento mudou. É possível constatar que, atualmente, há maior grau de convergência entre segurança e economia nas relações internacionais. Há maior foco em ganhos econômicos relativos. Há maior preocupação com os riscos à segurança decorrentes da interdependência econômica. Há maior uso de medidas unilaterais para atingir objetivos políticos. Na ordem geoeconômica, governos fazem uso aberto de ferramentas financeiras e comerciais para proteger suas posições estratégicas. Essa convergência entre segurança e economia provavelmente levará a uma reestruturação significativa das leis e das instituições que governam o comércio e os investimentos internacionais, bem como das decisões de investimentos e de negócios das empresas.

A ordem geoeconômica não se caracteriza apenas pelo aumento de tarifas comerciais. Ela se mostra presente também no maior uso de *subsídios nacionais*, incluindo reduções fiscais, subvenções, empréstimos estatais e garantias para incentivar a produção interna em benefício de algumas empresas ou setores – medidas que também são conhecidas como "política industrial". Tradicionalmente, essa política era usada por países em desenvolvimento para tornar produtores nacionais mais competitivos, ou para proteger "indústrias nascentes", ou para promover "campeões nacionais". Durante anos, esse tipo de política caiu em desuso na maior parte do mundo devido à sua complexidade e aos seus benefícios incertos. Na nova ordem geoeconômica, a política industrial voltou à tona. A pandemia, o crescimento das disputas geopolíticas e a crise climática levantaram preocupações quanto à resiliência das cadeias globais de abastecimento, à segurança nacional e, de maneira geral, quanto à capacidade dos mercados de alocar recursos de forma eficiente[352].

Governos passaram a ampliar suas políticas nacionais de subsídios – na produção de energia limpa, de veículos elétricos, de microchips, e de outros bens considerados "estratégicos". Iniciativas importantes de política industrial brotaram em todo o mundo, como o *CHIPS and Science Act* dos Estados Unidos; o Plano Industrial do Acordo Verde da União Europeia, que apoia a transição do bloco para uma economia de baixo carbono por meio de subsídios à produção local; a Nova Direção em Economia e Política Industrial no Japão; e a Lei *K-Chips* na Coreia do Sul, juntamente com outras políticas de subsídios em economias emergentes, como a China. Em vez de um foco quase exclusivo em competitividade, as justificativas apresentadas para a concessão desses subsídios têm sido amplas: mitigar a mudança do clima, promover energias verdes, aumentar a resiliência das cadeias de abastecimento de cada país e, claro, considerações de segurança nacional[354].

No início de 2024, o economista Otaviano Canuto fez um alerta: uma avaliação estritamente técnica dos custos e benefícios desses programas de subsídios enfrenta, atualmente, uma dificuldade – os resultados almejados não são exclusivamente econômicos[355]. Quando objetivos políticos ou considerações sobre segurança nacional adquirem peso no processo decisório, é difícil argumentar apenas em termos de ganho ou perda de eficiência econômica. Nessa lógica, pouco importa se um país poderá perder em termos de bem-estar e de crescimento potencial, desde que os ganhos relativos e os objetivos estratégicos sejam atingidos.

Hoje, quando governos adotam definições cada vez mais amplas do que caracteriza um setor estratégico, aumenta-se o risco de novas disputas globais por subsídios e de uma guerra tarifária, levando a fraturas que ameaçam, sobretudo, o regime internacional de comércio.

Recolhendo os cacos: as fraturas no regime multilateral de comércio

Em 2019, a revista britânica *The Economist* cunhou o termo *slowbalization* ("globalização lenta") para descrever a economia global[356]. De acordo com a revista, a globalização diminuiu da velocidade da luz para o ritmo de uma lesma na última década. O custo de movimentação de mercadorias estagnou. As empresas multinacionais descobriram que a expansão global queima dinheiro – e que os rivais locais muitas vezes os comem vivos. A atividade econômica também está mudando para serviços, que são mais difíceis de exportar: tesouras, afinal, podem ser transportadas em contêineres, já os cabeleireiros não. E a manufatura chinesa se tornou mais autossuficiente, precisando importar menos peças.

Em 2024, a revista britânica preferiu outro termo: "desglobalização"[357]. O aumento indiscriminado de tarifas, o uso ostensivo de políticas de subsídios, a imposição de novos controles para a movimentação de capital, a proliferação de sanções econômicas punitivas de vários tipos são exemplos de medidas que têm feito o mundo globalizado dar passos para trás. Não se trata apenas de diminuir o ritmo da globalização, mas de retrocedê-la.

E mais: as disputas geopolíticas também têm afetado os planos de investimento de longo prazo das empresas, que começam a reduzir sua exposição a países ou a setores que apresentam alto risco. Em março de 2022, Larry Fink, CEO da BlackRock (a maior gestora de ativos financeiros do mundo, com um portfólio de cerca de US$ 10 trilhões), afirmou que "a invasão russa da Ucrânia pôs fim à globalização que experimentamos nas últimas três décadas". Embora o resultado imediato do conflito tenha sido o isolamento da Rússia dos mercados de capitais, Fink previu que "empresas e governos também prestarão mais atenção à dependência de seus negócios em outras nações. Isso pode levar as empresas a mais operações *onshore* ou *nearshore*, resultando em uma saída mais rápida de alguns países"[358].

Onshore e *nearshore* – novos jargões – surgiram para descrever as transformações em curso. No auge da globalização, o termo preferido dos analistas era *offshore* – transferir a produção para o exterior para economizar e produzir a baixo custo. Em seguida, surgiu o *onshore* ou *nearshore* – trazer a produção "de volta para casa" (ou "para perto de casa"), com o objetivo de reduzir o potencial de interrupção das cadeias de suprimentos. Hoje, outro jargão utilizado é *friend-shore* ou *ally-shore* – levar as cadeias de produção não somente para perto de casa, mas para países cujos regimes políticos sejam confiáveis, amigos, que não representem riscos geopolíticos.

Considerações geopolíticas têm balizado, portanto, as estratégias de negócios das empresas. A necessidade de diminuir a exposição a riscos pode levar a uma reorientação das cadeias produtivas, em que não apenas os custos de produção são considerados, mas a natureza dos regimes políticos com os quais se fazem negócios. Nesse processo de reorientação da produção, empresas podem optar por desenhar seus processos produtivos por meio da aquisição de bens e serviços em locais que estejam mais próximos, geográfica e politicamente, de seus mercados finais: uma junção de *nearshore* e de *friend-shore*.

Esses termos demonstram que o panorama do comércio mundial passou por diversas transformações marcantes nos últimos anos. Com o fim da pandemia, a recuperação econômica global elevou o comércio mundial a um patamar histórico. As tarifas impostas pelos Estados Unidos à China resultaram em esperada restrição do comércio bilateral, mas o comércio dos produtos mais afetados por essas tarifas cresceu em outras regiões, indicando uma realocação, não uma redução do comércio global. A guerra tarifária entre Washington e Pequim não impediu que outros países, como os membros da União Africana, a Associação das Nações do Sudeste Asiático e os membros da Parceria Transpacífico, buscassem ativamente acordos comerciais regionais ou plurilaterais. Mas o aumento do comércio não significou um aumento da *globalização dos mercados*.

Na medida em que a interdependência econômica global diminuiu, uma colcha de retalhos surgiu no lugar, com os estados exercendo mais controle sobre os fluxos de comércio e de investimentos, orientando-os de acordo com seus interesses geopolíticos. Essas fraturas também podem ser observadas nas instituições que regulam o comércio global.

O aparato institucional que coordena o comércio mundial fragmentou-se nos últimos anos, cedendo espaço para uma lógica que privilegia a autonomia, a resiliência e a construção de alianças regionais. A ideia de um *mundo plano* – em sentido figurado – parece hoje uma visão irreal. Barreiras geográficas ainda importam. Somam-se a elas barreiras linguísticas e culturais. Agora, somam-se também barreiras geopolíticas.

Embora muitos governos continuem a buscar a integração econômica por meio de acordos – e a reduzir tarifas e padronizar regras aduaneiras –, a perspectiva de maior liberalização comercial é incerta no mundo fraturado. A falta de consenso político tem levado a problemas na negociação de novos acordos multilaterais de comércio.

Nem sempre foi assim. Desde a sua criação por 23 países, em 1947, por meio do GATT, o regime multilateral de comércio tem avançado gradualmente na diminuição de barreiras alfandegárias em todo o planeta. Esse progresso foi impulsionado por meio de diversas rodadas de negociações. A oitava rodada, conhecida como *Rodada Uruguai*, foi concluída em 1994, resultando na criação da OMC, em 1995. A nona rodada, denominada *Rodada de Desenvolvimento de Doha*, teve início em 2001, logo após os ataques terroristas de 11 de setembro, mas foi encerrada depois de catorze anos, em 2015, sem um acordo.

Desde sua criação, a OMC permanece como o principal fórum multilateral para estabelecer as regras do comércio global. Em trinta anos de existência, ela ajudou a reduzir as barreiras tarifárias e não tarifárias em todo o mundo – além de ter criado um sistema de resolução de controvérsias inovador, ao qual os países poderiam recorrer para resolver suas disputas comerciais. Recentemente, esse sistema de solução de controvérsias foi parcialmente paralisado.

A OMC prevê que as disputas comerciais dos estados possam ser elevadas a uma arbitragem internacional. O sistema de solução de controvérsias estabelece algumas instâncias: primeiro, obriga os estados a buscarem um entendimento por meio de um processo de consultas. Se essas consultas não funcionarem, é criado um painel de especialistas, que avaliará o caso e emitirá um parecer. A decisão do painel, todavia, ainda pode ser revista pelo Órgão de Apelação. Esse processo é lento e pode levar anos – mas era, até pouco tempo, visto como um recurso legítimo à disposição dos estados para resolver as disputas comerciais.

O governo Obama, em maio de 2016, decidiu bloquear a renomeação de um juiz sul-coreano para o Órgão de Apelação – a primeira vez que isso aconteceu desde a criação da OMC, em 1995. Depois, os governos de Donald Trump e de Joe Biden continuaram a bloquear novas nomeações. Desde 2019, o Órgão de Apelação ficou incapaz de ouvir novos recursos, pois os mandatos de mais dois juízes haviam expirado – e o número de juízes ativos caiu para apenas um. Sete juízes, normalmente, atuam no órgão – e um mínimo de três é necessário para analisar novos recursos. Em abril de 2024, os Estados Unidos bloquearam a aprovação de uma moção para nomear novos membros pela 75ª vez seguida.

Em um discurso em outubro de 2021, em Genebra, a representante comercial do governo de Joe Biden, Katherine Tai, enfatizou o compromisso dos Estados Unidos com a OMC, mas reiterou suas frustrações com o sistema de solução de controvérsias[359]. Com o Órgão de Apelação paralisado, alguns países podem ignorar decisões adversas, enquanto seu recurso estiver pendente de revisão.

As fraturas internacionais não causaram danos apenas ao sistema de solução de controvérsias da OMC. O apetite por novas rodadas de abertura comercial diminuiu drasticamente nos últimos anos. Não houve uma rodada geral de liberalização de comércio desde meados da década de 1990. Outras negociações comerciais também desaceleraram. Em parte, essa conjuntura se deve a uma percepção generalizada de que o livre comércio falhou em cumprir suas promessas. Em países desenvolvidos e em desenvolvimento, houve reações furiosas contra acordos comerciais e reclamações sobre o fato de que a abertura geral e irrestrita criou inúmeros perdedores.

Nos Estados Unidos, Donald Trump incorporou essa rejeição ao sistema multilateral de comércio, ajudando a formar um consenso bipartidário de que o governo americano deveria atuar para proteger a indústria doméstica e a produção local. Os Estados Unidos também alegaram que as regras da OMC não seriam suficientes para coibir o que eles consideram "abusos comerciais" da China.

Novas rodadas de liberalização do comércio foram paulatinamente abandonadas – fosse pela falta de uma liderança capaz de absorver custos da abertura, fosse pela incapacidade de formar consensos em temas mais sensíveis, como subsídios agrícolas e direitos de propriedade intelectual. Enquanto isso, muitos membros da OMC se voltaram para acordos bilaterais e regionais, criando um regime de comércio que, hoje, se assemelha a um mosaico.

A paralisação do Órgão de Apelações da OMC e a ausência de acordos abrangentes de liberalização comercial são exemplos de que, atualmente, há menor disposição para o avanço de soluções multilaterais no comércio global. A agenda de liberalização comercial, todavia, não ficou paralisada – foi, sim, fragmentada. As negociações da OMC continuaram por meio do que é conhecido como negociações plurilaterais, ou acordos entre "subgrupos" de membros. Os acordos plurilaterais têm um foco mais restrito e nem todos os membros estão vinculados aos seus termos.

Embora haja preferência por acordos plurilaterais – ou por negociações bilaterais ou regionais – o multilateralismo não foi completamente abandonado. Em junho de 2022, os membros da OMC concluíram as negociações de um pacote de acordos multilaterais, o segundo desde a fundação da instituição, que abrangeu vários temas, desde isenção tarifária para vacinas contra a covid-19 até disciplinas sobre subsídios à pesca, segurança alimentar e uma moratória sobre tarifas no comércio eletrônico[360]. Embora esses acordos tenham valor, eles não escapam das críticas, por não terem atingido todo o seu potencial. A lista de temas cruciais que ficaram de fora é extensa.

Hoje, o sistema multilateral de comércio é um exemplo dos desafios existentes para as instituições que configuram a ordem liberal – mais fraturadas e fragmentadas, porém não completamente destruídas. Apesar dos ventos protecionistas, as lições de Ricardo não devem ser esquecidas. As sociedades ainda buscam meios eficazes de ampliar a produção econômica e o bem-estar – e as vantagens comparativas são guias relevantes para atingir esses objetivos.

A abertura comercial também faz sentido do ponto de vista político, econômico e estratégico: é melhor a um país diversificar suas cadeias de suprimento do que depender somente de alguns poucos produtores. Ainda, o multilateralismo comercial foi capaz de harmonizar regras aduaneiras, diminuir barreiras tarifárias e não tarifárias, criar um sistema de solução de controvérsias e atrair inúmeros países para dentro de um regime de princípios, normas e regras compartilhadas – um feito histórico que deve ser celebrado e preservado. A era de ouro da globalização também causou um declínio sem precedentes na pobreza global. Hoje, a economia do mundo fraturado está fundada em uma aposta preocupante: que as enormes reduções nos níveis de pobreza absoluta verificadas durante o período áureo da globalização possam continuar em um mundo "desglobalizado".

As fraturas no sistema multilateral de comércio não são as únicas variáveis que ameaçam constranger a globalização e a integração da economia mundial. Os avanços nas tecnologias de comunicações e de redes – que foram indispensáveis para a globalização e para a construção da ordem liberal – gestaram forças de dissonância próprias que merecem especial atenção.

Fraturas nas redes: o controle da tecnologia

Ashli Babbitt viveu a vida anônima de uma americana comum – até a sua morte, gravada durante a invasão do Congresso dos Estados Unidos, em janeiro de 2021, e transmitida globalmente em redes sociais[361]. Ela cresceu em uma pequena cidade no sul da Califórnia. Dedicou parte de sua vida a uma causa pública: serviu nas Forças Armadas americanas por 14 anos – tempo que incluiu um período protegendo a região de Washington, D.C., na unidade da Guarda Aérea Nacional, conhecida como "Guardiões da Capital". Depois de deixar o serviço militar, em 2016, assumiu o controle de uma empresa de restauração de piscinas em sua cidade natal – e mergulhou na política.

Antiga eleitora de Barack Obama, Babbitt tornou-se ávida seguidora de Donald Trump. Em sua antiga conta do Twitter, ela expressou desprezo por imigrantes indocumentados, queixou-se da exigência de vacinas contra a covid-19 e expressou apoio às teorias do movimento conspiracionista conhecido como QAnon[362]. Esse movimento é capitaneado por alegações, feitas por anônimos, de que adoradores do demônio, pedófilos e canibais operam uma poderosa rede global de tráfico sexual infantil. A teoria também previa que ocorreria uma "tempestade" na qual esses pedófilos satânicos – políticos, artistas, empresários, membros da "elite globalista" – seriam expostos e julgados.

Emergindo de *websites* como 4chan, 8chan e 8kun, em que não existe moderação de conteúdo, o movimento QAnon prosperou por meio de mensagens subliminares sobre o messianismo de Donald Trump e sobre o seu suposto trabalho, muitas vezes de maneira silenciosa e codificada, contra essa hipotética rede de pedófilos adoradores do diabo[363]. As teorias passaram a envolver outros supostos esquemas de políticos, de celebridades, de banqueiros e da mídia para acobertar o envolvimento nessa rede de tráfico sexual infantil.

Durante a pandemia de covid-19, os adeptos do QAnon promoveram teorias conspiratórias também sobre a "fabricação" do vírus e, portanto, de forte oposição ao uso de máscaras faciais e de vacinas. É difícil saber quantas pessoas nos Estados Unidos seguem, acreditam ou aderem às teorias do QAnon, embora dezenas de milhares de contas do Twitter e vídeos do YouTube tenham sido identificados e suspensos por difundir essa narrativa fantasiosa.

Ashli Babbitt era uma dessas seguidoras: seu entusiasmo com a política converteu-se em devoção paranoica, especialmente conforme os prognósticos eleitorais da reeleição de Donald Trump diminuíam, em 2020. Ela estava entre os milhares de apoiadores do ex-presidente que decidiram invadir o Capitólio, o Congresso americano, em 6 de janeiro de 2021, quando uma sessão conjunta da Câmara dos Deputados e do Senado estava reunida para certificar a contagem de votos do colégio eleitoral, que formalizaria a vitória do então presidente eleito, o democrata Joe Biden.

Durante a invasão do Capitólio, uma cena ganhou destaque: vídeos gravados pelos invasores – e transmitidos em suas redes sociais – mostram Babbit e outros manifestantes dentro do prédio, tentando chegar ao Saguão do Orador, onde membros do Congresso e suas equipes estavam isolados. Babbit grita contra a polícia, aparentemente exigindo a entrada. Um grupo a empurra perto das portas-barricadas que dão acesso ao corredor do saguão. Os manifestantes batem nos painéis de vidro das portas com varas e mastros de bandeira. Políticos podem ser vistos do outro lado. Também do outro lado está um tenente da polícia segurando uma arma, apontada para o grupo invasor – um aviso inequívoco para não avançarem.

MUNDO FRATURADO

Babbit então decide – tudo capturado em vídeo – passar pela porta-barricada, por meio de uma abertura de vidro estilhaçado, e entrar no saguão, em direção ao tenente armado. Se ela entrar, parece inevitável que o grupo a seguirá. Enquanto ela tenta forçar sua entrada, um único tiro é disparado. Babbit cai no chão. Algumas pessoas buscam atendê-la, mas sem sucesso. A ex-soldado, encarregada havia poucos anos de defender a capital dos Estados Unidos, morreu ao tentar invadir um dos lugares que ela um dia jurou proteger.

Além de Ashli Babbitt, outras cinco pessoas, incluindo um policial do Capitólio, morreram naquele 6 de janeiro de 2021. Desde sua morte, as mídias sociais de Babbit foram vasculhadas em busca de pistas sobre sua radicalização. Para grupos de extrema direita nos Estados Unidos, em vez de a história de Babbit servir de alerta contra os perigos da politização extrema, ela foi transformada em mártir[364].

A morte da ex-soldado, capturada em vídeo e compartilhada em redes sociais, é evidência de que, hoje, é impossível dissociar a Internet das fraturas políticas que estão em voga. É evidência de que as novas tecnologias de comunicação e de redes podem tanto ser uma força de coesão quanto uma força poderosa de dissonância.

Bolhas, segregação, desinformação e o legado das redes sociais

Por um tempo, parecia que a Internet estava do lado da democracia, ajudando multidões a contestarem regimes políticos autocráticos. A *Primavera Árabe* – uma série de protestos, levantes e rebeliões que se espalharam por grande parte do mundo árabe no início de 2010 – parecia validar a ideia de que as redes sociais poderiam servir como instrumentos a favor da abertura política. Jared Cohen e Eric Schmidt, fundadores do Google, escreveram em 2013 que as tecnologias de rede "favorecem os cidadãos" e que "nunca tantas pessoas estiveram conectadas por meio de uma rede de resposta instantânea"[365].

Cohen e Schmidt também argumentaram que governos autoritários seriam "pegos de surpresa quando um grande número de seus cidadãos, armados com praticamente nada além de celulares, participassem de minirrebeliões que desafiariam a autoridade"[366]. Mark Zuckerberg, cofundador e presidente-executivo do Facebook, hoje Meta, escreveu em 2015 que a Internet era "uma força pela paz no mundo"[367]. Conectar pessoas por meio do Facebook seria como construir uma "comunidade global", com um "entendimento compartilhado" dos problemas que a humanidade enfrenta.

Sem dúvida, as tecnologias de rede atuaram como importantes forças de coesão do mundo contemporâneo. Com o surgimento da Internet, a expansão de redes sociais aconteceu em escala nunca vista. Tal expansão veio acompanhada também do desenvolvimento de tecnologias para a coleta de dados. Essas tecnologias podem ser usadas para melhor identificar as preferências e os perfis dos inúmeros usuários. É mais fácil, portanto, divulgar conteúdo para quem compartilha interesses – inclusive políticos. A coleta de dados serviu para aprimorar a divulgação de anúncios publicitários e as campanhas de marketing, mas também serviu para colocar pessoas de pensamento igual em contato – com consequências desastrosas.

As mídias sociais tendem a promover a formação de bolhas. Essas redes são projetadas para maximizar o engajamento. Esse engajamento pode levar a maior conectividade, à ampliação do acesso à informação, à criação de novas formas de intercâmbio social. Redes sociais, contudo, não formam apenas uma comunidade global – elas se organizam, também, em grupos menores. Redes gravitam em torno de usuários bem conectados, que formam *laços*, que atraem outros usuários – as *arestas*. Esse processo de atração desenvolve-se por meio de *apegos preferenciais*: quando uma rede nova surge, usuários são incentivados a seguir outros com quem compartilham interesses[368]. Conforme as redes crescem, elas não se tornam "planas". Em vez disso, são agrupadas em torno daquelas pessoas com maior poder de formar laços, com maior poder de atrair seguidores, como um ponto gravitacional.

As redes sociais digitais incentivam a segregação ao criar um efeito de redemoinho, que puxa para o extremo: pessoas mais apaixonadas por um tema tendem a participar mais do debate, da discussão, dos comentários, do compartilhamento – e a atrair pessoas também apaixonadas por aquele tema. A lógica de apegos preferenciais faz com que um intelectual público, um jornalista, um comentarista ou um usuário atraia seguidores com quem tende a compartilhar ideias e visões de mundo. Os usuários que mais atraem seguidores são recompensados por gerar conteúdo e por movimentar a participação, tornando-se reféns do *feedback* de uma audiência extremamente engajada. Esses usuários bem conectados podem, assim, ficar presos em uma sala de espelhos, tornando-se cada vez mais versões extremadas de si mesmos, buscando dar à sua audiência aquilo que ela quer.

Aqui, o conceito de *flanderização* pode ser útil. Esse conceito – comum a roteiristas de séries e filmes para a TV – faz homenagem a um personagem da série de desenho animado *Os Simpsons*, Ned Flanders. Vizinho da família Simpson, Flanders foi originalmente apresentado como um cristão amigável, um pai generoso, um marido e cidadão exemplar, fazendo dele um contraste com Homer Simpson. À medida que as temporadas avançavam, ele foi se tornando cada vez mais caricato, a ponto de incorporar quase todos os estereótipos do evangélico americano.

A *flanderização* diz respeito ao ato de pegar uma única ação ou característica (geralmente menor) de um personagem e exagerá-la, a ponto de consumir o personagem completamente[369]. O processo de *flanderização* pode ser observado, por exemplo, no Twitter: muitos usuários que atraem um séquito de seguidores acabam, com o tempo, tornando-se caricaturas extremadas, presas a um discurso, ávidas a oferecer à sua plateia novos conteúdos que gerem engajamento, participação, audiência.

O desenho das redes sociais torna-as, portanto, terreno fértil para a difusão de discussões apaixonadas, que exageram nos tons e na adjetivação, e que ampliam seu alcance por meio de falas estridentes. Premia-se o exagero. Recompensa-se o grito. Pune-se a prudência, a moderação, a nuance e a ponderação. Desencoraja-se a busca pela verdade. Essas ferramentas têm sido especialmente úteis no atual contexto de disputas políticas, no qual diversas pessoas se enxergam no meio de uma "guerra cultural", em uma batalha de identidades, ampliando a busca pela filiação comunitária, pelo fechamento em grupos, pela proteção das tribos, pela solidariedade identitária.

Redes sociais também ampliaram a propagação de teorias da conspiração. Essas teorias acabam por atrair pessoas que se sentem sufocadas e debeladas pela complexidade do mundo, incapazes de conviver com o conhecimento limitado e intrincado sobre os eventos a sua volta. Como lembra o professor Oliver Stuenkel, uma teoria da conspiração oferece respostas simples, claras e elegantes para situações que, de outra forma, seriam caóticas ou demasiadamente confusas[370]. Essas teorias transmitem uma sensação de ordem e de segurança a seus seguidores, funcionando como uma injeção de autoconfiança. Elas também oferecem um sentimento de pertencimento: os adeptos sentem-se parte de um grupo seleto, com acesso a informações privilegiadas. Acreditar em uma teoria da conspiração é, portanto, um ato de empoderamento individual diante de um mundo complexo e imprevisível.

Stuenkel recorda que os adeptos de teorias da conspiração costumam imaginar a realidade como ameaçadora, pois essas teorias quase sempre incluem um indivíduo ou uma entidade com intenções nefastas – as Nações Unidas, os comunistas, os judeus, George Soros ou a CIA –, que seriam capazes de ludibriar o mundo. De acordo com ele, os entusiastas das teorias conspiratórias acreditam que todos, inclusive a imprensa, estão engolindo mentiras ou simplesmente fazendo parte do esquema. "Quem acredita em conspirações, portanto, julga-se detentor de segredos valiosos e goza de relação especial com outros iniciados que também se distinguiram por desmascarar o complô", diz o professor[371].

As teorias da conspiração adquirem maior relevância em momentos de convulsão social – como durante a pandemia de covid-19. As teses sobre a "fabricação" do vírus, sobre testes laboratoriais mascarados pelas campanhas de vacinação, sobre a inclusão de microchips nas vacinas, entre outras, foram amplamente difundidas, resultando em elevados custos sociais. O compartilhamento dessas teorias também foi facilitado pelas redes sociais – por grupos no WhatsApp ou em plataformas, como 4chan, 8chan e 8kun. Não é à toa que a disseminação de mentiras, notícias fraudulentas, *fake news* e teorias da conspiração tem aumentado a demanda por moderação nas redes sociais.

***

Em outubro de 2021, uma ex-funcionária do Facebook, Frances Haugen, revelou milhares de documentos internos que demonstraram a influência da empresa no discurso político. Esses documentos detalham como o algoritmo da plataforma promoveu, em grande medida, a discórdia, privilegiando postagens que poderiam ter maior controvérsia, gerando comentários e compartilhamentos, e como pesquisadores do próprio Facebook concluíram que outras plataformas, especialmente o Instagram, podem afetar negativamente a saúde mental de jovens usuários. A revelação deu início a uma das maiores crises da empresa. Em setembro de 2021, o *The Wall Street Journal* publicou uma série de artigos, chamados *The Facebook Files* ("Os arquivos do Facebook"), detalhando os documentos revelados por Haugen[372].

No segundo semestre de 2021, ocorreram quatro audiências no Congresso dos Estados Unidos relacionadas às questões levantadas nos "Arquivos do Facebook". Uma coalizão bipartidária lançou uma investigação sobre os efeitos do Instagram nas crianças e nos adolescentes. Mais de meia dúzia de executivos proeminentes da empresa e outros funcionários de alto escalão pediram demissão. Posteriormente, Zuckerberg mudou o foco da rede para o compartilhamento de postagens pessoais, restringindo o alcance de mensagens políticas. Ele até mudou o nome da empresa para *Meta Platforms Inc.*, tentando enfatizar o "metaverso" – um mundo digital imersivo que, até o momento, não conseguiu atrair muitos usuários. A ideia por trás da mudança era que o Facebook deveria olhar para o futuro e não ficar preso ao passado. Mas as tecnologias de rede não conseguem apagar as sequelas deixadas na política. A radicalização do discurso promovido pela interação em plataformas digitais não foi apenas um acidente de percurso. Foi fruto do desenho dessas redes digitais.

Plataformas como Facebook e Twitter tornaram-se fonte importante de notícias em muitos países. De acordo com uma pesquisa da Pew Research de 2021, mais de oito em cada dez americanos adultos (86%) disseram que recebiam, com frequência, notícias de um *smartphone*, de um computador ou de um *tablet*. Os americanos passaram a recorrer cada vez menos à televisão, ao rádio e às publicações impressas para obter informações[373]. No entanto, a relação do leitor com as notícias em redes sociais ocorre de forma diferente: elas não são lidas apenas de forma passiva. Os leitores comentam. Respondem. Curtem. Compartilham. Os usuários do Twitter seguem e ecoam aqueles com quem têm mais afinidade. Usuários também tendem a compartilhar e a comentar notícias de fontes que "sentem" ser confiáveis, muitas vezes levando à desinformação e à divulgação de mentiras.

No vasto universo das redes digitais, a maioria das postagens e dos comentários é sobre temas cotidianos, sobre o dia a dia. Compartilha-se muito sobre a vida pessoal de cada usuário, o que gera engajamento daqueles mais próximos. Discussões políticas na Internet não são para todos. Mas são as discussões políticas que tendem a ultrapassar a barreira do engajamento limitado. Um estudo de 2017 analisou quase cinco milhões de *tweets* gerados por quatro mil contas apenas no mês de agosto de 2016 nos Estados Unidos[374]. Os pesquisadores demonstraram que, quanto mais ideologicamente ativo um usuário era, maior a probabilidade de ter sua mensagem difundida, comentada e discutida.

Depois que manifestantes invadiram o Capitólio dos Estados Unidos, em 6 de janeiro de 2021, o Facebook e o Twitter suspenderam as contas do ex-presidente Donald Trump nessas plataformas. Amazon, Apple e Google efetivamente baniram a Parler, uma alternativa ao Twitter que os manifestantes usaram para encorajar e coordenar a invasão, bloqueando o acesso dessa plataforma a serviços de hospedagem na Internet e em lojas de aplicativos. Os principais aplicativos de serviços financeiros, como PayPal e Stripe, pararam de processar pagamentos para a campanha de Donald Trump, bem como para contas que financiavam despesas de viagem a Washington, D.C., para apoiadores do ex-presidente.

As consequências da invasão do Capitólio serviram para mostrar que Amazon, Apple, Facebook/Meta, Google e Twitter não são apenas grandes empresas – elas assumiram efetivamente o controle de aspectos fundamentais da vida em sociedade. Ao excluir usuários ou aplicativos de suas plataformas, essas empresas têm o poder de praticamente expulsá-los do convívio social e de limitar o alcance de suas mensagens. Elas passaram a controlar, efetivamente, a amplitude do discurso público.

A disseminação de *fake news* tem aumentado a demanda por moderação nas redes sociais. Essas redes não se tornaram praças abertas, onde qualquer tipo de discurso é aceito. Plataformas que operam algum tipo de controle tendem a atrair mais anúncios e a ser vistas como meios "seguros" de interação, ainda que muita gente enxergue as políticas de moderação de conteúdo como uma espécie de censura.

Hoje há forte correlação entre o valor de mercado de algumas redes sociais e a moderação de conteúdo. A mais controlada das redes sociais, o TikTok, embora não listada na Bolsa, foi avaliada em torno de 300 bilhões de dólares em 2022, ao passo que uma das redes menos moderadas, o 4chan, vale cerca de 1 milhão de dólares. O sucesso inicial do Twitter, por exemplo, ocorreu em razão *da moderação de conteúdo* e não a despeito dela.

Embora as redes sociais moderadas possam valer mais, a mera tentativa de implementar moderação – por exemplo, na adição de um rótulo para acrescentar contexto a uma mensagem controversa – tem sido criticada por muitos usuários, e até por políticos, como uma forma de censura, dada a importância das plataformas digitais para a comunicação contemporânea. Alguns usuários afirmam que foram banidos de plataformas apenas por suas crenças ideológicas. O caso do Twitter é exemplar. A política de moderação de conteúdo da plataforma tornou-se tema de debates mundo afora – motivando Elon Musk, bilionário CEO da Tesla e da SpaceX, a comprar a empresa em outubro de 2022, rebatizando-a depois como "X".

Em dezembro de 2022, Musk divulgou os *Twitter Files* ("Arquivos do Twitter"), que detalhavam o processo de moderação de conteúdo antes de ele adquirir a plataforma. A divulgação dos arquivos tornou públicos debates entre antigos executivos da empresa sobre casos polêmicos, como a decisão de suspender a conta do ex-presidente Donald Trump, bem como a de limitar a divulgação de uma notícia sobre o computador pessoal do filho do presidente Joe Biden durante a campanha presidencial de 2020.

Os "Arquivos do Twitter" foram analisados por três jornalistas – Matt Taibbi, Bari Weiss e Michael Shellenberger –, que expuseram as discussões internas da empresa para suspender contas ou mensagens que supostamente violaram suas regras, bem como limitar a visibilidade de um *tweet* ou de um usuário específico[375]. Bari Weiss, uma das jornalistas que receberam os arquivos, informou que as decisões de "limitar ativamente a visibilidade de contas inteiras ou mesmo tópicos" foram tomadas "em segredo, sem informar os usuários"[376]. A maioria das contas destacadas por Weiss estava ligada a vozes conservadoras, como a conta de extrema direita *Libs of TikTok* e o ativista Charlie Kirk.

Musk criticou as decisões de moderação de conteúdo pelos antigos executivos, argumentando que eles restringiram a liberdade de expressão. O ex-CEO do Twitter, Jack Dorsey, respondeu às críticas de Musk, afirmando que os "Arquivos do Twitter" não mostram "más intenções ou agendas ocultas"[377]. Acrescentou que "todos agiram de acordo com as melhores informações que tínhamos na época".

A subjetividade das decisões de moderação apresenta sérios desafios. Quem tem a capacidade e o poder de decidir o que é mentira e o que é verdade nas redes sociais? Qual a punição que será aplicada? Desde maio de 2018, o Twitter havia indicado que mudaria a forma como um usuário aparece nos resultados de pesquisa da plataforma caso ele se comportasse de uma maneira que "prejudicasse uma conversa pública saudável"[378]. O Twitter, antes da venda a Elon Musk, possuía uma página inteira de "Perguntas Frequentes" dedicada a esse tipo de medida, que dizia implementar com base em uma combinação de alertas provenientes de algoritmos e tomada de decisão humana[379].

Não obstante as justificativas do Twitter para suas antigas práticas, prevaleceu a sensação de que as empresas de tecnologia são intrusivas e opacas em sua moderação de conteúdo – pendendo a balança para um dos lados da discussão política. Esse debate tem levado políticos nos Estados Unidos, na Europa e em outras democracias de mercado a discutir medidas para regular as redes sociais digitais. A União Europeia, por exemplo, aprovou em 2022 uma legislação – chamada de Lei de Serviços Digitais – que tinha como objetivo estabelecer parâmetros e encerrar uma era de autorregulação em que as empresas de tecnologia definiam, elas próprias, suas políticas de moderação de conteúdo[380].

Nos Estados Unidos, regulações desse tipo encontram obstáculo devido à proteção constitucional sobre liberdade de expressão. A Primeira Emenda da Constituição americana é categórica ao impor que o Congresso do país "não fará nenhuma lei a respeito do estabelecimento de uma religião ou proibindo seu livre exercício; *ou cerceando a liberdade de expressão ou de imprensa*; ou o direito do povo de se reunir pacificamente e de solicitar ao governo a reparação de suas queixas". É, portanto, um impedimento que o governo legisle sobre a liberdade de expressão. A emenda não obriga, todavia, empresas privadas, como o Facebook ou o Twitter, a impor políticas de conteúdo e moderar o que aparece em suas plataformas.

Garantir a "liberdade de expressão" parece ter sido o motivo de Elon Musk comprar o Twitter, em 2022. Em abril desse ano, Musk fez uma oferta para comprar a empresa por US$ 43 bilhões. Poucas semanas depois, o conselho de administração aceitou por unanimidade a oferta. Em uma entrevista, à época, Musk afirmou que tinha aspirações para que o Twitter se tornasse "uma plataforma de liberdade de expressão em todo o mundo"[381]. Garantir a liberdade de expressão era, para o CEO da Tesla, um "imperativo social para que uma democracia funcione". Musk insistiu que "não havia feito a oferta para aumentar sua fortuna"[382]. De fato, estima-se que o homem mais rico do mundo tenha pagado cerca de US$ 33 bilhões a mais do que o Twitter valia à época.

Desde que adquiriu a plataforma, Musk envolveu-se em polêmicas e discussões ao desafiar legislações e princípios constitucionais em países que buscaram, em certa medida, moderar as redes sociais. Exemplo: em abril de 2024, o primeiro-ministro da Austrália, Anthony Albanese, chamou o empresário de "bilionário arrogante" e disse que Musk "pensa que está acima da lei, mas também da decência comum"[383]. Essas declarações ocorreram em contexto de relutância da empresa "X" em remover da rede social imagens de um esfaqueamento em uma igreja, conforme decisão de um tribunal australiano. Musk, por sua vez, acusou o governo da Austrália de censura.

Convém lembrar que a Internet nasceu com a promessa de ser um espaço para a livre circulação de ideias, atuando como uma poderosa força de coesão no mundo contemporâneo. A Internet possibilitou avanços gigantescos nas comunicações, mas sua função de "praça pública aberta" não resultou somente em discussões coerentes e no intercâmbio sensato de informações. O advento de redes sociais digitais resultou, também, na formação de bolhas, na divulgação de *fake news*, na propagação de mentiras, na difusão de teorias da conspiração, no fechamento em grupos autorreferenciados.

Uma praça pública sem regras acaba sendo espaço mal aproveitado. A "praça" criada por redes, como a plataforma "X", muitas vezes assemelha-se mais a um bar aberto, cheio de bêbados gritando alto para chamar atenção de quem passa pela frente. Ao contrário do que Elon Musk alegava, os problemas do antigo Twitter não eram técnicos ou de engenharia. Não bastava consertar algumas ferramentas da plataforma para garantir a liberdade de expressão. Os problemas eram sociais e políticos.

O valor do Twitter não estava atrelado à sua tecnologia. O trunfo da plataforma sempre foi a sua base de usuários: políticos, repórteres, celebridades e outras pessoas que postam, curtem, comentam e repostam – e utilizavam esta rede digital como ferramenta útil e segura para compartilhar suas mensagens. O principal ativo são as pessoas. Quando o principal ativo são as pessoas, há um problema de fundo: pessoas são profundamente complicadas – e tentar regular como elas se comportam é, historicamente, uma experiência infeliz.

Na década de 1990, a premissa básica da Internet era que ela aceleraria a globalização e atuaria como uma força de coesão indispensável ao mundo contemporâneo. Muitos esperavam que a era digital pudesse fomentar o fluxo irrestrito de informações, desafiando o domínio de regimes autoritários e hierárquicos. O quadro hoje é diferente: as bolhas que surgiram com a expansão das redes sociais digitais, a polarização política crescente e a concentração de poder nas mãos das *big techs*, bem como seu envolvimento na competição geopolítica atual, criaram um mundo ainda mais fraturado. O desenvolvimento de novas tecnologias tem causado temores semelhantes.

***

As fraturas causadas pelas tecnologias de rede levaram diversos analistas a suspeitar de novos desenvolvimentos, como a Inteligência Artificial (IA). Essa tecnologia tem causado certo furor, em especial depois do lançamento do ChatGPT – um "chatbot" desenvolvido pela empresa OpenAI, lançado em novembro de 2022. O ChatGPT oferece respostas automáticas a instruções aparentemente complexas. Em segundos, o programa consegue escrever textos curtos, objetivos, coerentes e gramaticalmente corretos sobre praticamente qualquer coisa, que assombram pela eficiência. O lançamento do ChatGPT causou espanto – e chamou a atenção não somente para a utilidade, mas também para o potencial perigo da IA.

O ChatGPT é um gerador de texto. O programa busca produzir uma "continuação razoável" de palavras. Ele recebe sequências de palavras como "entrada" e produz outras sequências como "saída". Quando o ChatGPT escreve um ensaio, o que a ferramenta está fazendo essencialmente é perguntar, repetidas vezes, "dado o texto até agora, qual deve ser a próxima palavra?". O *software* calcula as respostas mais prováveis para virtualmente qualquer pergunta permitida por sua programação, depois de analisar o que outras pessoas escreveram em bilhões de páginas da *web*.

O ChatGPT é, portanto, um modelo de linguagem, uma rede neural de previsão de palavras, realizando diversas operações em matrizes de números. As respostas que a ferramenta gera são assustadoramente precisas – e emulam respostas humanas. Veja a resposta gerada pelo ChatGPT quando foi perguntado "quantos diplomatas são necessários para trocar uma lâmpada?":

> *Depende do número de comitês formados, das reuniões agendadas, das negociações envolvidas e, é claro, da extensão do relatório final sobre a eficiência energética das lâmpadas substituídas. Afinal, quem precisa de uma lâmpada nova quando se tem diplomatas para iluminar o caminho?*

O ChatGPT-4 foi capaz de escrever facilmente uma infinitude de poemas, dar respostas a provas jurídicas, gerar imagens em TiKZ (uma linguagem para criação de gráficos), criar uma animação complexa no programa Python e resolver problemas matemáticos do Ensino Médio. Grandes modelos de linguagem, como o ChatGPT, são também cada vez mais capazes de ajudar com a escrita de códigos de programação.

Na programação de computadores, o código refere-se ao conjunto de instruções – ou a um sistema de regras – que instrui uma máquina a operar determinado *software*. As ferramentas de inteligência artificial não foram "treinadas" apenas para construir textos, mas também para atuar como copilotos para programadores de *softwares*. É possível que essa capacidade permita, em algum momento, a criação de códigos em tempo real. Afinal, a capacidade de operar um modelo de linguagem inclui, em princípio, a capacidade de traduzir uma linguagem em código.

O notável *boom* nas capacidades de IAs generativas impulsionou discussões sobre as potencialidades – e os riscos – dessa ferramenta. É possível que modelos de IA revolucionem o diagnóstico de doenças e a prescrição de tratamentos. É possível também que a elevada capacidade de processamento de dados traga novas vantagens para a economia, para as finanças, para o desenvolvimento de *softwares* e para a produtividade industrial. Serviços que dependem da análise de diversos textos também podem ser vastamente reformulados, como os jurídicos.

Mas há quem enxergue amplos riscos sociais e políticos associados ao uso da IA. Ao emular respostas humanas, os modelos de linguagem passam a impressão de que pensam – ou raciocinam – por conta própria. Isso pode levar a certa histeria e exagero. Quem gosta de ficção científica pode perguntar: deixadas ao acaso, essas ferramentas poderiam gerar códigos próprios, reprogramar a si mesmas, adquirir conhecimento por meio da vasta base de dados disponibilizada on-line – e até adquirir controle sobre todos os aspectos da vida social que dependem de uma conexão digital (ou seja, praticamente tudo)?

Imagine que uma ferramenta de IA, após analisar o que seria necessário para salvar o planeta das consequências adversas do aquecimento global, chegue à conclusão de que a resposta é eliminar todos os humanos da Terra. Estaríamos diante de uma possível Skynet, a temível inteligência artificial de *Exterminador do Futuro*? Ou da Entidade, a IA de *Missão Impossível: Acerto de Contas*?

Falar de riscos existenciais à humanidade parece bastante exagerado. Os grandes modelos de linguagem não pensam por conta própria. Esses modelos podem produzir prosa, poesia, ironia e código; gerar imagens, som e vídeo; fazer previsões com base em padrões. É fácil perceber que essa tecnologia traz junto enormes potencialidades. É difícil, porém, imaginar que essas ferramentas terão o poder de controlar a civilização, ou de substituir os seres humanos, como alertam os críticos hiperbólicos.

Apesar dos exageros, as forças de dissonância criadas pelas tecnologias de comunicação e de redes deixaram lições valiosas sobre o advento de novas ferramentas, especialmente aquelas que trabalham diretamente com a linguagem. Os modelos existentes já apresentam deficiências bem documentadas – como o "problema das alucinações": um termo que serve para descrever a tendência do ChatGPT de inventar coisas – ou seja, de incluir informações incompletas, sem referências, não verificadas, ou simples mentiras. Mas esse não é o único risco. Preocupa, sobretudo, a possibilidade de que ferramentas de inteligência artificial permitam a manipulação da realidade de maneira mais eficiente.

Mesmo o ChatGPT-4, com sua capacidade de processamento turbinada, é incapaz de negar esses riscos. Eu perguntei à ferramenta:

"Quais seriam os principais riscos políticos e sociais associados à utilização em larga escala de grandes modelos de linguagem, como o ChatGPT?". Além do desemprego em massa de escritores profissionais, foram sugeridos dois:

1. **Disseminação de informações falsas e desinformação:** os grandes modelos de linguagem têm a capacidade de gerar texto coerente e persuasivo, o que pode ser explorado para disseminar informações falsas e desinformação em larga escala. Essa disseminação rápida e ampla de informações incorretas pode ter um impacto negativo na sociedade, minando a confiança nas instituições, distorcendo o debate público e influenciando decisões políticas com base em fatos incorretos.

2. **Viés e discriminação algorítmica:** os modelos de linguagem são treinados em GRANDES conjuntos de dados que podem conter viés e preconceito, refletindo as desigualdades presentes na sociedade. Isso pode levar a respostas discriminatórias ou injustas geradas pelo modelo. Se não for tratado adequadamente, o uso generalizado desses modelos pode amplificar e perpetuar os vieses existentes, resultando em decisões e políticas discriminatórias em áreas como contratação, justiça criminal e serviços públicos.

As ferramentas de IA também possibilitam manipulação precisa de imagens e de vídeos. O termo *deepfake*, por exemplo, surgiu da combinação das palavras *deep learning* ("aprendizado profundo") e *fake* ("falso"). Refere-se a uma tecnologia que utiliza inteligência artificial para criar conteúdo audiovisual enganoso, como vídeos, áudios e imagens, nos quais pessoas parecem – realisticamente – estar fazendo ou dizendo coisas que nunca fizeram ou disseram.

Essa tecnologia permite a manipulação sofisticada de mídia, podendo alterar expressões faciais, movimentos corporais, vozes e até mesmo o contexto de um vídeo, cujo resultado é extremamente convincente e difícil de detectar como falso para o olho destreinado. As implicações dessa tecnologia são vastas, com potenciais consequências nefastas para a política e para as relações sociais. A disseminação generalizada de *deepfakes* pode minar a confiança pública na mídia e nas figuras políticas, caso as pessoas não possam confiar no que veem ou no que ouvem. O terreno se torna fértil para a propagação de teorias da conspiração, lançando suspeitas de manipulação até mesmo para vídeos e imagens que sejam verdadeiros.

Com o avanço da inteligência artificial, o que mais assusta é saber que a transição para um mundo repleto de programas de computador capazes de compreender a linguagem humana e simular conversas, vídeos e imagens – com poderes sobre-humanos de processamento de dados e reconhecimento de padrões – está apenas começando.

A ordem global digital

A revolução tecnológica tem desafiado as noções familiares de análise política – inclusive nas relações internacionais. Analistas políticos tradicionais concentraram-se nos efeitos desestabilizadores das mudanças tecnológicas, no equilíbrio de poder entre os estados. Pense nas armas nucleares. Hoje, porém, uma das mudanças mais significativas do avanço das tecnologias de comunicação e de redes não está relacionada ao equilíbrio de poder estatal, mas ao equilíbrio de *atores com capacidade de poder.*

O desenvolvimento de tecnologias de comunicação e de redes aumentou a relevância de atores privados não estatais, como as *big techs.* É importante compreender o poder dessas empresas. As ferramentas à disposição delas são únicas na sociedade da informação. Embora outras empresas privadas tenham desempenhado papel importante na história – por exemplo, a Companhia das Índias Ocidentais e as grandes empresas produtoras de petróleo –, as *big techs* possuem hoje um poder extraordinário, envolvendo-as diretamente nas disputas políticas em curso.

Essas gigantes da tecnologia têm duas vantagens comparativas que lhes permitiram conquistar uma influência vasta[384]. A primeira é que não operam ou não exercem poder exclusivamente no espaço físico – elas criaram outra dimensão das relações sociais: o espaço digital (ou ciberespaço), sobre o qual exercem influência primária. As pessoas vivem cada vez mais nesse universo digital, que os governos não controlam – e não podem controlar – totalmente, resultando em uma lacuna de soberania.

A criação desse novo espaço digital tem influenciado quase todos os aspectos da vida em sociedade. As pessoas se conectam cada vez mais umas com as outras por meio de *smartphones* e de algoritmos. Na economia, o mercado digital é indispensável para o sucesso de um negócio. Atualmente, a venda de diversos produtos depende da Amazon, da loja de aplicativos da Apple, das ferramentas de anúncios do Facebook e do Instagram, dos contatos pelo WhatsApp, além do mecanismo de busca do Google. Anúncios no espaço digital podem atingir milhões de pessoas a mais do que no intervalo publicitário de uma novela. Em muitas democracias, a capacidade de ganhar seguidores no Facebook e no Twitter/X ajuda os políticos a captar recursos para as campanhas e a consolidar os apoios necessários para conquistar um cargo.

As empresas de tecnologia não estão apenas exercendo uma forma de soberania sobre como os cidadãos se comportam no espaço digital. Elas estão moldando comportamentos e preferências. As pequenas notificações e alertas do Facebook ou do Instagram fornecem dopamina ao cérebro. Os algoritmos de inteligência artificial do Google completam frases enquanto você as digita. As ferramentas da Amazon para selecionar quais produtos aparecem no topo da sua tela afetam o que você compra. Os algoritmos do LinkedIn ajudam a aproximar empregadores de prestadores de serviços. As *big techs* estão orientando como as pessoas gastam, como se relacionam, quais oportunidades profissionais elas encontram – e, em última análise, o que pensam.

A segunda vantagem comparativa dessas empresas é o fato de elas fornecerem uma gama de produtos e serviços digitais necessários para administrar a sociedade contemporânea. Embora as empresas privadas tenham desempenhado, há muito tempo, importante função no fornecimento de produtos e serviços públicos, da rede de esgoto à energia que ilumina as cidades, as novas tecnologias ampliaram a dependência da infraestrutura física em relação ao mundo digital. Na maioria dos países, boa parte da infraestrutura necessária ao funcionamento de uma cidade – da eletricidade ao transporte, do sistema de comunicação aos serviços bancários – depende de computadores, microchips, semicondutores, cabos de fibra ótica, sistemas de armazenamento de dados. Hoje, a maior parte das transações financeiras é realizada por meio de transferência de dados em uma rede de computadores. O dinheiro flui de uma conta a outra apenas de forma eletrônica, sem a necessidade de troca de papel-moeda.

Atualmente, apenas quatro empresas – Alibaba, Amazon, Google e Microsoft – respondem pela maior parte da demanda mundial por serviços de armazenamento de dados em nuvem. A extensa rede de comércio eletrônico e logística da Amazon fornece bens de consumo básicos a milhões de pessoas. Na China, a Alibaba e a Tencent dominam os sistemas de pagamento, de mídia social, de *streaming* de vídeo, de comércio eletrônico e de logística. Eles também investem em projetos importantes para o governo chinês, como o *Digital Silk Road*, que tem como objetivo levar aos mercados emergentes cabos submarinos, redes de telecomunicações, recursos de nuvem e aplicativos necessários para administrar uma sociedade digital.

Com a expansão das redes de comunicação 5G e a implementação da *Internet das Coisas* – que possibilitará integrar à Internet objetos físicos, como carros e geladeiras, por meio da incorporação de sensores, de ampliação da capacidade de processamento, do desenvolvimento de *softwares*, de inteligência artificial e de outras tecnologias que trocam dados entre si –, a vida em sociedade dependerá, cada vez mais, da gestão eficaz desse universo digital. Não é à toa que o ciberespaço se tornou uma das principais esferas de disputa geopolítica.

O vasto poder das *big techs*, porém, não as colocou necessariamente em rota de colisão com os estados. As grandes empresas de tecnologia, afinal, não estão dissociadas dos lugares físicos em que seus servidores estão instalados ou de onde seus registros como pessoas jurídicas estão validados. Os códigos que possibilitam a criação do espaço digital ficam armazenados em centros de dados localizados em territórios dentro de estados. As empresas estão, portanto, submetidas às leis nacionais. Elas podem ser multadas e estão sujeitas a outras sanções – o acesso a suas plataformas digitais pode ser bloqueado, seus bens confiscados e seus executivos podem ser presos.

Na medida em que a tecnologia se torna mais sofisticada e o espaço digital se expande, novos desafios surgem – tanto para empresas quanto para governos. Alcançar e manter a liderança global em áreas como computação em nuvem, inteligência artificial ou produção de semicondutores requer investimentos enormes de capital financeiro e humano. Também requer relacionamentos próximos com clientes e outros parceiros em complexas cadeias de suprimentos globais. Por isso, muitas vezes, empresas de tecnologia e governos são aliados na busca de objetivos políticos. As disputas geopolíticas do espaço digital não estão dissociadas, portanto, das disputas geopolíticas no espaço físico.

***

As *big techs* estão avaliando a melhor forma de se posicionar em um cenário de competição geopolítica mais acirrada. Na medida em que essa competição fica mais aguda, abre-se espaço para que essas empresas possam exercer sua influência de forma mais assertiva, estabelecendo-se como "campeões nacionais" que necessitam de maiores subsídios governamentais e de tratamento preferencial em relação a seus rivais. Elas também podem argumentar que seu trabalho precisa de proteção máxima contra ataques de *hackers* ou de competidores externos.

O analista político Ian Bremmer, em artigo de novembro de 2021, propôs uma divisão interessante e didática para entender os cursos de ação das *big techs* no contexto atual de disputas geopolíticas. Ele dividiu a atuação dessas empresas em três linhas – "nacionalismo", "internacionalismo" e "tecnoutopismo", que coexistem no setor de tecnologia da informação e até mesmo dentro de uma mesma empresa.

De acordo com Bremmer, os "internacionalistas" seriam aquelas empresas que construíram seu império operando em uma escala verdadeiramente global (Microsoft, Apple, Meta, Google). Essas empresas criaram – e hoje dominam – o espaço digital, permitindo que sua presença comercial e seus fluxos de receita estejam menos vinculados ao território físico de um país. Cada uma dessas empresas se tornou poderosa ao dominar um nicho tecnológico economicamente valioso e, em seguida, expandir seus negócios e seus usuários para o mundo todo. Outras empresas, como as chinesas Alibaba, ByteDance e Tencent, surgiram no mercado doméstico da China antes de mirar o crescimento global.

Os "nacionalistas", por sua vez, são aquelas empresas de tecnologia mais dispostas a se alinhar explicitamente com as prioridades de governos nos seus estados de origem. Essas empresas fazem parcerias com governos em vários domínios importantes, inclusive armazenamento em nuvem, inteligência artificial e segurança cibernética. Elas garantem receitas maciças vendendo seus produtos para esses governos e usam sua experiência para orientar ações no controle e no domínio da tecnologia.

As empresas que mais se aproximam do modelo nacionalista – ou de "campeãs nacionais" – estão na China, onde há muito enfrentam pressão para promover metas e objetivos do governo em Pequim. Huawei e SMIC, por exemplo, são os principais campeões nacionais em 5G e semicondutores. Mesmo empresas americanas – historicamente internacionalistas – também têm se aproximado do governo dos Estados Unidos. A Amazon e a Microsoft, por exemplo, estão competindo para fornecer infraestrutura de computação em nuvem ao governo americano e a outros governos mundo afora, além de ajudar nas medidas de combate a ataques cibernéticos. Não raro, engenheiros, técnicos, analistas e especialistas transitam entre o mercado privado e funções governamentais.

Há, ainda de acordo com Bremmer, um terceiro campo: os "tecnoutópicos". Algumas das *big techs* mais poderosas do mundo são lideradas por CEOs visionários que veem a tecnologia não apenas como uma oportunidade de negócios, mas também como uma força potencialmente revolucionária nas relações sociais. Em contraste com os outros dois grupos, este se concentra mais nas personalidades e ambições dos CEOs do que nas operações das próprias empresas.

Mark Zuckerberg, CEO da Meta (antigo Facebook), é um exemplo de "tecnoutópico": com a criação do MetaVerso, ele tem buscado ampliar a junção dos espaços físico e digital, criando uma "realidade virtual" em que pessoas podem interagir usando avatares. Até o momento, seus esforços não renderam frutos. O MetaVerso tem sido um nicho pouco explorado – e onde o efeito de rede ainda é limitado. Essa realidade virtual é um espaço alternativo que tem ganhado adeptos entre jogadores de videogames, mas que ainda representa uma gota no balde em comparação com o universo de usuários de ferramentas virtuais. Outras plataformas da Meta, como o Facebook, o Instagram e o WhatsApp, ainda parecem mais relevantes como ferramentas úteis à interação social.

O exemplo mais reconhecível, e já comentado, dos tecnoutópicos é Elon Musk, CEO da Tesla e da SpaceX – e, agora, da rede "X", ex-"Twitter". Como chefe da Tesla, a montadora de veículos mais valiosa do mundo, e da SpaceX, uma das maiores fabricantes de sistemas aeroespaciais, Musk tem a imagem de um Tony Stark, dos filmes *Homem de Ferro* e *Vingadores*: um gênio vaidoso, fabulosamente rico e frequentemente irritante, com complexo de salvador. Musk quer colocar sua fortuna a serviço de causas que considera importantes: quer ajudar a estabilizar o clima do planeta (daí seu foco em carros elétricos), estabelecer um posto avançado de civilização em Marte (daí os foguetes) e garantir que o Twitter/X seja um espaço de pleno exercício da liberdade de expressão.

Dado o desejo de Musk de mudar o futuro, não surpreende vê-lo usando os poderes – e o dinheiro – que acumulou para intervir também no presente. A SpaceX, por exemplo, lançou o Starlink, uma constelação de satélites que fornecem acesso à Internet e conectividade para usuários isolados. Musk, sozinho, controla uma rede de satélites maior que a da grande maioria dos países. O exército ucraniano, por exemplo, usou terminais Starlink no início do conflito com a Rússia para operar seus drones. Em 2023, após bombardeio na Crimeia, Musk admitiu que deu ordem para que essa conexão fosse temporariamente suspensa sob aquele território, com receio de que ataques ucranianos de drones pudessem agravar a disputa militar entre Moscou e Kiev[385].

Em outubro de 2022, Musk chegou a sugerir um plano de paz que entregaria a Crimeia à Rússia e possivelmente outros territórios ocupados[386]. O plano de Musk foi desacreditado pelo presidente da Ucrânia, Volodymyr Zelensky, porém serviu de alerta sobre a influência que apenas um homem estava adquirindo. Analistas e políticos passaram a questionar: deveria o sistema de comunicação da Ucrânia estar à mercê dos terminais Starlink, que poderiam ser desligados apenas pela vontade de um indivíduo?

**

A ordem global *digital* será definida por processos de centralização e descentralização – outra analogia para forças de coesão e de dissonância. Na luta por espaços de influência, os internacionalistas poderão buscar se estabelecer como centros de inovação digital, incentivando governos a evitar fraturas drásticas nos mercados, nas cadeias de produção, na integração econômica – e estimulando a interdependência, da qual dependem. Os nacionalistas, por sua vez, podem enxergar a si mesmos como indispensáveis, buscando maiores subsídios governamentais e tratamento preferencial em relação a seus rivais. Enquanto isso, os tecnoutópicos poderão usar suas empresas e projetos pessoais para explorar novas fronteiras no espaço digital.

Em um discurso para alunos de Harvard em 2017, Mark Zuckerberg afirmou que "a luta do nosso tempo" é entre "as forças da liberdade, da abertura e da comunidade global contra as forças do autoritarismo, do isolacionismo e do nacionalismo"[387]. Ele pareceu esquecer como o Facebook contribuiu para o fortalecimento das forças de dissonância. Redes sociais digitais, na tentativa de criar uma comunidade global, aberta e livre, acabaram também por facilitar o surgimento de bolhas, de grupos isolados, que alimentavam suas teorias conspiratórias, reanimando sentimentos nacionalistas e isolacionistas.

O avanço do mundo digital não significa que as sociedades caminham para um futuro de abertura irrestrita e do fim das fronteiras e hierarquias. Essas previsões demonstraram-se erradas em 1990. Tecnologias de comunicação e de redes, afinal, são instrumentos que servem a determinados propósitos. Elas não levam necessariamente à harmonia. Elas não levam necessariamente à desordem. Elas servem a fins, em essência, humanos: fins utilitários, políticos, sociais, psicológicos – para melhor produzir algum produto, para ampliar o alcance de uma mensagem, para traduzir um pensamento, para facilitar a comunicação, para a transposição de barreiras físicas, para alavancar *status* e poder. Os propósitos são inúmeros. E as tecnologias, que tanto serviram como forças de coesão, podem ampliar as forças de dissonância se colocadas a serviço delas.

Do mundo fraturado, o que surge?

As forças de coesão que moldaram o mundo contemporâneo – a evolução das ideias clássicas do Iluminismo, as instituições internacionais, a globalização econômica e o desenvolvimento de tecnologias de comunicação e de redes – trouxeram com elas forças de dissonância que têm fragmentado a ordem internacional em que vivemos. Diante disso, cabe perguntar: do mundo fragmentado em que nos encontramos, o que surge?

As consequências de um mundo fraturado

As imagens de afegãos desesperados, agarrando-se às rodas de um avião da força aérea dos Estados Unidos no aeroporto de Cabul, em agosto de 2021, foram simbólicas: alimentaram a perspectiva de que as forças que sustentam a ordem liberal estavam em retirada, deixando um rastro de destruição e barbárie ao longo do caminho. Aquelas imagens foram um golpe para a sustentação da imaginação liberal – da crença de que as forças de coesão que construíram o mundo contemporâneo mantinham seu ímpeto, seu vigor e sua resiliência.

Depois de duas décadas de conflito no Oriente Médio, os esforços do governo americano para expandir o alcance das democracias de mercado para alguns estados daquela região, para combater o terrorismo e para prover maior estabilidade política pareciam culminar em um estrondoso fracasso. O Talibã parecia surgir mais forte do que antes, apesar de se apresentar com um manto de moderação. Os Estados Unidos, por sua vez, aparentavam estar mais fracos.

Confrontado com o caos da retirada das tropas americanas, o presidente Joe Biden fez um pronunciamento. Disse que a ameaça terrorista no mundo "sofreu metástase" e que os Estados Unidos precisavam direcionar sua atenção para os "desafios do presente e do futuro", principalmente para a competição geopolítica com Pequim e com Moscou[388]. Biden afirmou também que os Estados Unidos precisavam se empenhar em combater os efeitos da pandemia de covid-19, estabelecer normas para o uso do espaço digital e enfrentar as "ameaças existenciais" advindas da mudança do clima. O discurso foi uma justificativa para a retirada das tropas e um alerta sobre o futuro. O terrorismo não havia deixado de ser uma preocupação para seu governo, mas os custos da guerra do Afeganistão, que já durava mais de duas décadas, precisavam ser redirecionados. As prioridades haviam mudado.

A volta do Talibã ao Afeganistão poderia ser entendida como um dos símbolos da "grande recessão" das forças que sustentam a ordem liberal. A afirmação é do ex-secretário de Estado dos Assuntos Europeus de Portugal e consultor político Bruno Maçães, em artigo na revista britânica *New Statesman*, de março de 2022. A recessão a que ele se referia não era econômica: era uma recessão de poder. Segundo Maçães, "o poder americano está recuando em todos os lugares, deixando para trás vácuos que outros se esforçam para preencher"[389]. Haveria outros exemplos: na guerra da Rússia contra a Ucrânia; nos ataques do Hamas contra Israel; no abandono das políticas de reunificação pela Coreia do Norte; e na desenvoltura com que a China atuaria para ampliar sua influência e sua posição estratégica no Pacífico.

Maçães foi enfático: ele afirmou que a guerra da Rússia contra a Ucrânia não poderia ter acontecido uma ou duas décadas atrás. O poder americano parecia imenso na época – tão imenso que quase nunca precisava ser exercido, confiando no prestígio e na intimidação. Segundo ele, "em 2008, a mera possibilidade, insinuada, mas deixada ambígua, de que Washington tentasse impedir a invasão russa da Geórgia foi, de fato, suficiente para fazer Vladimir Putin recuar suas forças da capital georgiana, Tbilisi".

Desde então, de acordo com o analista, inúmeros eventos asseguraram que o apetite de Washington para novas intervenções militares se retraísse de forma significativa. Esses eventos teriam dado a certeza a Vladimir Putin de que Washington não reagiria no caso de uma incursão militar russa na Ucrânia. O autor português, ao final, indagou: "Como construir uma política externa ousada e assertiva a partir de fragmentos de ideias e de visões, muitas das quais deixaram de ser inteligíveis?"[390].

A análise de Maçães foi, contudo, apressada: embora divididos internamente, os Estados Unidos e a União Europeia têm demonstrado certa disposição para agir diante do conflito militar na Ucrânia, no Oriente Médio e no enfrentamento geopolítico com Pequim. Mas a preocupação do consultor político português com o declínio do poder americano não é em vão. Manter uma ordem, afinal, não é uma tarefa simples. No sistema internacional anárquico, quem arca com os custos de manutenção dessa ordem? Quem paga a conta? Quem monitora o cumprimento dos acordos? Quem está encarregado de fazer cumprir as regras? Quem pune as transgressões? A resposta tampouco é simples – e é objeto de extensos debates entre analistas de relações internacionais.

***

Uma das perspectivas sobre a manutenção de uma ordem é a *teoria da estabilidade hegemônica*. De modo simplificado, essa teoria afirma que a existência de uma grande potência no sistema internacional (também descrita como *hegemon*) levará à criação e manutenção de uma ordem estável – que não só beneficia a potência hegemônica, mas todos os estados que dela participam. Uma ordem internacional, afinal, é um bem público. A teoria da estabilidade hegemônica é baseada na percepção de que distribuições hegemônicas de poder levam a uma ordem estável porque é do interesse de um *hegemon* fornecer os bens públicos que são necessários para manter a ordem – e, consequentemente, a sua posição dentro dela[391].

Essa linha de argumento sugere que a ordem internacional (como a ordem liberal contemporânea) e a estabilidade fornecida por um *hegemon* (como os Estados Unidos) andam lado a lado. Logo, quando o poder de uma "potência hegemônica" diminui, sua habilidade de manter a ordem funcionando também diminuiria. Quando o *hegemon* atenua seu comprometimento com a manutenção da ordem, ele imporia sérios riscos à sobrevivência dessa ordem.

De acordo com essa formulação teórica, a "estabilidade hegemônica" seria reflexo de uma distribuição desigual de poder no momento de criação de uma ordem. Funcionaria assim: quando regimes e instituições são criados depois de uma guerra sistêmica, há alto grau de congruência entre a distribuição de poder naquele momento e a configuração dos arranjos institucionais que dão sustento à ordem[392]. Estados poderosos, portanto, criariam instituições que garantissem posições privilegiadas dentro delas.

A teoria da estabilidade hegemônica pressupõe que incentivos sistêmicos disciplinarão a atuação de um *hegemon* na manutenção da ordem. Se "potências hegemônicas" constroem uma ordem moldada à sua imagem e semelhança, ocupando nela uma posição de poder relevante, presume-se que os "lucros" ou "dividendos" advindos dessa posição seriam suficientes para incentivar o engajamento permanente de um *hegemon* na sustentação da ordem. Os países que mais se beneficiam de um determinado arranjo institucional teriam incentivos para manter esse arranjo funcionando[393].

Essa teoria, porém, tem diversas falhas. A principal delas está em sua própria formulação: atrelar a manutenção da ordem ao engajamento de uma potência hegemônica. Uma ordem, para sobreviver, não depende apenas da boa vontade de um *hegemon*. Como já discutido, os Estados Unidos não exercem um tipo de monopólio do poder no sistema internacional contemporâneo. A influência do governo norte--americano é vasta, sendo ele capaz de absorver grande parte dos custos de manutenção da ordem liberal. Mas uma ordem que se pretende liberal e multilateral deve rejeitar a ideia de hegemonia, compartilhando com outros estados os custos para a sua sustentação e distribuindo os benefícios da participação. A busca por hegemonia é um fator que pode levar a crises de legitimidade, ao concentrar poder e responsabilidades em poucas mãos.

Nenhuma ordem torna-se verdadeiramente global sem a colaboração de diversos atores, nacionais e internacionais. Nenhum regime internacional se mantém vivo sem que outros estados partilhem os custos de sua manutenção. A sustentação de uma ordem não se mede pela força de um *hegemon*, mas pela *legitimidade compartilhada* pelos demais países que dela participam. A ordem pode sobreviver por meio dessa colaboração, inclusive em momentos nos quais o governo do suposto *hegemon* decide agir de forma contrária aos princípios, às normas e às instituições que fundamentam tal ordem.

Outra falha da teoria é deixar de lado a possibilidade de que atores domésticos restrinjam o engajamento de alguns países na sustentação da ordem. É improvável que os custos na manutenção permaneçam perpetuamente isentos de contestação política doméstica. Um exemplo são os debates dentro dos Estados Unidos sobre quanto o governo americano paga anualmente para manter o sistema de defesa da Otan funcionando.

Estados, afinal, não são atores unitários. A manutenção de uma ordem depende do engajamento de atores domésticos e de um certo consenso interno de que esse engajamento é necessário. Partidos políticos e seus líderes podem propor o *desengajamento* a fim de obter ganhos eleitorais. Manter uma ordem implica arcar com certos custos: financeiros, militares, comerciais, políticos. Em momentos de crise, demandas domésticas podem levar a um retraimento.

A resiliência de uma ordem internacional pode ser encontrada, entre outros fatores, na possibilidade de divisão dos custos de sua manutenção. Convém lembrar um argumento já defendido neste livro: um dos principais benefícios da ordem liberal contemporânea é sua capacidade de acomodar potências em ascensão. Estados colaboradores, portanto, têm meios de ganhar *status* e autoridade, além de obter oportunidades para galgar posições de poder dentro da ordem – ainda que em ritmo não ideal. A ordem liberal contemporânea é, nesse sentido, menos imperial do que outras ordens do passado, dependendo menos do engajamento político de uma suposta potência hegemônica para se manter viva e pujante.

Essa mobilidade dentro da ordem liberal, todavia, não tem sido ampla o suficiente. Há diversos espaços na ordem contemporânea nos quais ainda impera um congelamento inquietante das posições de poder, como no Conselho de Segurança das Nações Unidas. Esse congelamento de poder pode levar a questionamentos sobre a legitimidade dos arranjos institucionais.

A distribuição de poder e a configuração institucional não mudam no mesmo ritmo. Ao passo que a distribuição de poder é dinâmica, transformando-se constantemente, as instituições internacionais são desenhadas para ser mais duradouras, com espaços mais restritos para reformas. Pouco a pouco, incongruências podem surgir. Se essas incongruências se tornarem muito acentuadas, é provável que haja uma demanda crescente por mudanças nos arranjos institucionais. Potências em ascensão podem passar a questionar se um determinado arranjo é realmente útil, já que não reflete a nova distribuição de poder. Forma-se, então, uma crise de legitimidade.

Ordens tornam-se difíceis de manter quando tal crise de legitimidade se alastra, resultando em baixa colaboração, e quando estados poderosos decidem atuar como revisionistas. Nesse caso, revisões (na forma de rupturas) não devem ser confundidas com reformas. Estados colaboradores, afinal, podem ser reformistas, sem querer promover uma completa demolição da ordem vigente.

***

O futuro da ordem liberal contemporânea depende de respostas – ainda incertas – a algumas perguntas: qual será o nível de engajamento dos Estados Unidos e da Europa, mais divididos em suas políticas domésticas, na sustentação dessa ordem? Qual é a responsabilidade que países em desenvolvimento – na Ásia, na África e na América Latina – terão na manutenção da ordem? Que espaços esses países poderão ocupar dentro dos regimes e das instituições vigentes? Qual é a amplitude de reforma necessária para ampliar a participação desses países e evitar uma crise de legitimidade? Qual é o papel que regimes políticos não liberais terão em uma ordem liberal? O que buscariam China e Rússia em um momento de maior fragilidade da ordem liberal? Em que medida o Partido Comunista Chinês enxerga a ordem vigente compatível com seus objetivos políticos?

Cabe também questionar: será que o mundo fraturado de hoje se assemelha à Europa pós-Congresso de Viena – em que múltiplas fraturas se acumularam, culminando na Primeira Guerra Mundial? Hoje, estariam os países, cada vez mais, voltando-se para seus interesses mesquinhos e para cálculos egoístas sobre suas "posições estratégicas", esquecendo-se da necessidade de ceder, de abdicar, de renunciar em nome de um objetivo comum? A "recessão" da ordem liberal poderia levar a uma crise de legitimidade e ao rompimento do equilíbrio de poder que a sustenta? Os arranjos de cooperação em segurança internacional – especialmente o "concerto" articulado no Conselho de Segurança das Nações Unidas – seriam suficientes para deter um conflito entre estados nuclearmente armados?

De acordo com o historiador Niall Ferguson, o começo da década de 2020 tem sido marcado por três tabuleiros geopolíticos com o potencial de envolver países nuclearmente armados em um conflito: no Oriente Médio, opondo o Irã e seus *proxis* (Hamas, Hezbollah e Houthis) a aliados ocidentais na região (Israel, Paquistão, Arábia Saudita); no leste da Europa, opondo Rússia e Ucrânia; e no Pacífico, opondo China e Taiwan, bem como Coreia do Norte contra Coreia do Sul e Japão. Cada um desses centros de conflito não opera de maneira autônoma, mas pode ser lido como um desafio coordenado contra o equilíbrio de forças que davam sustentação à ordem liberal. Tais núcleos de disputas eram, cada um à sua maneira, expressão de uma fratura geopolítica mais ampla, que colocava em forte oposição dois blocos: de um lado, os Estados Unidos, os demais países da "anglosfera", a Europa Ocidental, Israel, a Coreia do Sul e o Japão; e, do outro, a China, a Rússia, o Irã e a Coreia do Norte[394].

Em maio de 2022, o jornal britânico *Financial Times* realizou uma conferência na capital dos Estados Unidos. Henry Kissinger, pouco antes de falecer, aos 100 anos, foi uma das estrelas do evento. O velho estrategista disse que "estamos vivendo em uma nova era"[395]. Considerando que a vida de Kissinger cobriu 40% da vida dos Estados Unidos como país independente, essa declaração teve peso. Edward Luce, editor do jornal, todavia, escreveu que não foi o diplomata centenário que proferiu as mais importantes declarações. De acordo com o editor, foi William Burns, chefe da CIA do governo de Joe Biden, quem mais chamou sua atenção. Burns observou que os Estados Unidos enxergavam a China, e não a Rússia, como seu principal rival estratégico – descrevendo a atual disputa geopolítica como uma "Guerra Fria 2.0"[396].

O contexto de "Guerra Fria 2.0" contaria com duas grandes diferenças em relação à "Guerra Fria 1.0": a primeira é que, na disputa anterior, a União Soviética era o principal adversário; já a China era vista como um "parceiro júnior" dos soviéticos, que poderia ser afastado da órbita de Moscou. Agora, na Guerra Fria 2.0, a China é o principal rival estratégico; já a Rússia é o "parceiro júnior", que se encontra preso ao centro de gravidade representado por Pequim[397].

Outra diferença importante é que a "Guerra Fria 2.0" não representaria apenas uma disputa entre dois modelos de organização social. Hoje, as forças de mercado triunfariam na economia global. O embate atual ocorreria entre modelos distintos de *organização política*: democracias de mercado contra autocracias de mercado dirigido. Kissinger, porém, criticou essa linha divisória. De acordo com o velho estrategista, as "diferenças de ideologia" não deveriam ser o principal foco do confronto geopolítico, "a menos que estejamos preparados para fazer da mudança de regime o principal objetivo de nossa política externa"[398].

***

Não são poucos os analistas e os políticos que usam a divisão entre democracias e autocracias para descrever as disputas geopolíticas contemporâneas. Seis dias após a invasão da Ucrânia pela Rússia, o presidente dos Estados Unidos, Joe Biden, incluiu "a batalha entre a democracia e a autocracia" como o tema de abertura do seu primeiro discurso para a União, em março de 2022[399].

Embora didática, tal divisão tampouco é suficiente para aprofundar a compreensão do cenário global. A ideia de que o mundo vive nova Guerra Fria, polarizando dois modelos de organização política, não captura com precisão as nuances do cenário internacional. Em primeiro lugar, convém lembrar que a "batalha entre democracia e autocracia" citada por Biden frequentemente não se limita a uma disputa entre países, manifestando-se também dentro de diversas sociedades, incluindo os Estados Unidos. Em segundo lugar, tal demarcação de fronteiras políticas não abarca adequadamente as alianças que se formam no mundo fraturado. O mundo de hoje não se divide em dois pedaços. Está mais perto de um mosaico.

Na tentativa de evitar os entraves decorrentes das fraturas geopolíticas, diversas nações em desenvolvimento têm procurado preservar flexibilidade na formação de parcerias e alianças, reduzindo possíveis prejuízos decorrentes das disputas em curso. Da Índia à

Nigéria, da Argentina à Turquia, da África do Sul à Indonésia, muitos países têm buscado salvaguardar sua autonomia, mantendo suas redes de comércio, evitando alianças dispendiosas, bem como não tomando lado em disputas ou em conflitos. Esses países procuram manter espaços de manobra que permitam gerenciar riscos diante das incertezas geradas por um mundo cada vez mais dividido.

Com o acirramento da disputa entre Washington e Pequim – e entre seus aliados em distintas regiões –, muitos países não querem ser forçados a optar por um lado ou outro, como se estivessem em um jogo de soma zero. Nesse contexto, cresce novamente o espaço para "países não alinhados". Ou: cresceu o espaço para os países *multialinhados*. Cresceu o espaço para a formação de parcerias variadas, que atendem a desenhos distintos, de acordo com o interesse de cada país – um *mundo à la carte*[400]. Nesse cenário maleável, com opções mais flexíveis de alianças, os critérios que definem a proximidade dos países são, sobretudo, interesse nacional, soberania, autonomia e ganhos relativos.

✳✳✳

Com a configuração de novos campos de disputa entre Estados Unidos e China, outros países tiveram que adaptar suas políticas externas a esse novo cenário. Um mundo fraturado, afinal, implica não somente riscos, que necessitam ser gerenciados, mas também um arquipélago de possibilidades para firmar parcerias e alianças. Existe, atualmente, mais espaço para um *empreendedorismo geoestratégico* por parte de governos não alinhados, que reflete a evolução da ordem global para um mosaico de interesses fragmentados. Neste *mundo à la carte*, as estratégias de política externa de diversos países passam pelo distanciamento das disputas entre grandes potências e pela preservação de espaços de autonomia.

Aqui é possível traçar paralelos históricos e analíticos. Desde a Segunda Guerra Mundial, diversos acadêmicos utilizaram o conceito de "autonomia" para explicar o comportamento em política externa de muitos países em desenvolvimento. Esse conceito adquiriu diferentes dimensões e roupagens ao longo do tempo e em circunstâncias distintas. O historiador e diplomata Gelson Fonseca Júnior, por exemplo, afirmou que "a busca por autonomia é um objetivo para qualquer diplomacia", já que "nenhum país se declarará não autônomo". Ele afirma, ainda, que "as expressões de autonomia variam histórica e espacialmente, variam segundo interesses e posições de poder"[401].

O conceito de "autonomia" não se confunde com o conceito jurídico de "soberania". Trata-se de um conceito político que diz respeito à "capacidade de um estado de tomar decisões fundamentadas em seus próprios objetivos, sem interferência ou restrições externas, bem como à habilidade de controlar as implicações domésticas de processos ou eventos originados além de suas fronteiras"[402]. A busca por autonomia está relacionada à liberdade decisória e de ação, à construção de alianças com perfis variados e à definição de objetivos e interesses nacionais que não necessariamente condizem com aqueles das grandes potências. A consecução da autonomia depende dos atributos de poder de cada Estado (militar, econômico, político), das condições e constrangimentos que enfrentam, e pode, ainda, variar na extensão e no grau almejados.

No contexto da Segunda Guerra Mundial, por exemplo, a política externa de Getúlio Vargas foi caracterizada pelo historiador brasileiro Gerson Moura como uma *equidistância pragmática*. Essa estratégia visava barganhar benefícios com os Estados Unidos e com a Alemanha nazista no período antecedente ao conflito. De acordo com Moura, "a equidistância pragmática buscava evitar alianças estratégicas rígidas, agindo com pragmatismo e flexibilidade na defesa dos interesses nacionais"[403].

No contexto da Guerra Fria, a Política Externa Independente (PEI) foi uma abordagem adotada pelo presidente brasileiro Jânio Quadros durante seu curto mandato, de janeiro a agosto de 1961, e que teve continuidade com seu sucessor, João Goulart, até o golpe militar de 1964. Essa formulação conceitual enxergava a política externa como "um instrumento da política de desenvolvimento do Brasil" e priorizava a persecução dos "interesses do país sem preconceitos ideológicos"[404]. A PEI prescrevia uma abordagem "não alinhada" na política internacional, evitando alianças rígidas com um dos blocos em disputa. Indicava que o Brasil deveria manter uma posição independente e flexível, buscando interesses nacionais acima de alianças ideológicas.

Esses conceitos pareciam ultrapassados no período pós-Guerra Fria. Na época de ouro das democracias de mercado, a busca pela autonomia se configurava, sobretudo, por meio da *participação* em processos decisórios internacionais e na integração econômica por meio da globalização[405]. Hoje, esses conceitos estão novamente em voga em um mundo fraturado. Para diversos países em desenvolvimento, as fraturas atualmente existentes são impedimentos para atingir objetivos nacionais relacionados ao desenvolvimento social e econômico: combater a mudança do clima, superar a fome e a pobreza, atrair investimentos, ampliar as redes de comércio, garantir a segurança energética, desenvolver a indústria local, assegurar assistência social e proteger-se contra choques externos.

Preservar espaços de autonomia em política externa é também uma forma de contratar um "seguro" contra a imprevisibilidade de um mundo mais dividido. Matias Spektor, professor de relações internacionais, descreveu esse movimento a partir de um termo bastante utilizado no mercado financeiro: *hedging*[406]. No mundo das finanças, "hedge" é uma abordagem que visa reduzir ou gerenciar o risco associado a movimentos adversos nos preços de ativos, nas taxas de câmbio, nas taxas de juros ou em outras variáveis financeiras. *Hedging*, na política externa, envolveria a busca por um equilíbrio estratégico entre diferentes opções e alianças, a fim de mitigar riscos e incertezas diante da intensificação das disputas geopolíticas.

Spektor cita a Índia como um exemplo de aplicação dessa nova busca por um equilíbrio estratégico. Durante a Guerra Fria, Jawaharlal Nehru, primeiro-ministro indiano de 1947 a 1964, afirmou – em uma espécie de formulação de sua própria "política externa independente" – que "não somos pró-Rússia, nem somos pró-americanos. Somos pró-Índia". Nehru foi assertivo ao afirmar que "estou do meu lado e de mais ninguém"[407]. O atual primeiro-ministro indiano, Narendra Modi, que assumiu o poder em 2014, seguiu essa linha. Nos últimos anos, Modi estabeleceu fortes laços diplomáticos e comerciais com a Rússia e com os Estados Unidos.

Com a invasão da Ucrânia em 2022 e com as sanções impostas por europeus e americanos a Moscou, Nova Déli viu uma oportunidade: a Rússia se tornou uma importante fonte de energia barata para a Índia, que passou a importar petróleo do gigante euroasiático com grandes descontos[408]. Mas, ao fortalecer os laços comerciais com Moscou, o governo indiano não optou necessariamente por cortar vínculos com Washington ou com seus aliados europeus. Os Estados Unidos são o maior destino de exportação e o maior parceiro comercial da Índia. O comércio bilateral de bens entre os dois países ultrapassou os US$ 131 bilhões em 2022. Há também intensa parceria nos setores de defesa e de tecnologia. Há, igualmente, uma aproximação demográfica, com diversos imigrantes indianos ganhando posições de destaque na sociedade americana.

Em junho de 2023, Modi foi recebido pelo presidente Joe Biden com pompa, em uma visita de Estado destinada a reafirmar a "parceria estratégica" entre Nova Déli e Washington. A Índia, afinal, compartilha com os Estados Unidos algumas preocupações de segurança, especialmente em relação à China, com a qual tem intensas disputas na fronteira no Himalaia, além de buscar conter o avanço do poder geopolítico de Pequim no Indo-Pacífico.

Outro exemplo de busca por autonomia no atual mundo fraturado é a Turquia. Com o conflito entre Rússia e Ucrânia, o presidente Recep Tayyip Erdogan expressou publicamente apoio à integridade territorial ucraniana e enviou ajuda humanitária a Kiev. A Turquia, afinal, é parte da Otan e tem sua estratégia de defesa vinculada aos Estados Unidos e à Europa Ocidental. Apesar disso, Erdogan não deixou de buscar aprimorar laços de segurança com Moscou – que exerce influência em áreas de interesse vital para Ancara, como o Cáucaso, Nagorno-Karabakh e a Síria. Ancara colaborou com Moscou em projetos energéticos, como o gasoduto *Turkish Stream*, que transporta gás natural russo ao país e à Europa. A Turquia tem ainda desempenhado um papel ativo na mediação de conflitos regionais em que a Rússia e os Estados Unidos estão envolvidos, como na Síria.

Outros países em desenvolvimento se recusaram a tomar partido na guerra na Ucrânia pelo simples desejo de evitar serem arrastados a uma briga onerosa. Países como Egito e México, por exemplo, abstiveram-se em votações da Assembleia Geral das Nações Unidas, em abril de 2022, para suspender a Rússia do Conselho de Direitos Humanos[409]. Outro exemplo de "não alinhamento" ocorreu quando, em dezembro de 2023, o governo da África do Sul apresentou uma denúncia contra Israel na Corte Internacional de Justiça por violações da Convenção sobre Genocídio nas operações militares na Faixa de Gaza[410]. Seis países da América Latina, bem como um grupo de 57 membros da Organização de Cooperação Islâmica e da Liga Árabe, composta por 22 estados, anunciaram apoio à iniciativa sul-africana.

A busca de espaços de autonomia também pode ser motivada por objetivos de política doméstica, especialmente de uma política econômica voltada a impulsionar o mercado interno, a industrialização, a proteção a setores estratégicos, como energia e fabricação de aço. Na Indonésia, sob a liderança do presidente Joko Widodo, por exemplo, houve esforços para atrair investimentos tanto da China quanto dos Estados Unidos, bem como da Rússia e de outros países ocidentais, a fim de reverter duas décadas de desindustrialização. Uma vez que tomar partido no conflito da Ucrânia poderia comprometer esses planos, o governo de Widodo buscou manter-se politicamente distante dessa disputa[411].

A busca por espaços de autonomia e por um equilíbrio estratégico, porém, pode chocar-se com considerações de natureza moral. Esse dilema era evidente na Segunda Guerra Mundial: seria possível manter uma equidistância pragmática entre os Aliados e as potências do Eixo sem sacrificar princípios caros à manutenção da ordem internacional? Naquele contexto, caberia cortejar uma aproximação com defensores de projetos totalitários, como eram os nazistas e os fascistas, em detrimento de uma aproximação com os governos que defendiam a manutenção de princípios caros à manutenção da ordem, como democracia e liberdades individuais?

O dilema entre pragmatismo e idealismo nas relações internacionais não é novo. Uma perspectiva realista – que também pode ser chamada de pragmática pelos seus patronos – vai enfatizar a defesa do interesse nacional, que não deve estar limitado a questões de natureza moral ou ética na construção de parcerias externas. A defesa de uma responsabilidade moral na formação de alianças também pode soar hipócrita, especialmente quando vêm de democracias de mercado ocidentais.

Os apelos do Ocidente para que novas potências em ascensão se tornem moralmente responsáveis na construção de suas alianças parecem ignorar sua própria história e suas próprias estratégias políticas. Cabe lembrar, por exemplo, que o grupo de países aliados que combateram as potências do Eixo na Segunda Guerra envolveu uma aliança com a União Soviética sob o manto ditatorial de Stálin. No contexto da Guerra Fria, não foram poucas as parcerias e alianças costuradas entre democracias de mercado, em especial os Estados Unidos, com regimes ditatoriais que suprimiam liberdades e matavam opositores para supostamente combater comunistas.

Recentemente, potências ocidentais levaram a cabo intervenções militares violentas e injustas – em desacordo com as regras internacionais vigentes. Até hoje, diversas democracias de mercado deixam de lado o respeito a outros princípios: tratam migrantes de maneira inadequada, evitam o cumprimento de obrigações para proteção ambiental, desrespeitam normas comerciais. Não surpreende, portanto, que muitos percebam a retórica de alguns governos ocidentais – que se dizem defensores de uma "ordem baseada em regras" – como recheada de fingimento e meias-verdades.

É sabido que a política externa não atende à consideração rigorosa de valores éticos e morais. Interesses políticos e econômicos, muitas vezes, falam mais alto. Essa constatação, todavia, não requer eliminar das estratégias de governos a defesa de determinados princípios caros à manutenção da ordem internacional. Governos autocráticos, por sua vez, estão relativamente imunes a essas considerações de natureza moral, pois evitam formular seus objetivos de política externa por meio de valores universais.

Diversos países em desenvolvimento reconheceram e condenaram a agressão russa à Ucrânia, apesar de não terem aderido à imposição de sanções unilaterais contra Moscou ou de não terem cortado laços comerciais e financeiros com a Rússia. Embora muitos países busquem pragmatismo na defesa dos interesses nacionais, esses interesses podem incluir a defesa da democracia, de considerações humanitárias, de direitos humanos, de justiça social e de responsabilidade global.

Embora as fraturas na ordem internacional tenham possibilitado um empreendedorismo geoestratégico a diversos países, a busca por espaços de autonomia pode tornar-se mais difícil de ser implementada, na medida em que as grandes potências passem a criar hierarquias mais rigorosas à sua volta. Há exemplos históricos: o movimento dos não alinhados durante a Guerra Fria não logrou contornar completamente a competição geopolítica entre os Estados Unidos e a União Soviética. As grandes potências impuseram elevados custos a quem mantinha alianças estreitas com os adversários. As disputas geopolíticas atuais, caso continuem mais intensas, podem limitar, em vez de ampliar, os espaços de manobra.

***

Que conclusões é possível extrair deste novo mundo fraturado? A ordem liberal contemporânea tem sido caracterizada por maior competição geopolítica; por maior grau de convergência entre segurança e economia nas relações internacionais; por maior foco em ganhos econômicos relativos; por disputas tecnológicas; e pela emergência de um "capitalismo estratégico". Devido à lógica de competição, prezam-se os instrumentos que possam ampliar o controle do Estado na economia, a autossuficiência, a resiliência e a autonomia.

O mundo fraturado de hoje surgiu como consequência da corrosão lenta causada pelas forças de dissonância. Essas forças, por sua vez, emergiram em contraposição às forças de coesão (ideias clássicas do Iluminismo, instituições internacionais, globalização e tecnologias de rede). As forças de dissonância fomentaram o surgimento do mundo fraturado de diversas maneiras:

1. No Ocidente, cresceu a compreensão de que os princípios liberais clássicos não seriam mais capazes de atender às aspirações populares por igualdade, desenvolvimento, eliminação da discriminação, afirmação de identidades, preservação de laços comunitários e harmonia social. Essa contestação teria significado o prelúdio de uma nova era, na qual alguns enxergam a oportunidade de se libertar de estruturas opressivas vigentes, enquanto outros buscam restaurar as tradições de um período idílico menosprezado pela modernidade – resgatando temas como identidade nacional, vida comunitária, coesão étnica. Essas fraturas resultaram em um ambiente de contestação política, marcado por um sentimento de descontentamento em relação ao *status quo*, e em uma batalha de identidades. Fora do Ocidente, há uma percepção de que as ideias liberais clássicas são representações de uma ideologia egoísta, decadente e instável.

2. Em um mundo fraturado por divisões políticas domésticas, manter o engajamento de diversos países na sustentação da ordem tornou-se um desafio, em função do crescimento do nacionalismo e das cisões entre identidades coletivas. Deixou-se de falar em uma ordem mais harmônica, de ganhos mútuos, de aumento da interdependência, de ampliação do diálogo multilateral. A lógica dos interesses nacionais,

da competição estratégica, da disputa por espaços de influência voltou à tona. Nesse contexto, os regimes e as instituições internacionais têm sido alvo de ataques políticos, como se fossem, eles próprios, agentes ou pacientes nessas disputas – prejudicando a sua concepção como espaços neutros para a construção de soluções negociadas e de consensos.

3. A globalização foi um fenômeno que ampliou cadeias produtivas, integrou economias e possibilitou períodos de rápido crescimento econômico. Mas ela veio acompanhada de custos distributivos. Em anos recentes, o ritmo de integração comercial diminuiu. As disputas geopolíticas passaram a envolver o sistema econômico e financeiro, fragmentando cadeias de produção, justificando o aumento do protecionismo, amparando medidas em prol da autarquia e do fechamento ao comércio. Muitas decisões de investimentos deixaram de respeitar uma lógica racional de melhor alocação dos recursos, passando a observar recortes políticos nacionais e internacionais.

4. As tecnologias de comunicação e de redes, como a Internet, transformaram o modo como o mundo se comunica e se relaciona, desafiando noções antigas de hierarquia e ampliando o acesso à informação. Essas tecnologias foram celebradas como ferramentas indispensáveis à globalização e à vida moderna em sociedade. Ao mesmo tempo, elas possibilitaram a formação de bolhas, de grupos segregados e autorreferenciados, aumentando as divisões políticas mundo afora. Com a relevância cada vez maior do espaço digital, os governos e as *big techs* passaram a competir por poder e influência – mas não necessariamente competindo entre si, formando alianças e compartilhando interesses estratégicos.

É, enfim, na interação entre forças de coesão e forças de dissonância que podemos explicar as dinâmicas que moldam o mundo fraturado em que vivemos.

Conclusão

Ordem e anarquia na sociedade internacional

Nos versos finais do poema "Os Homens Ocos", do americano T. S. Eliot, o fim do mundo é descrito "não como uma explosão, mas como um suspiro" ("*This is the way the world ends / Not with a bang but a whimper*")[412]. O poema parece fazer sentido para a ordem liberal do pós-Guerra Fria: o mundo integrado que parecia emergir no fim do século XX cedeu lugar a um mundo fraturado. Esse mundo fraturado caminharia silenciosamente para o precipício, suspirando suas desavenças, até que uma explosão – na forma de um conflito global – anunciasse o seu fim.

Não há, porém, caminhos previsíveis. O abismo não é um destino inescapável. Antes de buscar prever o futuro, o que se pode fazer é olhar para o passado e analisar tendências. Essa análise do passado deixa evidente que o enorme sucesso das forças de coesão – ideias clássicas do Iluminismo, instituições internacionais, globalização e tecnologias de comunicação e de rede – tem sido desafiado por poderosas forças de dissonância, que têm conduzido a um mundo menos coeso, mais fraturado, mais fragmentado.

Uma ordem, porém, não morre da noite para o dia. É preciso um esforço contínuo – e a atuação incisiva de atores poderosos – para enterrá-la, passando necessariamente por momentos de ruptura, de caos, anarquia, confusão, desordem. As forças de dissonância podem ser poderosas, mas elas não conduzem sozinhas o destino do mundo. Elas podem ser contrabalanceadas pelo poder das forças de coesão: pelo seu vigor, pela sua ampla aceitação, pela sua legitimidade. As forças de coesão ainda são percebidas como úteis, apropriadas, capazes de trazer benefícios compartilhados.

A história, afinal, não é um processo linear, no qual se observam melhorias lentas e constantes a cada ano. Pelo contrário, é um processo marcado por grandes descontinuidades, com períodos de paz e de estabilidade, interrompidos por guerras, conflitos e retrocessos. A ausência de linearidade no progresso histórico, todavia, não significa que inexiste progresso. Aos trancos e barrancos, é possível identificar avanços paulatinos em prol de formas de convívio social que ampliam as realizações humanas, em especial as aspirações por desenvolvimento, liberdade, justiça, paz e segurança.

O século XXI não assiste às maiores ameaças já vistas à ordem liberal. Essa ordem – e os valores nos quais ela se assenta – não foi desafiada pela primeira vez nos últimos anos. O início do século XX, por exemplo, foi palco de projetos totalitários que levaram a conflitos em escala nunca vista. Embora atacados de forma impiedosa, os fundamentos da ordem contemporânea sobreviveram. E sobrevivem ao lidar com suas contradições, suas falhas e seus defeitos – sem deixar de lado a defesa de suas qualidades.

Antes de condenar ou de atestar o fracasso da ordem em que vivemos, é necessário perguntar que mundo queremos: um mundo regido pela supremacia ética do indivíduo ou pelo coletivismo e pelo tribalismo? Um mundo no qual a razão é um instrumento capaz de dar sentido à realidade ou um mundo no qual imperam o relativismo e o niilismo?

Um mundo em que se privilegia o diálogo político em uma sociedade de estados – sob os auspícios de princípios e normas compartilhados – ou um mundo regido por um mosaico de interesses segmentados? Um mundo no qual trocas comerciais podem ser ampliadas e em que as nações e os povos se aproximam pelo intercâmbio econômico e cultural, bem como pelas migrações, ou um mundo fechado em blocos suspeitos uns dos outros? Um mundo integrado pelas redes tecnológicas ou um mundo governado por rígidas hierarquias?

Apesar das evidentes qualidades das forças de coesão, as forças de dissonância revelam preocupações que não podem ser ignoradas. A epistemologia da razão e a ética individual não podem desaguar em um egoísmo mesquinho, aniquilando a preocupação com as identidades coletivas, com as comunidades, com a distribuição de renda, com a marginalização de grupos minoritários, com aquilo que é construído socialmente. Os regimes e as instituições internacionais, por sua vez, não podem atropelar as preocupações soberanas dos estados – e a política, nas suas variadas expressões, precisa estar perto do povo representado. A globalização não pode avançar sem que sejam considerados seus custos distributivos – e não pode ser estranha a situações de pobreza, de desigualdade e de exclusão, assim como não pode ser alheia à destruição do meio ambiente. As tecnologias de comunicação e de redes não devem se transformar em vetores de propagação de desconfiança, de segregação, de mentiras, estimulando a formação de bolhas. Para que as plataformas digitais sejam úteis e seguras, precisam de moderação, de filtros, de regras.

Uma ordem internacional, afinal, é um produto humano. E, como todo produto humano, é imperfeita. A imperfeição é uma consequência inescapável da ação social, pois ela é fruto da interação entre diversos agentes. A construção de uma ordem internacional não é desprovida de falhas – e a simples pretensão de que esse seja o resultado deve ser rechaçada. O reconhecimento da imperfeição intelectual humana convida o agente político a privilegiar uma conduta de humildade e prudência.

No mundo fraturado de hoje, talvez a pergunta que devamos fazer não seja o que feriu fatalmente a ordem liberal – mas, sim, o que podemos aprender com uma longa história de persistência de ideias e valores que a sustenta: uma visão de mundo cosmopolita e humanista, que atribui valor supremo à razão, à ciência, à autonomia individual, à tolerância, à liberdade de pensamento e de expressão, ao estado de direito, à participação política democrática, à superação da segregação e das desigualdades, à busca de oportunidades em mercados abertos e competitivos.

Essas ideias e valores não são parte de uma doutrina fundada em um único texto sagrado. Assemelham-se mais a um conjunto de predisposições, fruto da experiência, de erros e de acertos: uma fé nos indivíduos, em sua autonomia, em sua capacidade de crescimento; um otimismo moderado que espera progresso, mas que recua diante de sonhos utópicos; uma crença no debate aberto e na possibilidade de persuasão; uma insistência no secularismo na política; uma orientação para os direitos e liberdades civis; uma crença na sociedade de estados e na possibilidade de que o diálogo multilateral seja expressão do interesse nacional soberano.

É no reconhecimento de um universo de escolhas pluralistas, no respeito às divergências, na prática da tolerância, na conservação do edifício institucional de uma sociedade (inclusive da sociedade de estados) que se pode encontrar a gramática básica da conversa política. Há indiscutíveis benefícios que a ordem liberal contemporânea tem sido capaz de fornecer, mas a complexidade do sistema anárquico internacional implica que os resultados positivos conviverão concomitantemente com as deficiências. Por isso, uma ordem também precisa estar aberta a reformas.

Aqui, cabe recordar uma ideia de Edmund Burke: reforma-se o que existe e, mais importante, reforma-se *porque algo existe* e *porque algo chegou até nós*. A ordem liberal não deve ser entendida como uma pedra impossível de ser esculpida, mas tampouco como algo que deve ser posto abaixo, transformando-a em ruína. A reforma requer prudência, persistência e, sobretudo, respeito ao que chegou até aqui. Um mundo fraturado requer reparos – e não golpes que o destruam de modo irrecuperável.

Notas

[1] Para mais informações, ver: BULL, Hedley. *A sociedade anárquica*. Editora Universidade de Brasília, 2002.

[2] NYE, Joseph S. The changing nature of world power. *Political Science Quarterly*, 1990, v. 105, p. 177-192.

[3] VIOLA, Eduardo; LEIS, Héctor Ricardo. *Sistema internacional com hegemonia das democracias de mercado: desafios de Brasil e Argentina*. Florianópolis: Insular, 2007.

[4] MERQUIOR, José Guilherme. *O argumento liberal*. É Realizações, 2011, p. 78.

[5] ALBUQUERQUE, Marianna; LIMA, Maria Regina Soares de. *Reordenamento global e crise do multilateralismo*. CEBRI, dezembro de 2020. Disponível em: https://www.cebri.org/br/doc/113/reordenamento-global-e-crise-do-multilateralismo.

[6] FERGUSON, Niall. What "Chimerica" hath wrought. *The American Interest*, 2009.

[7] BRANDS, Hal; GADDIS, John Lewis. The new Cold War. *Foreign Affairs*, novembro de 2021. Disponível em: https://www.foreignaffairs.com/articles/united-states/2021-10-19/new-cold-war.

[8] KISSINGER, Henry. *World Order*. Nova York: Penguin Press, 2014.

[9] SPEKTOR, Matias. *Kissinger e o Brasil*. Zahar, 2009, p. 11.

[10] FERGUSON, Niall. *Kissinger – 1923-1968: the idealist*. Penguin Press, 2015, p. 13.

[11] SPEKTOR, Matias. *Op. cit.*, p. 11.

[12] GRANDIN, Greg. *Kissinger's shadow: the long reach of America's most controversial statesman*. Metropolitan Books, 2015, p. 221.

[13] KISSINGER, Henry. *Op. cit*, p. 10.

[14] Em relações internacionais, há diferentes *níveis de análises*. O primeiro desses níveis é o sistema internacional; o segundo, o dos estados e da sociedade; o terceiro, o dos indivíduos (ver: WALTZ, Kenneth. *Man, the State, and war* [1959]. Columbia University Press, 2018).

[15] BULL, Hedley. *Op. cit.*, p. 13.

[16] *Idem.*

[17] KISSINGER, Henry. *Op. cit.*, p. 11.

[18] *Ibid.*, p. 13.

[19] *Ibid.*, p. 15.

[20] *Ibid.*, p. 15.

[21] BULL, Hedley. *Op. cit.*, p. 36-42.

[22] KISSINGER, Henry. *Op. cit.*, p. 14.

[23] BURKE. Edmund; CLARK, J. C. D. (ed.). *Reflections on the revolutions in France: a critical edition*. Cambridge University Press, 2006.

[24] COUTINHO, João Pereira. *As ideias conservadoras explicadas a revolucionários e reacionários*. Três Estrelas, 2014, p. 74.

[25] *Idem.*

[26] KIRK, Russel. *Edmund Burke: redescobrindo um gênio.* É Realizações, 2016, p. 79.

[27] *Idem.*

[28] COUTINHO, João Pereira. *Op. cit.,* p. 75.

[29] BURKE. Edmund. *Op. cit.,* p. 291.

[30] FERGUSON, Niall. *Civilization: the West and the rest.* Nova York: Penguin Books, 2011, p. 155.

[31] *Idem.*

[32] ROTHKOPF, David. Running the world: the inside story of the National Security Council and the architects of American power. New York: *Public Affairs,* 2005, p. 45.

[33] Hungria, Romênia, Alemanha Oriental, Albânia, Bulgária, Tchecoslováquia e Polônia.

[34] KENNAN, George ("X"). The sources of Soviet conduct. *Foreign Affairs,* julho de 1947. Disponível em: https://www.foreignaffairs.com/articles/russian-federation/1947-07-01/sources-soviet-conduct.

[35] WALTZ, Kenneth. *The spread of nuclear weapons: more may be better.* International Institute for Strategic Studies, n. 171, 1981.

[36] ORTEGA, Letícia. *Tradição e ruptura: o Brasil e o regime internacional de não proliferação nuclear.* Appris, 2018.

[37] Mais informações disponíveis em: https://www.un.org/disarmament/wmd/nuclear/tpnw/.

[38] SOB A NÉVOA DA GUERRA. Direção: Errol Morris. Produção: Errol Morris, Michael Williams, Julie Ahlberg. Estados Unidos: Sony Pictures, 2003.

[39] O principal estudo sobre o processo decisório da crise dos mísseis pode ser encontrado em: ALLISON, Graham T. *Essence of decision: explaining the Cuban missile crisis.* Brown Little, 1971.

[40] DUTERME, Bernard. Nicarágua: o que resta do sandinismo? *Le Monde Diplomatique,* 2016. Disponível em: https://diplomatique.org.br/nicaragua-o-que-resta-do-sandinismo/.

[41] HAAS, Richard. *A world in disarray.* Penguin Press, 2017, p. 61-63.

[42] Discurso pronunciado por Fidel Castro durante o XXXIV período de sessões da Assembleia Geral das Nações Unidas, realizado em Nova York, em 12 de outubro de 1979. Disponível em: http://www.fidelcastro.cu/pt-pt/discursos/discurso-pronunciado-perante-o-xxxiv-periodo-de-sessoes-da-assembleia-geral-das-nacoes.

[43] BRZEZINSKI, Zbigniew. The Cold War and its aftermath. *Foreign Affairs,* 1992.

[44] LAMPE, John R. Bosnian War. *Encyclopedia Britannica,* fevereiro de 2022. Disponível em: https://www.britannica.com/event/Bosnian-War.

[45] ROTHKOPF, David. *Op. cit.,* p. 303-304.

[46] HUNTINGTON, Samuel. The clash of civilizations? *Foreign Affairs,* 1993. Disponível em: https://www.foreignaffairs.com/articles/united-states/1993-06-01/clash-civilizations.

[47] As ideias de Huntington são discutidas com mais detalhes na parte III deste livro.

[48] FUKUYAMA, Francis. *The end of history and the last man.* Penguin Books, 1992.

[49] Ver FUKUYAMA, Francis. *Identity: the demand for dignity and the politics of resentment.* Farrar, Straus and Giroux, 2018.

[50] FUKUYAMA, Francis. *Liberalism and its discontents.* Farrar, Straus and Giroux, 2022.

[51] MENAD, Louis. Francis Fukuyama postpones the end of history. *The New Yorker,* 3 de setembro de 2018. Disponível em: https://www.newyorker.com/magazine/2018/09/03/francis-fukuyama-postpones-the-end-of- history.

[52] FUKUYAMA, Francis. More proof that this really is the end of history. *The Atlantic,* outubro de 2022. Disponível em: https://www.theatlantic.com/ideas/archive/2022/10/francis-fukuyama-still-end-history/671761/.

[53] *Idem.*

[54] RAZZO, Francisco. Genocida de estimação. *Gazeta do Povo,* setembro de 2020. Disponível em: https://www.gazetadopovo.com.br/vozes/francisco-razzo/genocida-de-estimacao-stalin/.

[55] SIEBERT, Rudolf J. Three alternative futures Hegel's philosophy of society and history. Taylor & Francis Online, 2010. Disponível em: https://www.tandfonline.com/doi/abs/10.1080/02604027.1985.9972006?needAccess=true&journalCode=gwof 20.

[56] KARL, Marx; ENGELS, Friedrich. *Manifesto do Partido Comunista* (1848). Tradução: Suely Cassal. L&PM Pocket, 2001.

[57] AMORIM, Celso. Política internacional e o Brasil no mundo: da unipolaridade consentida à multipolaridade possível. *Revista CEBRI,* n. 1, janeiro-março de 2022. Disponível em: https://cebri.org/revista/br/artigo/11/politica-internacional-e-o-brasil-no-mundo-da-unipolaridade-consentida-a-multipolaridade-possivel.

[58] VIOLA, Eduardo; LEIS, Héctor Ricardo. *Sistema internacional com hegemonia das democracias de mercado: desafios de Brasil e Argentina.* Insular, 2007.

[59] HICKS, Stephen. *Explaining postmodernism: skepticism and socialism from Rousseau to Foucault.* Scholary Publishing, 2004, p. 7-12.

[60] *Ibid.,* p. 9.

[61] *Idem.*

[62] *Idem.*

[63] HOLLAND, Tom. *Dominion: How the Christian revolution remade the world.* Basic Books, 2019, p. 13.

[64] *Ibid.,* p. 6.

[65] *Idem.*

[66] *Idem.*

[67] *Ibid.,* p. 9.

[68] Mateus 20:16.

[69] Gálatas 3:28.

[70] HOLLAND, Tom. *Op. cit.,* p. 9.

[71] Mateus 22:21, Marcos 12:13-17 e Lucas 20:20-26.

[72] SEN, Amartya. *Identity and violence.* W. W. Norton & Company, 2006, p. 50.

[73] *Idem.*

[74] *Ibid.,* p. 53.

[75] *Ibid.,* p. 52.

[76] *Idem.*

[77] *Ibid.,* p. 54.

[78] ROGERS, Graham A.J. John Locke. *Encyclopedia Britannica,* outubro de 2021. Disponível em: https://www.britannica.com/biography/John-Locke.

[79] MERQUIOR, José Guilherme. *O argumento liberal.* É Realizações, 2011, p. 80.

[80] HICKS, Stephen. *Op. cit.,* p. 10.

[81] *Idem.*

[82] *Idem.*

[83] MCCLOSKEY, Deirdre. *The Bourgeois Virtues: ethics for an age of commerce.* University of Chicago Press, 2006. *Bourgeois Dignity: why economics can't explain the modern world.* University of Chicago Press, 2010. *Bourgeois Equality: how ideas, not capital or institutions, enriched the world.* University of Chicago Press, 2016.

[84] COSTA, Diogo. *Deirdre McCloskey: trans, liberal e em defesa das virtudes burguesas (II)*. Estadão da Arte, outubro de 2017. Disponível em: https://estadodaarte.estadao.com.br/deirdre-mccloskey-trans-liberal-e-em-defesa-das-virtudes-burguesas-ii/.

[85] DEIRDRE McCLOSKEY – A Origem do Grande Enriquecimento. Fronteiras do Pensamento, fevereiro de 2019. Disponível em: https://www.youtube.com/watch?v=xbIMEgYVxwA.

[86] McCLOSKEY, Deirdre. Max Weber was wrong. *Reason*, 2017. Disponível em: https://reason.com/2017/10/26/max-weber-was-wrong/.

[87] FUKUYAMA, Francis. The future of history: can liberal democracy survive the decline of the middle class?. *Foreign Affairs*, 2012.

[88] *Idem.*

[89] TARNAS, Richard. *A epopeia do pensamento ocidental*. São Paulo: Bertrand Brasil, 1999.

[90] *Michael Oakeshott*. Stanford Encyclopedia of Philosophy, 2020. Disponível em: https://plato.stanford.edu/entries/oakeshott/#RatiRati

[91] COUTINHO, João Pereira. *Op. cit.*, p. 35.

[92] ARENDT, Hannah. *Eichmann em Jerusalém*. Companhia das Letras, 1999.

[93] SOLZHENITSYN, Aleksandr. *The Gulag Archipelago*. Vintage Uk, 2002.

[94] Em 1920, o economista austríaco Ludwig von Mises escreveu sobre "o cálculo econômico sob o socialismo", buscando demonstrar que uma economia socialista planificada era um esquema "utópico, ilógico, antieconômico e impraticável na sua essência". O debate sobre o cálculo econômico foi lançado entre o que hoje se conhece como a Escola Austríaca de economia, representada por Mises e por Friedrich Hayek, que argumentaram contra a viabilidade de uma economia socialista planificada, e entre economistas neoclássicos e marxistas, mais notavelmente Cläre Tisch, Oskar R. Lange, Abba P. Lerner, Fred M. Taylor, Henry Douglas Dickinson e Maurice Dobb, assumindo a posição de que o socialismo era viável e, até mesmo, superior ao capitalismo.

[95] HICKS, Stephen. *Op. cit.*, p. 135-137.

[96] HAAS, Ricard. *Op. cit.*, p. 60.

[97] *A Carta das Nações Unidas*. Nações Unidas Brasil. Disponível em: https://brasil.un.org/pt-br/91220-carta-das-nacoes-unidas.

[98] TRAHAN, Jennifer. *The origins and history of the veto and its use*. Cambridge University Press, 2020.

[99] PATRICK, Stewart M. *The best laid plans: the origins of American multilateralism and the dawn of the Cold War*. Rowman & Littlefield, 2008.

[100] *Idem.*

[101] PATRICK, Stewart M. *The tragic irony of Syria: the system "worked"*. Council of Foreign Relations, 2016. Disponível em: https://www.cfr.org/blog/tragic-irony-syria-system-worked.

[102] HELAL, Mohamed S. *The Myth of U.N. Collective Security*. Emory International Law Review Recent Developments, 2018. Disponível em: https://scholarlycommons.law.emory.edu/eilr-recent-developments/9/.

[103] ALLEN, Susan; YUEN, Amy. *Bargaining in the UN Security Council: setting the global agenda*. Oxford University Press, 2022, p. 33.

[104] VILMER, Jean-Baptiste Jeangène. *The responsibility not to veto: a genealogy*. Global Governance 24, 2018. Disponível em: https://ny.fes.de/fileadmin/user_upload/The_Responsibility_Not_to_Veto_web_version.pdf

[105] KRASNER, Stephen D. (Ed.). *International Regimes*. Cornell University Press, 1983.

[106] KRASNER, Stephen D. Structural causes and regime consequences: regimes as intervening variables. *International Organization*, vol. 36, n. 2, 1982, p. 498.

[107] Mais informações disponíveis em: https://nacoesunidas.org/organismos/organograma/.

[108] IKENBERRY, G. John. The future of the liberal world order: internationalism after America. *Foreign Affairs,* 2011. Disponível em: https://www.foreignaffairs.com/articles/2011-05-01/future-liberal-world-order.

[109] UN News. *COP21: UN chief hails new climate change agreement as 'monumental triumph'.* 2015. Disponível em: https://news.un.org/en/story/2015/12/517982-cop21-un-chief-hails-new-climate-change- agre ment-monumental-triumph.

[110] BBC. *Donald Trump would 'cancel' Paris climate deal.* 2016. Disponível em: https://www.bbc.com/news/election-us-2016-36401174.

[111] DENCHAK, Melissa. *Greenhouse Effect 101.* NRDC, 2019. Disponível em: https://www.nrdc.org/stories/greenhouse-effect-101.

[112] *Idem.*

[113] SPERA, Stephanie. 234 scientists read 14,000+ research papers to write the IPCC climate report – here's what you need to know and why it's a big deal. The Conversation, 2021.

[114] KEOHANE, Robert O; VICTOR, David G. *The regime complex for climate change.* The Harvard Project on International Climate Agreements, 2010. Disponível em: https://www.belfercenter.org/sites/default/files/legacy/files/Keohane_Victor_Final_2.pdf.

[115] Ministério das Relações Exteriores. Mudança do clima. Março, 2014. Disponível em: https://www.gov.br/mre/pt-br/assuntos/desenvolvimento-sustentavel-e-meio-ambiente/meio-ambiente-e- mudanca-do-clima/mudanca-do-clima.

[116] *Idem.*

[117] XU, Muyu; SINGH, Shivani. China wields political might to cool coal prices, but winter looms. Reuters, 2021. Disponível em: https://www.reuters.com/business/energy/china-wields-political-might-cool-coal-prices- winter-looms-2021-11-12/.

[118] YERGIN, Daniel. *The new map: energy, climate, and the clash of nations.* Penguin Books, 2020, p. 407- 408.

[119] Para mais informações, ver: GILPIN, Robert. *Global political economy.* Princeton University Press, 2001.

[120] RUGGIE, John Gerard. International regimes, transactions, and change: embedded liberalism in the postwar economic order. *International Organization* 36, n. 2, 1982, p. 379-415.

[121] Ministério das Relações Exteriores. O Brasil no G20. Novembro de 2022. Disponível em: https://www.gov.br/mre/pt-br/assuntos/politica-externa-comercial-e-economica/agenda-financeira-e-tributaria- internacional/o-brasil-no-g-20.

[122] *Idem.*

[123] *Idem.*

[124] SILVA, António Martins da. *História da unificação europeia: a integração comunitária (1945-2010).* Universidade de Coimbra, 2010.

[125] MEARSHEIMER, John J. Why the Ukraine crisis is the West's fault: the liberal delusions that provoked Putin. *Foreign Affairs,* 2014. t

[126] CHOTINER, Isaac. Why John Mearsheimer blames the U.S. for the crisis in Ukraine. *The New Yorker,* 2022.

[127] Murphy, Dean E. Chechnya summons uneasy memories in former East Bloc. *Los Angeles Times,* 1995.

[128] SERGUNIN, Alexander A. Russian post-communist foreign policy thinking at the cross-roads: changing paradigms. *Journal of International Relations and Development,* vol. 3, n. 3. Setembro, 2000.

[129] BRITANNICA, The Editors of the Encyclopaedia. Commonwealth of Independent States. *Encyclopedia Britannica*, julho de 2018. Disponível em: https://www.britannica.com/topic/Commonwealth-of-Independent- States.

[130] SAUNDERS, Robert A. *Historical Dictionary of the Russian Federation*. Rowman & Littlefield, 2019, p. 457.

[131] *Idem.*

[132] ALLYSON, R. Russian 'deniable' intervention in Ukraine: how and why Russia broke the rules. *International Affairs*. 90 (6), 2014, p. 1255-1297.

[133] BATTA, A. *The Russian minorities in the former Soviet republics: secession, integration, and homeland*. Routledge, 2021.

[134] Mais informações disponíveis em: https://www.visegradgroup.eu.

[135] BARANY, Zoltan. *The future of NATO Expansion: four case studies*. Cambridge University Press, 2003.

[136] PERLEZ, Jane. Hungarians approve NATO membership. *The New York Times*, 1997.

[137] TRAYNOR, Ian. NATO allies divided by Ukraine and Georgia. *The Guardian*, 2008.

[138] KENNAN, George. A fateful error. *The New York Times*, 1997.

[139] SUNY, Ronald. Ukraine war follows decades of warnings that NATO expansion into Eastern Europe could provoke Russia. The Conversation, 2022.

[140] WINTOUR, Patrick. Russia's belief in Nato 'betrayal' - and why it matters today. *The Guardian*, 2022.

[141] *Idem.*

[142] MEHROTRA, O.N. NATO Eastward expansion and Russian security. *Strategic Analysis*, v. 22, 1998.

[143] NATO Founding Act. Disponível em: https://www.nato.int/cps/su/natohq/official_texts_25468.htm.

[144] NATO-Russia Council. Disponível em: https://www.nato.int/cps/en/natohq/topics_50091.htm.

[145] *Idem.*

[146] APPLEBAUM, Anne. The myth of Russian humiliation. *The Washington Post*, 2022.

[147] COLBY, Elbridge; MITCHELL, A. Wess. Containing China will be complicated. *The Wall Street Journal*, 2020. Disponível em: https://www.wsj.com/articles/containing-china-will-be-complicated-11588892200.

[148] TRIGO, Luciano. O mundo está melhorando (por incrível que pareça). G1, 2020. Disponível em: https://g1.globo.com/pop-arte/blog/luciano-trigo/post/2020/01/20/o-mundo-esta-melhorando-por-incrivel-que- pareca.ghtml.

[149] Disponível em: https://www.un.org/sustainabledevelopment/hunger/

[150] GIDDENS, Anthony. *Runaway world: how globalization is reshaping our lives*. Routledge, 2000.

[151] FRIEDMAN, Thomas. *O Lexus e a oliveira: entendendo a globalização*. Objetiva, 1999, p. 7.

[152] GERSON, Michael S. The Sino-Soviet border conflict: deterrence, escalation, and the threat of nuclear war in 1969. Center for Naval Analyses, 2010.

[153] China Policy. Office of the Historian, Departamento de Estado dos Estados Unidos. Disponível em: https://history.state.gov/milestones/1977-1980/china-policy.

[154] FERGUSON, Niall. The trillion dollar question: China or America?. *The Daily Telegraph*, 2009. Disponível em: https://www.telegraph.co.uk/comment/5424112/The-trillion-dollar-question-China-or-America.html.

[155] WILLIAMSON, John. A short history of the Washington Consensus. Institute for International Economics, 2004. Disponível em: http://www.iie.com/publications/papers/williamson0904-2.pdf.

[156] *Idem.*

[157] EASTERLY, William. In search of reforms for growth: new stylized facts on policy and growth outcomes. NBER, 2019. Disponível em: https://www.nber.org/papers/w26318.

[158] O'NEILL, Aaron. Latin America and the Caribbean: inflation rate from 2016 to 2026. Statista, 2021.

[159] Em 2021, foi aprovado o American Rescue Plan e o Infrastructure Investment Act; em 2022, o CHIPS and Science Act e o Inflation Reduction Act.

[160] FRIEDMAN, Thomas. *Op. cit.*, p. 10.

[161] WOLF, Martin. *Fixing global finance*. Johns Hopkins University Press, 2010. Capítulo 2.

[162] BESSA, Vagner de Carvalho; NERY, Marcelo Batista; TERCI, Daniela Cristina. Sociedade do conhecimento. Scielo, 2004.

[163] COUTINHO, João Pereira. "Seinfeld" reinou na década em que o Muro tinha caído, mas as Torres Gêmeas, não. *Folha de S. Paulo*, 2020.

[164] FERGUSON, Niall. The US and Europe risk flunking geopolitics 101. Bloomberg, dezembro de 2023.

[165] HICKS, Stephen. *Explaining postmodernism: skepticism and socialism from Rousseau to Foucault.* Scholarly Publishing, 2004, p. 24.

[166] *Ibid.*, p. 27

[167] *Ibid.*, p. 28.

[168] *Ibid.*, p. 50.

[169] Encyclopedia Britannica. Friedrich List. Novembro de 2021. Disponível em: https://www.britannica.com/biography/Friedrich-List.

[170] HICKS, Stephen. *Op. cit.*, p. 124-125.

[171] *Ibid.*, p. 21-22.

[172] *Ibid.*, p. 6.

[173] *Ibid.*, p. 2

[174] *Idem.*

[175] *Idem.*

[176] *Idem.*

[177] TARNAS, Richard. *Op. cit*, p. 422-429.

[178] SAID, Edward W. *Orientalismo: o Oriente como invenção do Ocidente* (1978). Companhia de Bolso, 2007.

[179] TARNAS, Richard. *Op. cit.*, p. 428.

[180] HICKS, Stephen. *Op. cit.*, p. 22.

[181] *Ibid.*, p. 5.

[182] MOUNK, Yascha. *The identity trap: a story of ideas and power in our time.* Penguin Press, 2023.

[183] NPR. Transcript of Martin Luther King's 'I Have a Dream' (1963). Tradução do autor. Disponível em: speechhttps://www.npr.org/2010/01/18/122701268/i-have-a-dream-speech-in-its-entirety.

[184] University Times. 50 years later: Revisiting Brown v. Board of Education. Universidade de Pittsburgh, 2004. Disponível em: https://www.utimes.pitt.edu/archives/?p=45269.

[185] TARNAS, Richard. *Op. cit.*, p. 429.

[186] GANESH, Janan. What America lost when the Berlin Wall fell. *Financial Times*, 2019.

[187] POGGIO, Carlos Gustavo. Um conservadorismo à Tucker Carlson. *Estado da Arte*, 2019. Disponível em: https://estadodaarte.estadao.com.br/um-conservadorismo-a-tucker-carlson/.

[188] PLOTT, Elaina. What does Tucker Carlson believe?. *The Atlantic*, 2019.

[189] POGGIO, Carlos Gustavo, *op. cit.*

[190] *Idem.*

[191] PLOTT, Elaina, *op. cit.*

[192] *Idem.*

[193] ROSE, Matthew. *A world after liberalism.* Yale University Press, 2021, p. 4.

[194] *Idem*, p. 9.

[195] *Idem.*

[196] *Idem*, p. 8.

[197] FRANCIS, Samuel. From household to nation. *Chronicles Magazine*, março de 1996. Disponível em: https://chroniclesmagazine.org/web/from-household-to-nation/.

[198] *Idem.*

[199] ROSE, Matthew, *Op. cit.*, p. 112.

[200] *Idem*, p. 14.

[201] LIND, William. The origins of political correctness. Accuracy in Academia, 2000. Disponível em: https://www.academia.org/the-origins-of-political-correctness/.

[202] LIND, William. "Political Correctness:" a short history of an ideology. Free Congress Foundation, 2004. Disponível em: https://www.nationalists.org/pdf/political_correctness_a_short_history_of_an_ideology.pdf.

[203] *Idem.*

[204] LIND, William. The origins of political correctness. Accuracy in Academia, 2000.

[205] *Idem.*

[206] MAGALHÃES, David. Quem tem medo do globalismo?. *Estado da Arte,* 2018. Disponível em: https://estadodaarte.estadao.com.br/quem-tem-medo-do-globalismo/.

[207] LIND, William. *Op. cit.*

[208] CARVALHO, Olavo de. Do Marxismo Cultural. *O Globo,* 2002. Disponível em: https://olavodecarvalho.org/do-marxismo-cultural/.

[209] BERLET, Chip. Into the mainstream. Southern Poverty Law Center, 2003. Disponível em: http://www.splcenter.org/intel/intelreport/article.jsp?pid=106.

[210] MOYN, Samuel. The alt-right's favorite meme is 100 years old. *The New York Times*, 2018. Disponível em: https://www.nytimes.com/2018/11/13/opinion/cultural-marxism-anti-semitism.html.

[211] MCCARRAHER, Eugene. *The enchantments of Mammon.* Belknap Press, 2019, p. 1-10.

[212] DENEEN, Patrick J. *Por que o liberalismo fracassou.* Editora Âyiné, 2020.

[213] KIRK, Russel. *The Conservative Mind: From Burke to Eliot.* Regnery Publishing, 2001.

[214] NISBET, Robert. *The Quest for Community: A Study in the Ethics of Order and Freedom.* Intercollegiate Studies Institute, 2010 (1953).

[215] DENEEN, Patrick J. *Op cit*, p. xiii.

[216] *Ibid.*, p. xiv.

[217] *Idem.*

[218] *Ibid.*, p. xix.

[219] COUTINHO, João Pereira. Olavo de Carvalho mostrou à nova direita um caminho ruinoso e sem futuro. *Folha de S. Paulo,* 25 de janeiro de 2022.

[220] *Idem.*

[221] HOPPE, Hans-Hermann. *Democracia, o Deus que falhou: a economia e a política da monarquia, da democracia e da ordem natural.* Mises Brasil, 2014, p. 254. Disponível em: https://rothbardbrasil.com/wp-content/uploads/arquivos/deus-que-falhou.pdf.

[222] DA CUNHA, Martim Vasques. Tragédia ideológica. *Revista Piauí.* Edição 167, agosto de 2020.

[223] AZEVEDO, Reinaldo. Contardo Calligaris 2 – "O difícil é ser moral. Ser imoral é que é para principiantes". *Veja*, julho de 2022.

[224] HUNGARY VS. SOROS: THE FIGHT FOR CIVILIZATION. Direção: Tucker Carlson. Fox News Nation, 2022.

[225] BÍRÓ-NAGY, András. Illiberal democracy in Hungary: the social background and practical steps of building an illiberal state. Barcelona Center for International Affairs, 2017.

[226] FOLKENFLIK, David. Hungary's autocratic leader tells U.S. conservatives to join his culture war. NPR, agosto de 2022.

[227] EATWELL, Roger; GOODWIN, Matthew. *National populism: the revolt against liberal democracy.* Pelican Book, 2019.

[228] MOUNK, Yascha. *The People vs. Democracy: why our freedom is in danger and how to save it.* Harvard University Press, 2018.

[229] RACHMAN, Gideon. *The age of the strongman: how the cult of the leader threatens democracy around the world.* Other Press, 2022.

[230] NAÍM, Moisés. *The revenge of power: how autocrats are reinventing politics for the 21st century.* St. Martin's Press, 2022.

[231] GANESH, Janan. Why the Ukraine crisis is so bad for Western populists. *Financial Times*, 2022.

[232] COLLINSON, Stephen. Trump shows his 2024 campaign would take the country down a dark and dangerous road. CNN, julho de 2022.

[233] GODFREY, Elaine. Trump meets his new brain trust. *The Atlantic*, julho de 2022.

[234] COLLINSON, Stephen. *Op. cit.*

[235] Disponível em: https://www.project2025.org/

[236] AHMARI, Sohrab; DENEEN, Patrick J.; PAPPIN, Gladden. Hawks are standing in the way of a new Republican Party. *The New York Times*, 2022.

[237] KEOHANE, Robert. *After hegemony: Cooperation and discord in the world political economy.* Princeton University Press, 1984; NYE, J.; KEOHANE, R. *Power and interdependence.* Longman, 2001 (1977); KRASNER, Stephen D. Regimes and the limits of realism: regimes as autonomous variables. *International Organization*, 1982.

[238] WENDT, Alexander. Anarchy is what states make of it: the social construction of power politics. *International Organization*, 1992. Disponível em: https://www.jstor.org/stable/2706858.

[239] CASARÕES, Guilherme. Como teorias de relações internacionais ajudam a compreender o que ocorre no Leste Europeu. *Folha de S. Paulo*, 2022.

[240] HUNTINGTON, Samuel P. The clash of civilizations?. *Foreign Affairs*, 1993, p. 22-49.

[241] CHIOZZA, Giacomo. Is there a clash of civilizations? Evidence from patterns of international conflict involvement, 1946-97. *Journal of Peace Research*, 2002.

[242] RUSSETT, Bruce M.; ONEAL, John R.; COX, Michaelene. Clash of civilizations, or realism and liberalism déjà vu? Some evidence. *Journal of Peace Research*, 2000.

[243] HENDERSON, Errol A. Not letting evidence get in the way of assumptions: testing the clash of civilizations thesis with more recent data. *International Politics*, 2005.

[244] NBC News. Putin: Soviet collapse a 'genuine tragedy', 2005.

[245] PUTIN, Vladimir. On the historical unity of Russians and Ukrainians, 2021. Disponível em: http://en.kremlin.ru/events/president/news/66181.

[246] BAJORIA, Jayshree. Nationalism in China. Council on Foreign Relations, 2008.

[247] *Idem.*

[248] WONG, Sue-Lin. An investigation into what has shaped Xi Jinping's thinking. *The Economist*, outubro de 2022.

[249] *Idem.*

[250] DE WEI, Low. Full Text of Xi Jinping's speech at China's Party Congress. Bloomberg, 18 de outubro de 2022.

[251] *Idem.*

[252] Ministério de Relações Exteriores da República Popular da China. The Central Conference on Work Relating to Foreign Affairs was Held in Beijing; Xi Jinping Delivered an Important Address at the Conference. Dezembro de 2023. Disponível em: https://www.mfa.gov.cn/eng/zxxx_662805/202312/t20231228_11214416.html

[253] Ministério de Relações Exteriores da República Popular da China. US Hegemony and Its Perils. Fevereiro de 2023. Disponível em: https://www.fmprc.gov.cn/mfa_eng/wjbxw/202302/t20230220_11027664.html

[254] Ministério de Relações Exteriores da República Popular da China. Wang Yi: China Will be a Force for Stability in Enhancing Global Governance. Fevereiro de 2024. Disponível em: https://www.mfa.gov.cn/eng/zxxx_662805/202402/t20240218_11246518.html

[255] Council of Foreign Relations. The Sunni-Shia Divide. Disponível em: https://www.cfr.org/article/sunni- shia-divide.

[256] CHACRA, Guga. Choque de identidades. *O Globo*, outubro de 2023. Disponível em: https://oglobo.globo.com/blogs/guga-chacra/post/2023/10/choque-de-identidades.ghtml.

[257] KNELL, Yolande. Declaração Balfour, as 67 palavras que há 100 anos mudaram a história do Oriente Médio. BBC, 2017. Disponível em: https://www.bbc.com/portuguese/geral-41842505.

[258] The Economist. A short history of the Arab-Israeli conflict. Outubro de 2023.

[259] Wilson Center. *Doctrine of Hamas*. Outubro de 2023. Disponível em: https://www.wilsoncenter.org/article/doctrine hamas.

[260] *Idem.*

[261] BBC Brasil. Como surgiu rivalidade entre Hamas e Fatah e como ela afeta a causa palestina. Outubro de 2023.

[262] AL-KASSAB, Fatima. What is the 'axis of resistance' of Iran-backed groups in the Middle East?. NPR, outubro de 2023.

[263] HAZONY, Yoram. *The virtue of nationalism*. Basic Books, 2018.

[264] MARTINS, Filipe G. A nova vergonha da mídia: confundir globalismo com globalização. Senso Incomum, 2018. Disponível em: https://sensoincomum.org/2018/11/16/nova-vergonha-midia-globalismo-globalizacao/.

[265] *Idem.*

[266] MAGALHÃES, David. *Op. cit.*

[267] CHALFANT, Morgan. Trump lashes out at Bolton as memoir excerpts offer scathing account of White House. *The Hill*, 2020.

[268] BOLTON, John. *The room where it happened: A White House memoir*. Simon & Schuster, 2020.

[269] BAKER, Peter. Trump ousts John Bolton as national security adviser. *The New York Times*, 2019.

[270] BOLTON, John. Should we take global governance seriously?. *Chicago Journal of International Law,* 2000.

[271] *Idem.*

[272] Remarks by President Trump to the 74th session of the United Nations general assembly. The White House, 2019. Disponível em: https://trumpwhitehouse.archives.gov/briefings-statements/remarks-president-trump-74th-session-united-nations-general-assembly/.

[273] CARVALHO, Olavo de. A revolução globalista. Digesto Econômico, 2009. Disponível em: https://olavodecarvalho.org/a-revolucao-globalista/.

[274] *Idem.*

[275] MORGENTHAU, Hans. *Peace, security, and the United Nations.* University of Chicago Press, 1946, p. 5-6. Agradecimento especial ao amigo Luiz Feldman pela citação.

[276] BELLI, Benoni. É possível a governança mundial democrática? Uma resposta a Dominique Rousseau. *Estado da Arte*, abril de 2020.

[277] *Idem.*

[278] HANDA, Sahil. Can Brexit end the scourge of British nativism? Dominic Cummings thinks so. *Foreign Policy*, 2019.

[279] *Idem.*

[280] MORTIMORE, Roger. Polling history: 40 years of British views on 'in or out' of Europe. The Conversation, 2016. Disponível em: https://theconversation.com/polling-history-40-years-of-british-views-on- in-or-out-of-europe-61250.

[281] WHEELER, Brian. EU referendum: Did 1975 predictions come true?. BBC, 2016.

[282] MORTIMORE, Roger. *Op. cit.*

[283] THATCHER, Margaret. Speech to the College of Europe ("The Bruges Speech"), 1988. Disponível em: https://www.margaretthatcher.org/document/107332.

[284] EROR, Aleks. From fringe to fault line: How British euroskepticism became Brexit. *World Politics Review*, 2019.

[285] *Idem.*

[286] *Idem.*

[287] HANDA, Sahil. *Op cit.*

[288] *Idem.*

[289] CUMMINGS, Dominic. On the referendum #21: Branching histories of the 2016 referendum and 'the frogs before the storm'. Disponível em: https://dominiccummings.com/2017/01/09/on-the-referendum-21- branching-histories-of-the-2016-referendum-and-the-frogs-before-the-storm-2/.

[290] HANDA, Sahil. *Op. cit.*

[291] WHY BREXIT CHIEF DOMINIC CUMMINGS VOTED LEAVE: Campaign director of Vote Leave Dominic Cummings answering questions at Nudgestock 2017 on if he felt guilty for delivering Brexit. YouTube, 2017. Disponível em: https://www.youtube.com/watch?v=gRpudEWKVwg.

[292] HANDA, Sahil. *Op. cit.*

[293] GANESH, Janan. How Brexit made Britain a more European country. *Financial Times,* novembro de 2022.

[294] SULLIVAN, Andrew. Uh-Oh. Here we go again. *The Weekly Dish,* dezembro de 2023. Disponível em: https://andrewsullivan.substack.com/p/uh-oh-here-we-go-again-2ed.

[295] HONEYCOMBE-FOSTER, Matt. 3 years after Brexit, UK net migration has never been higher. *Politico*, maio de 2023.

[296] European Union. *Key European Union achievements and tangible benefits*. Disponível em: https://europa.eu/european-union/about-eu/what-the-eu-does-for-its-citizens_en.

[297] GRUYTER, Caroline de. Putin's war is Europe's 9/11. *Foreign Policy*, 2022.

[298] STUENKEL, Oliver. Na guerra, sobe a geopolítica, desce a globalização. *Revista Piauí*, 2022.

[299] *Idem*.

[300] BOAS, Taylor C.; GANS-MORSE, Jordan. Neoliberalism: From new liberal philosophy to anti-liberal slogan. *Studies in Comparative International Development*, 2009, v. 44, p. 137-161.

[301] FERREIRA, Mano. Quem tem medo do neoliberalismo?. *Estado da Arte*, 2021.

[302] Dados disponíveis em: https://www.worldbank.org/en/topic/poverty.

[303] FUCS, José. "Milagre" asiático tira 1 bilhão de pessoas da miséria em 20 anos; o que isso pode ensinar ao Brasil. *O Estado de S. Paulo*, fevereiro de 2024.

[304] Banco Mundial. Four decades of poverty reduction in China: drivers, insights for the world, and the way ahead. 2022. Disponível em: https://thedocs.worldbank.org/en/doc/bdadc16a4f5c1c88a839c0f905cde802- 0070012022/original/Poverty-Synthesis-Report-final.pdf.

[305] FUCS, José. *Op. cit.*

[306] RODRIK, Dani. *One economics, many recipes: globalization, institutions, and economic growth*. Princeton University Press, 2007.

[307] FUCS, José. *Op. cit.*

[308] Asia Development Bank. *Asia's journey to prosperity: policy, market, and technology over 50 years*. Janeiro de 2020. Disponível em: https://www.adb.org/publications/asias-journey-to-prosperity.

[309] *Idem*.

[310] MILANOVIC, Branko. *Global inequality: a new approach for the age of globalization*. Harvard University Press, 2016.

[311] AHAMED, Liaquat. The rich can't get richer forever, can they? *The New Yorker*, 2019.

[312] MILANOVIC, Branko. *Op. cit*, 2016, p. 10.

[313] MILANOVIC, Branko. An inequality tax. Project Syndicate, 2005.

[314] AHAMED, Liaquat. *Op. cit.*

[315] PIKETTY, Thomas. *Capital in the 21st century*. Harvard University Press, 2014.

[316] PETERSON, E. Wesley F. Is economic inequality really a problem? A review of the arguments. Universidade de Nebraska-Lincoln, 2017. Disponível em: https://doi.org/10.3390/socsci6040147.

[317] PRICE, Andy. The 'left-behind' once had a real voice: the globalisation protesters of the 1990s. The Conversation, 2016.

[318] *Idem*.

[319] PRAMUK, Jacob. Trump inauguration speech: 'Protection will lead to great prosperity and strength'. CNBC, 2017.

[320] LEE, Tom. From the Trump to Biden administration: protectionism and trade enforcement actions. American Action Forum, 2021. Disponível em: https://www.americanactionforum.org/insight/from-the-trump- to-biden-administration-protectionism-and-trade-enforcement-actions/.

[321] Biden outdoes Trump with ultra-high China tariffs. The Economist. Maio de 2024. Disponível em: https://www.economist.com/finance-and-economics/2024/05/14/biden-outdoes-trump-with-ultra-high-china-tariffs

[322] WACZIARG, Romain; WELCH, Karen Horn. *Trade liberalization and growth: new evidence*. The World Bank Economic Review, v. 22, p. 187-231, 2008.

[323] FURCERI, Davide; HANNAN, Swarnali A.; OSTRY, Jonathan D.; ROSE, Andrew K. The macroeconomy after tariffs. World Bank Policy Research Working Paper, 2021.

[324] HASS, Ryan; DENMARK, Abraham. More pain than gain: How the US-China trade war hurt America. Brookings Institution, 2020.

[325] KRUGMAN, Paul. What do undergrads need to know about trade?. *The American Economic Review*, v. 83,n. 2, 1993, p. 23-26.

[326] *Idem.*

[327] FELIX, Mayara. Essays on the effects of public policy. Yale, 2021. Disponível em: https://dspace.mit.edu/handle/1721.1/138970.

[328] VALINHOS, Havolene. Brasileira fura bolha masculina na economia e vai dar aulas em Yale. *Folha de S. Paulo*, maio de 2022.

[329] AUTOR, David H; DORN, David; HANSON, Gordon H. The China Shock: Learning from labor market adjustment to large changes in trade. National Bureau of Economic Research, 2016.

[330] SMITH, Noah. The decade of the Second China Shock. Março de 2024. Disponível em: https://www.noahpinion.blog/p/the-decade-of-the-second-china-shock.

[331] AUTOR, David H; DORN, David; HANSON, Gordon H; MAJLESI, Kaveh. Importing political polarization? The electoral consequences of rising trade exposure. *American Economic Review*, 2020.

[332] LIGHTHIZER, Robert E. How to make trade work for workers: charting a path between protectionism and globalism. *Foreign Affairs*, 2020.

[333] *Idem.*

[334] CHANG, Ha-Joon. *Chutando a escada*. Editora Unesp, 2002.

[335] IRWIN, Douglas. Kicking away the ladder: development strategy in historical perspective. Economic History Association, 2004.

[336] *Idem.*

[337] SMITH, Matt. Clinton signs China trade bill. CNN, 2000. Disponível em: https://edition.cnn.com/2000/ALLPOLITICS/stories/10/10/clinton.pntr/.

[338] FERGUSON, Niall. What "Chimerica" hath wrought. *The American Interest*, 2009.

[339] A crise financeira de 2008 foi objeto do meu livro anterior, *Mundo em Crise* (Editora UnB, 2014).

[340] Dados disponíveis em: https://globaltradedata.wto.org/.

[341] YERGIN, Daniel. *The new map: energy, climate, and the clash of nations*. Penguin Books, 2020, p. 131.

[342] *Ibid.*, p. 173-174.

[343] *Idem.*

[344] *Idem.*

[345] PELOSI, Nancy. Why I'm leading a congressional delegation to Taiwan. *The Washington Post*, agosto de 2022.

[346] MILLSON, Alex. China's first white paper on Taiwan since Xi came to power – in full. Bloomberg, agosto de 2022.

[347] NATIONAL SECURITY STRATEGY. Casa Branca, outubro de 2022. Disponível em: https://www.whitehouse.gov/wp-content/uploads/2022/10/Biden-Harris-Administrations-National-Security-Strategy-10.2022.pdf.

[348] FERGUSON, Niall. Bipartisanship is dead. Except on China. Bloomberg, novembro de 2002.

[349] IYENGAR, Rishi. Biden short-circuits China: The latest U.S. moves undermine China's ability to import, manufacture, and export the semiconductors that run the world. *Foreign Policy*, outubro de 2022.

[350] MILLER, Chris. *Chip war: the fight for the world's most critical technology*. Scribner Book Company, 2022.

[351] ROBERTS, Anthea; MORAES, Henrique Choer; FERGUSON, Victor. Toward a geoeconomic order in international trade and investment. *Journal of International Economic Law*, v. 22, 2019, p. 655-676. Disponível em: https://doi.org/10.1093/jiel/jgz036.

[352] ILYINA, Anna; PAZARBASIOGLU; Ceyla, RUTA, Michele. Industrial policy is back but the bar to get it right is high. IMF Blog, abril de 2024. Disponível em: https://www.imf.org/en/Blogs/Articles/2024/04/12/industrial-policy-is-back-but-the-bar-to-get-it-right-is-high

[353] DABLA-NORRIS, Era; GARCIA-MACIA, Daniel; GASPAR, Vitor; LIU, Li. Industrial Policy Is Not a Magic Cure for Slow Growth. IMF Blog, abril de 2024. Disponível em: https://www.imf.org/en/Blogs/Articles/2024/04/10/industrial-policy-is-not-a-magic-cure-for-slow-growth

[354] EVENETT, Simon; JAKUBIK, Adam; MARTÍN, Fernando; RUTA, Michele. The Return of Industrial Policy in Data. IMF Working Papers, 2024.

[355] CANUTO, Otaviano. *A guerra global de subsídios*. Poder360, março de 2024. Disponível em: https://www.poder360.com.br/opiniao/a-guerra-global-de-subsidios/.

[356] *The steam has gone out of globalization*. The Economist. 2019. Disponível em: https://www.economist.com/leaders/2019/01/24/the-steam-has-gone-out-of-globalisation.

[357] *The world's economic order is breaking down*. The Economist. 2024. Disponível em: https://www.economist.com/briefing/2024/05/09/the-worlds-economic-order-is-breaking-down?utm_source=substack&utm_medium=email

[358] MASTERS, Brooke. BlackRock chief Larry Fink says Ukraine war marks end of globalization. *Financial Times*, 2022.

[359] USTR. Ambassador Katherine Tai's remarks as prepared for delivery on the World Trade Organization. Outubro, 2021. Disponível em: https://ustr.gov/about-us/policy-offices/press-office/speeches-and- remarks/2021/october/ambassador-katherine-tais-remarks-prepared-delivery-world-trade-organization.

[360] OMC. WTO members secure unprecedented package of trade outcomes at MC12. Junho de 2022. Disponível em: https://www.wto.org/english/news_e/news22_e/mc12_17jun22_e.htm.

[361] JAMISON, Peter; NATANSON, Hannah. 'The storm is here': Ashli Babbitt's journey from capital 'guardian' to invader. *The Washington Post*, janeiro de 2021.

[362] SCHWARTZMAN, Paul; DAWSEY, Josh. How Ashli Babbitt went from Capitol rioter to Trump-embraced 'martyr'. *The Washington Post*, 2021.

[363] CROSSLEY, James. The Apocalypse and political discourse in an age of covid. *Journal for the Study of the New Testament*, 2021. Disponível em: https://journals.sagepub.com/doi/10.1177/0142064X211025464.

[364] LAVIN, Talia. The making of a MAGA martyr. *The New York Magazine*, 2021.

[365] COHEN, Jared; SCHMIDT, Eric. *The new digital age: transforming nations, businesses, and our lives*. Vintage, 2014.

[366] COHEN, Jared; SCHMIDT, Eric. The digital disruption: connectivity and the diffusion of power. *Foreign Affairs*, 2010. Disponível em: https://www.foreignaffairs.com/articles/2010-10-16/digital-disruption.

[367] FERGUSON, Niall. Social networks are creating a global crisis of democracy. Harvard Kennedy School, 2018. Disponível em: https://www.belfercenter.org/publication/social-networks-are-creating-global-crisis- democracy.

[368] HUEBSCHER, Robert. Niall Ferguson: the destructive power of social networks. Advisor Perspectives, 2018. Disponível em: https://www.advisorperspectives.com/articles/2018/10/29/niall-ferguson-the-destructive- power-of-social-networks.

[369] TV Tropes. *Flanderization*. Disponível em: https://tvtropes.org/pmwiki/pmwiki.php/Main/Flanderization.

[370] STUENKEL, Oliver. Como argumentar com quem acredita em teorias conspiratórias. *El País*, outubro de 2020.

[371] *Idem.*

[372] HAGEY, Keach; WELLS, Georgia; GLAZER, Emily; SEETHARAMAN, Deepa; HORWITZ, Jeff. The Facebook Files. *The Wall Street Journal*, 2021. Disponível em: https://www.wsj.com/articles/the-facebook- files-11631713039.

[373] SHEARER, Elisa. More than eight-in-ten Americans get news from digital devices. Pew Research, 2021.

[374] HOPKINS, Daniel; LIU, Ye; PREOTIUC-PIETRO, Daniel; UNGAR, Lyle. Beyond binary labels: political ideology prediction of Twitter users. Association for Computational Linguistics, 2017.

[375] The Free Press. Twitter's secret blacklists. Dezembro de 2022. Disponível em: https://www.thefp.com/p/twitters-secret-blacklists.

[376] WEISS, Bari. Our reporting at Twitter. The Free Press, dezembro de 2022. Disponível em: https://www.thefp.com/p/why-we-went-to-twitter.

[377] *Idem.*

[378] WARZEL, Charlie. Elon Musk is using the Twitter Files to discredit foes and push conspiracy theories. *The Atlantic*, dezembro de 2022.

[379] *Idem.*

[380] SATARIANO, Adam. E.U. Takes aim at social media's harms with landmark new law. *The New York Times*, abril de 2022.

[381] SINGH, Shubham. Elon Musk's Twitter takeover: Who is funding the deal?. Business Today, outubro de 2022. Disponível em: https://www.businesstoday.in/latest/trends/story/elon-musks-twitter-takeover-who-is- funding-the-deal-351173-2022-10-29.

[382] SATO, Mia. Buying Twitter 'is not a way to make money', says Musk in TED interview. The Verge, abril de 2022. Disponível em: https://www.theverge.com/2022/4/14/23025343/elon-musk-twitter-takeover-ted-talk- quote-stock-buyout.

[383] RITCHIE, Hannah. Australian PM calls Elon Musk an 'arrogant billionaire' in row over attack footage. BBC, abril de 2024. Disponível em:. https://www.bbc.com/news/world-australia-68878967

[384] BREMMER, Ian. The technopolar moment: how digital powers will reshape the global order. *Foreign Affairs*, 2021.

[385] KIM, Victoria. Elon Musk acknowledges withholding satellite service to thwart Ukrainian attack. *The New York Times*, setembro de 2023.

386 SUCIU, Peter. Elon Musk offered a solution to ending the Ukraine war on Twitter – is social media the place to shape a country's future?. Forbes, outubro de 2022.

[387] Mark Zuckerberg's commencement address at Harvard. *Harvard Gazette*, 2017. Disponível em: https://news.harvard.edu/gazette/story/2017/05/mark-zuckerbergs-speech-as-written-for-harvards-class-of- 2017/.

[388] Remarks by president Biden on the drawdown of U.S. Forces in Afghanistan. Casa Branca, 2021. Disponível em: https://www.whitehouse.gov/briefing-room/speeches-remarks/2021/07/08/remarks-by-president-biden-on-the-drawdown-of-u-s-forces-in-afghanistan/.

[389] MAÇÃES, Bruno. Does the Russian invasion of Ukraine signal the end of the American empire?. *New Statesman*, 2022.

[390] *Idem.*

[391] KRASNER, Stephen D. Structural Causes and Regime Consequences: regimes as intervening variables. *Op. cit.*, 1982, p. 499.

[392] *Idem.*

[393] *Idem.*

[394] FERGUSON, Niall. The US and Europe Risk Flunking Geopolitics 101. Bloomberg, dezembro de 2023.

[395] 'We are now living in a totally new era' – Henry Kissinger. *Financial Times*, 9 de maio de 2022.

[396] LUCE, Edward. What the CIA thinks: William Burns on the new world disorder. *Financial Times*, 12 de maio de 2022.

[397] FERGUSON, Niall. The New Cold War? It's with China, and it has already begun. *The New York Times*, dezembro de 2019.

[398] *Idem.*

[399] FELDSHER, Jacqueline. 'Battle between democracy and autocracy' leads Biden's First State of the Union. Disponível em: https://www.defenseone.com/policy/2022/03/battle-between-democracy-and-autocracy-leads- bidens-first-state-union/362643/.

[400] RUSSEL, Alec. The à la carte world: our new geopolitical order. *Financial Times*, agosto de 2023.

[401] FONSECA JR., Gelson. A legitimidade e outras questões internacionais. São Paulo: Paz e Terra, 1998.

[402] VIGEVANI, Tullo; JUNIOR, Haroldo Ramanzini. Autonomia, integração regional e política externa brasileira: Mercosul e Unasul. Scielo, vol. 57, n. 2, p. 517-552, 2014. Disponível em: http://www.scielo.br/pdf/dados/v57n2/a08v57n2.pdf.

[403] MOURA, Gerson. *Autonomia na dependência: a política externa brasileira de 1935 a 1942.* Nova Fronteira, 1980.

[404] VELASCO JÚNIOR, Paulo Afonso; BUSSMANN, Fábio Santino. A política externa independente e a teoria da autonomia. *Neiba*, 2017, vol. VI, n. 1.

[405] VIGEVANI, Tullo; DE OLIVEIRA, Marcelo F.; CINTRA, Rodrigo. *Política externa no período FHC: a busca de autonomia pela integração*. Tempo Social, 2003.

[406] SPEKTOR, Matias. In *defense of the fence sitters:* What the West gets wrong about hedging. Foreign Affairs, 2023.

[407] RAO, Nirupama. The upside of rivalry: India's great-power opportunity. *Foreign Affairs,* 2023.

[408] *Idem.*

[409] UN General Assembly votes to suspend Russia from the Human Rights Council. UN News, abril de 2022. Disponível em: https://news.un.org/en/story/2022/04/1115782.

[410] CNN. Ação da África do Sul contra Israel por genocídio em Gaza tem apoio de países islâmicos, da Liga Árabe e da América Latina. Janeiro de 2024.

[411] SPEKTOR, Matias. *Op. cit.*

[412] Disponível em: https://allpoetry.com/the-hollow-men.

Referências bibliográficas

HAMED, Liaquat. The rich can't get richer forever, can they? *The New Yorker*, 2019.

AHMARI, Sohrab; DENEEN, Patrick J.; PAPPIN, Gladden. Hawks are standing in the way of a new Republican Party. *The New York Times*, 2022.

ALBUQUERQUE, Marianna; LIMA, Maria Regina Soares de. Reordenamento global e crise do multilateralismo. CEBRI, dezembro de 2020.

ALLEN, Susan; YUEN, Amy. *Bargaining in the UN Security Council: setting the global agenda*. Oxford University Press, 2022.

ALLISON, Graham T. *Essence of decision: Explaining the Cuban missile crisis*. Boston: Brown Little, 1971.

ALLYSON, R. Russian 'deniable' intervention in Ukraine: How and why Russia broke the rules. *International Affairs*, 2014.

AMORIM, Celso. Política internacional e o Brasil no Mundo: da unipolaridade consentida à multipolaridade possível. *Revista CEBRI*, janeiro-março de 2022.

ANDREWS, Natalie. Republican senators voice support for Pelosi's visit. *The Wall Street Journal*, agosto de 2022.

APPLEBAUM, Anne. The myth of Russian humiliation. *The Washington Post*, 2022.

_____. *Twilight of democracy: the seductive lure of authoritarianism*. Doubleday Books, 2020.

ARON, Raymond. *O ópio dos intelectuais*. Três Estrelas, 2016.

ASIA DEVELOPMENT BANK. *Asia's journey to prosperity: policy, market, and technology over 50 years*. Janeiro de 2020.

AUTOR, David H; DORN, David; HANSON, Gordon H. The China shock: learning from labor market adjustment to large changes in trade. National Bureau of Economic Research, 2016.

AZEVEDO, Reinaldo. Contardo Calligaris 2 – "O difícil é ser moral. Ser imoral é que é para principiantes". *Veja*, julho de 2022.

BAJORIA, Jayshree. Nationalism in China. Council on Foreign Relations, 2008.

BAKER, Peter. Trump ousts John Bolton as National Security Adviser. *The New York Times*, 2019.

BANCO MUNDIAL. Four decades of poverty reduction in China: Drivers, insights for the world, and the way ahead. 2022.

BARANY, Zoltan. *The future of NATO expansion: four case studies*. Cambridge University Press, 2003.

BATTA, A. *The Russian minorities in the former Soviet Republics: Secession, integration, and homeland*. Routledge, 2021.

BBC. Donald Trump would 'cancel' Paris climate deal. 2016.

_____. What sanctions are being imposed on Russia over Ukraine invasion?. Maio, 2022.

BBC Brasil. Como surgiu rivalidade entre Hamas e Fatah e como ela afeta a causa palestina. Outubro de 2023.

BELLI, Benoni. É possível a governança mundial democrática? Uma resposta a Dominique Rousseau. *Estado da Arte*, 2020.

BERLET, Chip. Into the mainstream. Southern Poverty Law Center, 2003.

BERLINGER, Joshua. What you need to know about Finland, Sweden and NATO. CNN, maio de 2022.

BESSA, Vagner de Carvalho; NERY, Marcelo Batista; TERCI, Daniela Cristina. Sociedade do Conhecimento. Scielo, 2004.

BIDEN, Joe. Remarks by president Biden on the drawdown of U.S. Forces in Afghanistan. Casa Branca, 2021.

BOAS, Taylor C.; GANS-MORSE, Jordan. Neoliberalism: from new liberal philosophy to anti-liberal slogan. Studies in Comparative International Development, 2009.

BOLTON, John. Should we take global governance seriously?. *Chicago Journal of International Law*, 2000.

_____. *The room where it happened: A White House memoir*. Simon & Schuster, 2020.

BRANDS, Hal; GADDIS, John Lewis. The New Cold War. *Foreign Affairs*, 2021.

BREMMER, Ian. The technopolar moment: How digital powers will reshape the global order. *Foreign Affairs*, 2021.

BRITANNICA, The Editors of the Encyclopaedia. Commonwealth of Independent States. *Encyclopedia Britannica*, julho de 2018.

BRZEZINSKI, Zbigniew. The Cold War and its aftermath. *Foreign Affairs*, 1992.

BULL, Hedley. *A sociedade anárquica*. Editora Universidade de Brasília, 2002.

BURKE. Edmund; CLARK, J. C. D (ed.) *Reflections on the Revolutions in France: A critical edition*. Cambridge University Press, 2006.

CALEIRO, João Pedro. Tempo provou que "Consenso de Washington" deu certo, aponta estudo. *Exame*, 2019.

CANUTO, Otaviano. *A guerra global de subsídios*. Poder360, março de 2024.

CARR, E. H. *Vinte anos de crise: 1919-1939*. Editoria Universidade de Brasília, 2001.

CARVALHO, Olavo de. A revolução globalista. *Digesto Econômico*, 2009.

_____. Do marxismo cultural. *O Globo*, 2002.

CASARÕES, Guilherme. Como teorias de relações internacionais ajudam a compreender o que ocorre no Leste Europeu. *Folha de S. Paulo*, 2022.

CHACRA, Guga. Choque de identidades. *O Globo*, outubro de 2023.

CHAFFIN, Joshua. Ron DeSantis is Donald Trump with brains and without the drama. *FT Magazine*, outubro de 2022.

CHALFANT, Morgan. Trump lashes out at Bolton as memoir excerpts offer scathing account of White House. *The Hill*, 2020.

CHANG, Ha-Joon. *Chutando a escada*. Editora Unesp, 2002.

CHIOZZA, Giacomo. Is there a clash of civilizations? Evidence from patterns of international conflict involvement, *1946-97. Journal of Peace Research*, 2002.

CHOTINER, Isaac. Why John Mearsheimer blames the U.S. for the crisis in Ukraine. *The New Yorker*, 2022.

CLARK, Christopher M. *The sleepwalkers: How Europe went to war in 1914*. HarperCollins, 2012.

COELHO, Diogo Ramos. *Mundo em crise: a história da crise financeira, seus impactos nas relações internacionais e os atuais desafios*. Editora UnB, 2014.

COHEN, Jared; SCHMIDT, Eric. The digital disruption: Connectivity and the diffusion of power. *Foreign Affairs*, 2010.

_____. *The new digital age: Transforming nations, businesses, and our lives*. Vintage, 2014.

COHEN, Nick. Those on the right who loudly praised Putin have now fallen strangely silent. *The Guardian*, 2022.

COHEN, Steve. The impact of Russia's invasion of Ukraine on climate change policy. Columbia Climate School, 2022.

COLBY, Elbridge; MITCHELL, A. Wess. Containing China will be complicated. *The Wall Street Journal*, 2020.

COLLINSON, Stephen. Trump shows his 2024 campaign would take the country down a dark and dangerous road. CNN, julho de 2022.

CORTELESSA, Eric. How Far Trump Would Go. Revista Time, abril de 2024.

COSTA, Diogo. Deirdre McCloskey: trans, liberal e em defesa das virtudes burguesas (II). *Estado da Arte*, outubro de 2017.

COUTINHO, João Pereira. 'Seinfeld' reinou na década em que o Muro tinha caído, mas as Torres Gêmeas, não. *Folha de S. Paulo*, 2020.

_____. *As ideias conservadoras explicadas a revolucionários e reacionários*. São Paulo: Três Estrelas, 2014.

CROSSLEY, James. The Apocalypse and political discourse in an age of COVID. *Journal for the Study of the New Testament*, 2021.

CUMMINGS, Dominic. On the referendum #21: Branching histories of the 2016 referendum and 'the frogs before the storm'.

DABLA-NORRIS, Era; GARCIA-MACIA, Daniel; GASPAR, Vitor; LIU, Li. Industrial Policy Is Not a Magic Cure for Slow Growth. IMF Blog, abril de 2024.

DALEY, Sam. 40 Blockchain companies paving the way for the future. BuiltIn, 2022.

DEIRDRE MCCLOSKEY – A origem do grande enriquecimento. Fronteiras do Pensamento, fevereiro de 2019.

DENCHAK, Melissa. Greenhouse Effect 101. NRDC, 2019.

DENEEN, Patrick J. *Why liberalism failed*. Yale University Press, 2018.

DUQUE, Marina Guedes. A teoria de securitização e o processo decisório da estratégia militar dos Estados Unidos na Guerra do Iraque. Universidade de Brasília, 2008.

EASTERLY, William. In search of reforms for growth: New stylized facts on policy and growth outcomes. NBER, 2019.

EATWELL, Roger; GOODWIN, Matthew. *National populism: The revolt against liberal democracy*. Pelican Books, 2019.

EIA. *Country Analysis Executive Summary: Russia*. Dezembro, 2021.

_____. *Europe is a key destination for Russia's energy exports*. Março, 2022.

EROR, Aleks. From fringe to fault line: How British euroskepticism became Brexit. *World Politics Review*, 2019.

EVENETT, Simon; JAKUBIK, Adam; MARTÍN, Fernando; RUTA, Michele. The Return of Industrial Policy in Data. IMF Working Papers, 2024.

FELIX, Mayara. Essays on the effects of public policy. Yale, 2021.

FERGUSON, Niall. *Civilization: The West and the rest*. Nova York: Penguin Books, 2011. p. 155.

_____. *Kissinger: 1923-1968: The idealist*. Penguin Press, 2015.

_____. Social networks are creating a global crisis of democracy. Harvard Kennedy School, 2018.

_____. *The square and the tower: Networks, hierarchies and the struggle for global power*. Penguin Press, 2018.

_____. The trillion dollar question: China or America?. *The Daily Telegraph*, 2009.

_____. The New Cold War? It's with China, and it has already begun. *The New York Times*, dezembro de 2019.

_____. The US and Europe risk flunking geopolitics 101. Bloomberg, dezembro de 2023.

_____. What "Chimerica" hath wrought. *The American Interest*, 2009.

FERREIRA, Mano. Quem tem medo do neoliberalismo?. *Estado da Arte*, 2021.

FONSECA JR., Gelson. A legitimidade e outras questões internacionais. São Paulo: Paz e Terra, 1998.

FRANCIS, Samuel. From household to nation. *Chronicles Magazine*, março de 1996.

FRIEDMAN, Thomas. *O Lexus e a oliveira: entendendo a globalização*. Objetiva, 1999.

FUCS, José. 'Milagre' asiático tira 1 bilhão de pessoas da miséria em 20 anos; o que isso pode ensinar ao Brasil. *O Estado de S. Paulo*, fevereiro de 2024.

FUKUYAMA, Francis. *Identity: The demand for dignity and the politics of resentment*. Nova York: Farrar, Straus and Giroux, 2018.

_____. *The end of history and the last man*. Penguin Books, 1992.

_____. The future of history: Can liberal democracy survive the decline of the middle class? *Foreign Affairs*, 2012.

_____. *Liberalism and its discontents*. Nova York: Farrar, Straus and Giroux, 2022.

_____. More proof that this really is the end of history. *The Atlantic*, outubro de 2022.

FURCERI, Davide; HANNAN, Swarnali A.; OSTRY, Jonathan D.; ROSE, Andrew K. The macroeconomy after tariffs. World Bank Policy Research Working Paper, 2021.

GANESH, Janan. What America lost when the Berlin Wall fell. *Financial Times*, 2019.

_____. Why the Ukraine crisis is so bad for western populists. *Financial Times*, 2022.

GEITHNER, Timothy. Statement on the Report to Congress on International Economic & Exchange Rate Policies.

GERSON, Michael S. The Sino-Soviet border conflict: Deterrence, escalation, and the threat of nuclear war in 1969. Center for Naval Analyses, 2010.

GIDDENS, Anthony. *Runaway world: How globalization is reshaping our lives*. Routledge, 2000.

GILPIN, Robert. *Global political economy*. Princeton University Press, 2001.

GNews. Russia-Ukraine war sends a warning to German auto industry to avoid over-reliance on authoritarian states. 2022.

GODFREY, Elaine. Trump meets his new brain trust. *The Atlantic*, julho de 2022.

GRANDIN, Greg. *Kissinger's Shadow: The long reach of America's most controversial statesman*. Metropolitan Books, 2015.

GRUYTER, Caroline de. Putin's war is Europe's 9/11. *Foreign Policy*, 2022.

HAAS, Richard. *A world in disarray*. Penguin Press, 2017.

HAGEY, Keach; WELLS, Georgia; GLAZER, Emily; SEETHARAMAN, Deepa; HORWITZ, Jeff. The Facebook Files. *The Wall Street Journal*, 2021.

_____. Facebook's pushback: stem the leaks, spin the politics, don't say sorry. *The Wall Street Journal*, 2021.

HANDA, Sahil. Can Brexit end the scourge of British nativism? Dominic Cummings thinks so. *Foreign Policy*, 2019.

HARRISON, Ewan; MITCHELL, Sara McLaughlin. *The triumph of democracy and the eclipse of the West*. Palgrave Macmillan, 2014.

HASS, Ryan; DENMARK, Abraham. More pain than gain: How the US-China trade war hurt America. Brookings Institution, 2020.

HARVARD GAZETTE. Mark Zuckerberg's commencement address at Harvard. *Harvard Gazette*, 2017.

HAZONY, Yoram. *The virtue of nationalism*. Basic Books, 2018.

HELAL, Mohamed S. The myth of U.N. Collective Security. Emory International Law Review Recent Developments, 2018.

HENDERSON, Errol A. Not letting evidence get in the way of assumptions: testing the clash of civilizations thesis with more recent data. *International Politics*, 2005.

HICKS, Stephen. *Explaining postmodernism: Skepticism and socialism from Rousseau to Foucault*. Scholarly Publishing, 2004.

HOLLAND, Tom. *Dominion: How the Christian Revolution remade the world*. Nova York, Basic Books, 2019.

HOPKINS, Daniel; LIU, Ye; PREOTIUC-PIETRO, Daniel; UNGAR Lyle. Beyond binary labels: Political ideology prediction of Twitter users. Association for Computational Linguistics, 2017.

HUEBSCHER, Robert. Niall Ferguson: The Destructive power of social networks. Advisor Perspectives, 2018.

HUNTINGTON, Samuel P. The clash of civilizations?. *Foreign Affairs*, 1993.

IKENBERRY, G. John. The future of the liberal world order: Internationalism after America. *Foreign Affairs*, 2011.

ILYINA, Anna; PAZARBASIOGLU; Ceyla, RUTA, Michele. Industrial policy is back but the bar to get it right is high. IMF Blog, abril de 2024.

IRWIN, Douglas. *Kicking away the ladder: development strategy in historical perspective*. Economic History Association, 2004.

IYENGAR, Rishi. Biden Short-Circuits China: The latest U.S. moves undermine China's ability to import, manufacture, and export the semiconductors that run the world. *Foreign Policy*, outubro de 2022.

JAMISON, Peter; NATANSON, Hannah. 'The storm is here': Ashli Babbitt's journey from capital 'guardian' to invader. *The Washington Post*, 2021.

JOHNSON, Sara Marie. *Nationalism with Chinese characteristics: Xi Jinping's nationalist agenda in three cases*. Johns Hopkins University, 2021.

KARL, Marx; ENGELS, Friedrich. *Manifesto do Partido Comunista* (1848). Tradução: Suely Cassal. Porto Alegre: L&PM Pocket, 2001.

KENNAN, George. A fateful error. *The New York Times*, 1997.

_____. The Sources of Soviet conduct. *Foreign Affairs*, julho de 1947.

KEOHANE, Robert. *After hegemony: Cooperation and discord in the world political economy*. Princeton University Press, 1984.

KEOHANE, Robert O.; VICTOR, David G. The regime complex for climate change. Cambridge University Press, 2011.

KIRK, Russel. *Edmund Burke: redescobrindo um gênio*. É Realizações, 2016.

_____. *The conservative mind: From Burke to Eliot*. Regnery Publishing, 2001.

KISSINGER, Henry. 'We are now living in a totally new era'. Entrevista concedida a Edward Luce. *Financial Times*, maio de 2022.

_____. *World Order*. Penguin Press, 2014.

KLUG, Adam. Why Chamberlain failed and Bismarck succeeded: The political economy of tariffs in British and German election. *European Review of Economic History*, 2001.

KNELL, Yolande. Declaração Balfour, as 67 palavras que há 100 anos mudaram a história do Oriente Médio. BBC, 2017.

KNORR-EVANS, Maite. What did Tucker Carlson say about Putin? Why was he supportive of the Russian leader? AS, 2022.

KRASNER, Stephen D. (Ed.). *International regimes.* Cornell University Press, 1983.

_____. Regimes and the limits of realism: Regimes as autonomous variables. *International Organization*, 1982.

_____. Structural causes and regime consequences: regimes as intervening variables. *International Organization*, 1982.

KRUGMAN, Paul. What do undergrads need to know about trade?. *The American Economic Review*, 1993.

LAMPE, John R. Bosnian War. *Encyclopedia Britannica*, fevereiro de 2022.

LAVIN, Talia. The making of a MAGA martyr. *The New York Magazine*, 2021.

LEE, Tom. From the Trump to Biden administration: Protectionism and trade enforcement actions. American Action Forum, 2021.

LIGHTHIZER, Robert E. How to make trade work for workers: Charting a path between protectionism and globalism. *Foreign Affairs*, 2020.

LIND, William. The origins of political correctness. Accuracy in Academia, 2000.

_____. *"Political correctness:" A short history of an ideology.* Free Congress Foundation, 2004.

LINDSEY, Brink. *Against the dead hand: The uncertain struggle for global capitalism.* Wiley, 2001.

LUCE, Edward. What the CIA thinks: William Burns on the new world disorder. *Financial Times*, maio de 20220.

MAÇÃES, Bruno. Does the Russian invasion of Ukraine signal the end of the American empire?. *New Statesman*, 2022.

MAGALHÃES, David. Quem tem medo do globalismo?. *Estado da Arte*, 2018.

MARTINS, Filipe G. A nova vergonha da mídia: confundir globalismo com globalização. Senso Incomum, 2018.

MASTERS, Brooke. BlackRock chief Larry Fink says Ukraine war marks end of globalization. *Financial Times*, 2022.

MCCARRAHER, Eugene. *The enchantments of Mammon.* Belknap Press, 2019.

MCCLOSKEY, Deirdre. *Max Weber was wrong.* Reason, 2017.

_____. *The bourgeois virtues: ethics for an age of commerce.* University of Chicago Press, 2006.

_____. *Bourgeois dignity: why economics can't explain the modern world.* University of Chicago Press, 2010.

_____. *Bourgeois equality: How ideas, not capital or institutions, enriched the world.* University of Chicago Press, 2016.

MCDOUGALL, Walter A. *The Sino-Soviet split.* Encyclopedia Britannica, 2022.

MEARSHEIMER, John J. Why the Ukraine crisis is the West's Fault: The liberal delusions that provoked Putin. *Foreign Affairs*, 2014.

MEHROTRA, O.N. NATO Eastward Expansion and Russian Security. Strategic Analysis, 1998.

MENAD, Louis. Francis Fukuyama postpones the end of history. *The New Yorker*, setembro de 2018.

MENENDEZ, Bob. This is how the U.S. will stand with Taiwan. *The New York Times*, agosto de 2022.

MERQUIOR, José Guilherme. *O argumento liberal.* É Realizações, 2011.

MILANOVIC, Branko. An inequality tax. Project Syndicate, 2005.

_____. *Global inequality: A new approach for the age of globalization.* Harvard University Press, 2016.

_____. *Capitalism, alone: The future of the system that rules the world*. Belknap Press, 2019.

_____. The clash of capitalisms: The real fight for the global economy's future. *Foreign Affairs*, 2020.

MILLER, Chris. *Chip war: The fight for the world's most critical technology*. Scribner Book Company, 2022.

MILLER, Joe. Volkswagen and China: The risks of relying on authoritarian states. *Financial Times*, 2022.

MILLSON, Alex. China's first White Paper on Taiwan since Xi came to power – in full. Bloomberg, agosto de 2022.

MORGENTHAU, Hans. *Peace, security, and the United Nations*. University of Chicago Press, 1946.

MORTIMORE, Roger. Polling history: 40 years of British views on 'in or out' of Europe. The Conversation, 2016.

MOUNK, Yascha. *The identity trap: A story of ideas and power in our time*. Penguin Press, 2023.

_____. *The People vs. Democracy: Why our freedom is in danger and how to save it*. Harvard University Press, 2018.

MOYN, Samuel. The alt-right's favorite meme is 100 years old. *The New York Times*, 2018.

MURPHY, Dean E. Chechnya Summons uneasy memories in former East Bloc. *Los Angeles Times,* 1995.

MYERS, Steven Lee. As NATO finally arrives on its border, Russia grumbles. *The New York Times*, abril de 2004.

NAÍM, Moises. The revenge of power: How autocrats are reinventing politics for the 21st century. *St. Martin's Press*, 2022.

NASA. Scientific Consensus: Earth's Climate Is Warming.

NBC News. *Putin: Soviet collapse a 'genuine tragedy'*, 2005.

NISBET, Robert. The quest for community: A study in the ethics of order and freedom. Intercollegiate Studies Institute, 2010 (1953).

NYE, Joseph; KEOHANE, R. *Power and interdependence*. Longman, 2001 (1977).

NYE, Joseph. Globalism versus Globalization: What are the different spheres of globalism – and how are they affected by globalization? *The Globalist*, 2002.

_____. *The changing nature of world power. Political Science Quarterly*, 1990.

O'NEILL, Aaron. Latin America and the Caribbean: Inflation rate from 2016 to 2026. Statista, 2021.

ORTEGA, Letícia. *Tradição e ruptura: o Brasil e o regime internacional de não proliferação nuclear*. Appris, 2018.

PATRICK, Stewart M. *The best laid plans: The origins of American multilateralism and the dawn of the Cold War*. Rowman & Littlefield, 2008.

_____. The Tragic Irony of Syria: The System "Worked". Council of Foreign Relations, 2016.

PELOSI, Nancy. Why I'm leading a congressional delegation to Taiwan. *The Washington Post*, agosto de 2022.

PERLEZ, Jane. Hungarians approve NATO membership. *The New York Times*, 1997.

PICCHI, Aimee. Twitter Files: What they are and why they matter. CBS News, 2022.

PIKETTY, Thomas. *Capital in the 21st century*. Harvard University Press, 2014.

PINKER, Steven. *Enlightenment now: The case for reason, science, humanism, and progress*. Viking, 2018.

PLOTT, Elaina. What does Tucker Carlson believe?. *The Atlantic*, 2019.

POGGIO, Carlos Gustavo. Um conservadorismo à Tucker Carlson. *Estado da Arte*, 2019.

POPOVA, Maria; SHEVEL, Oxana. Russia's invasion of Ukraine is essentially not about NATO. Just Security, 2022.

PRAMUK, Jacob. Trump inauguration speech: 'Protection will lead to great prosperity and strength'. CNBC, 2017.

PRICE, Andy. The 'left-behind' once had a real voice: The globalisation protesters of the 1990s. The Conversation, 2016.

PUTIN, Vladimir. *On the Historical Unity of Russians and Ukrainians*. 2021.

RACHMAN, Gideon. *The age of the strongman: How the cult of the leader threatens democracy around the world*. Other Press, 2022.

RAO, Niruoama. The upside of rivalry. *Foreign Affairs*, maio de 2023.

RAZZO, Francisco. Genocida de estimação. *Gazeta do Povo,* setembro de 2020.

RITCHIE, Earl J. Fact checking the claim of 97% consensus on anthropogenic climate change. *Forbes*, 2016.

ROBERTS, Anthea; MORAES, Henrique Choer; FERGUSON, Victor. Toward a geoeconomic order in international trade and investment. *Journal of International Economic Law*, 2019.

RODRIK, Dani. *One economics, many recipes: Globalization, institutions, and economic growth*. Princeton University Press, 2007.

ROGERS, Graham A.J. John Locke. *Encyclopedia Britannica*, outubro de 2021.

ROSE, Matthew. *A world after liberalism*. Yale University Press, 2021.

ROSLING, Hans. *Factfulness: Ten reasons we're wrong about the world – and why things are better than you think*. Flatiron Books, 2018.

ROTHKOPF, David. *Running the world: The inside story of the National Security Council and the architects of American power*. Nova York: Public Affairs, 2005.

RUGGIE, John Gerard. International regimes, transactions, and change: Embedded liberalism in the postwar economic order. *International Organization*, 1982.

RUSSEL, Alec. The à la carte world: Our new geopolitical order. *Financial Times*, 2023.

RUSSETT, Bruce M.; ONEAL, John R.; COX, Michaelene. Clash of civilizations, or realism and liberalism déjà vu? Some evidence. *Journal of Peace Research*, 2000.

SATARIANO, Adam. E.U. takes aim at social media's harms with landmark new law. *The New York Times*, abril de 2022.

SATO, Eiiti. Prefácio à nova edição brasileira. In: CARR, E. H. *Vinte anos de crise: 1919-1939*. Editora Universidade de Brasília, 2001.

SAUNDERS, Robert A. *Historical Dictionary of the Russian Federation*. Rowman & Littlefield, 2019.

SCHWARTZMAN, Paul; DAWSEY, Josh. How Ashli Babbitt went from Capitol rioter to Trump-embraced 'martyr'. *The Washington Post*, 2021.

SEN, Amartya. *Identity and violence*. W. W. Norton & Company, 2006.

SERGUNIN, Alexander A. Russian post-communist foreign policy thinking at the cross-roads: Changing paradigms. *Journal of International Relations and Development*, 2000.

SHEARER, Elisa. More than eight-in-ten Americans get news from digital devices. Pew Research, 2021.

SIEBERT, Rudolf J. Three alternative futures Hegel's philosophy of society and history. Taylor & Francis Online, 2010.

SILVA, António Martins da. *História da unificação europeia: a integração comunitária (1945-2010)*. Universidade de Coimbra, 2010.

SMITH, Matt. Clinton signs China trade bill. CNN, 2000.

SMITH, Noah. The decade of the second China Shock. Março de 2024.

SNYDER, Timothy. *On tyranny: Twenty Lessons from the twentieth century.* Tim Duggan Books, 2017.

SOB A NÉVOA DA GUERRA. Direção: Errol Morris. Produção: Errol Morris, Michael Williams, Julie Ahlberg. Sony Pictures, 2003.

SOLZHENITSYN, Aleksandr. *The Gulag Archipelago.* Vintage UK, 2002.

SPERA, Stephanie. 234 scientists read 14,000+ research papers to write the IPCC climate report – here's what you need to know and why it's a big deal. The Conversation, 2021.

STANFORD ENCYCLOPEDIA OF PHILOSOPHY. *Michael Oakeshott.* Stanford Encyclopedia of Philosophy, 2020.

STUENKEL, Oliver. Na guerra, sobe a geopolítica, desce a globalização. *Revista Piauí,* 2022.

_____. Como argumentar com quem acredita em teorias conspiratórias. *El País,* outubro de 2020.

SUCIU, Peter. Elon Musk offered a solution to ending the Ukraine war on Twitter – Is social media the place to shape a country's future?. *Forbes,* outubro de 2022.

SULLIVAN, Andrew. Uh-Oh. Here we go again. *The Weekly Dish,* dezembro de 2023

SUNY, Ronald. Ukraine war follows decades of warnings that NATO expansion into Eastern Europe could provoke Russia. The Conversation, 2022.

TARNAS, Richard. *A epopeia do pensamento ocidental.* Bertrand Brasil, 1999.

THATCHER, Margaret. Speech to the College of Europe ("The Bruges Speech"), 1988.

THE ECONOMIST. America is uniting against Vladimir Putin, 2002.

_____. The steam has gone out of globalization, 2019.

_____. A short history of the Arab-Israeli conflict, 2023.

THE FREE PRESS. *Twitter's secret blacklists,* 2022.

TRAHAN, Jennifer. *The origins and history of the veto and its use.* Cambridge University Press, 2020.

TRAYNOR, Ian. NATO allies divided by Ukraine and Georgia. *The Guardian,* 2008.

TRIGO, Luciano. O mundo está melhorando (por incrível que pareça). G1, 2020.

TRUMP, Donald. Remarks by President Trump to the 74th session of the United Nations General Assembly. The White House, 2019.

UN News. COP21: UN chief hails new climate change agreement as 'monumental triumph', 2015.

UNPD. Cut global emissions by 7.6 percent every year for next decade to meet 1.5°C Paris target. Novembro, 2019.

USTR. Ambassador Katherine Tai's remarks as prepared for delivery on the World Trade Organization. Outubro, 2021.

VIGEVANI, Tullo; JUNIOR, Haroldo Ramanzini. Autonomia, integração regional e política externa brasileira: Mercosul e Unasul. Scielo, 2014.

VIGEVANI, Tullo; DE OLIVEIRA, Marcelo F.; CINTRA, Rodrigo. *Política externa no período FHC: a busca de autonomia pela integração.* Tempo Social, 2003.

VILME, Jean-Baptiste Jeangène. The responsibility not to veto: a genealogy. Global Governance, 2018.

VIOLA, Eduardo; LEIS, Héctor Ricardo. *Sistema internacional com hegemonia das democracias de mercado: desafios de Brasil e Argentina.* Insular, 2007.

WACZIARG, Romain; WELCH, Karen Horn. Trade liberalization and growth: New evidence. *The World Bank Economic Review,* 2008.

WALTZ, Kenneth. *Man, the State, and war* (1959). Columbia University Press, 2018.

_____. The spread of nuclear weapons: More may be better. International Institute for Strategic Studies, 1981.

WARZEL, Charlie. Elon Musk is using the Twitter Files to discredit foes and push conspiracy theories. *The Atlantic,* dezembro de 2022.

WEISS, Bari. Our reporting at Twitter. The Free Press, dezembro de 2022.

WENDT, Alexander. Anarchy is what states make of it: The social construction of power politics. *International Organization*, 1992.

WHEELER, Brian. EU referendum: Did 1975 predictions come true?. BBC, 2016.

WHY BREXIT CHIEF DOMINIC CUMMINGS VOTED LEAVE: Campaign director of Vote Leave Dominic Cummings answering questions at Nudgestock 2017 on if he felt guilty for delivering Brexit. YouTube, 2017.

WILLIAMSON, John. A short history of the Washington Consensus. Institute for International Economics, 2004.

WILSON CENTER. Doctrine of Hamas. Outubro de 2023.

WINTOUR, Patrick. Russia's belief in Nato 'betrayal' – and why it matters today. *The Guardian*, 2022.

WOLF, Martin. *Fixing global finance*. Johns Hopkins University Press, 2010.

_____. *Why globalization works*. Yale University Press, 2004.

XU, Muyu; SINGH, Shivani. China wields political might to cool coal prices, but winter looms. Reuters, 2021.

YERGIN, Daniel. *The new map: Energy, climate, and the clash of nations*. Penguin Books, 2020.

YEUNG, Jessei. China suspends cooperation with US on range of issues, sanctions Pelosi over Taiwan trip. CNN, agosto de 2022.